普通高等教育体能训练专业系列教材

青少年运动员
体能训练理论与方法

马海峰　尹晓峰　主编

科学出版社

北京

内 容 简 介

本书共六章,第一章介绍青少年运动员体能训练相关概念的起源与定义,以及体能训练的主要内容;第二章介绍青少年身体发育及体能特点;第三章介绍青少年运动员的体能评价;第四章介绍青少年运动员体能训练分期及计划安排;第五、六章为本书的重点内容,介绍青少年运动员体能训练的方法与手段,从一般体能训练的体态、姿势、关节活动度与稳定度训练和身体素质发展,到专项体能训练中运动模式向专项体能的过渡。

本书适用于各类体育院校运动训练、体育教育和体能训练专业的本科生、研究生,各级青少年业余体校教练员、中小学体育教师及社会体育培训机构儿童青少年体(适)能训练师,以及从事有关青少年身体发展的其他各类人员。

图书在版编目(CIP)数据

青少年运动员体能训练理论与方法 / 马海峰,尹晓峰主编.
—北京:科学出版社,2023.11
普通高等教育体能训练专业系列教材
ISBN 978-7-03-075765-4

Ⅰ.①青… Ⅱ.①马…②尹… Ⅲ.①青少年-运动员-体能-运动训练-高等学校-教材 Ⅳ.①G808.1

中国国家版本馆 CIP 数据核字(2023)第 108138 号

责任编辑:张佳仪/责任校对:谭宏宇
责任印制:黄晓鸣/封面设计:殷 靓

科学出版社 出版
北京东黄城根北街 16 号
邮政编码:100717
http://www.sciencep.com

南京文脉图文设计制作有限公司排版
广东虎彩云印刷有限公司印刷
科学出版社发行 各地新华书店经销

*

2023 年 11 月第 一 版 开本:787×1092 1/16
2025 年 9 月第十一次印刷 印张:12 3/4
字数:288 000
定价:70.00 元
(如有印装质量问题,我社负责调换)

前　言

　　竞技体育后备人才的培养应始于儿童时期,到青少年时期达到快速发展阶段,青少年的运动训练主要处于全训练过程中的基础训练和专项提高阶段。这两个阶段的体能训练是竞技能力各项子能力(体能、技能、战术能力、心理能力和知识能力)的基础,因此合理设计、实施处于这一时期的运动员体能训练是提升运动员竞技能力的关键。有目的地对不同年龄阶段青少年运动员使用不同的、相适应的体能训练内容、方法和手段,不仅可以促进青少年健康发育,改善身体形态的功能性和专项适应性结构,提高包括供能方式的机能水平,增进专项身体素质、运动模式等专项体能的发展,而且更有助于夯实青少年运动员将来到达最佳竞技阶段时承受更大负荷的身体基础。

　　针对现阶段我国"体能"概念界定日渐泛化的现象,本书明确了"体能"概念的内涵和外延,提出现代体能应分为健身体(适)能、竞技体能和康复体能;重点把当今社会上比较流行但体系混乱的一些概念和提法融入经典的运动训练理论;沿用了我国特色运动训练理论中将竞技体能分为一般体能和专项体能的分类体系;更新了训练理念,丰富了训练内容、方法和手段;最重要的是更加切合青少年运动员的特点。

　　对于青少年运动员一般体能的训练过程,本书着重强调提高健康水平,将健身体(适)能、康复体能中的动作模板、关节功能性和体态矫正、姿势培养相结合,融入青少年身体形态培养的框架,提高青少年运动员防伤能力、动作效率和恢复能力。对于青少年运动员专项体能的训练过程,本书提出将专项技术动作分解成简单的运动模式,然后针对运动模式有步骤地、循序渐进地提高,继而过渡到结合专项技术细节的体能专门练习,强调了运动模式在一般体能向专项体能过渡中的桥梁作用。这样可以更容易地将体能训练和专项技术相结合,训练手段也不会过于单一,使体能训练更符合运动员的专项需求。

　　本书编委均为该领域优秀的教育者和从业者。张杰为东华大学体育部副教授。李斐博士为上海体育大学副教授、国家体育总局青少年体能训练特聘讲师,曾承担上海女篮队、上海沙滩排球队和上海青年男子排球队等多支一线运动队的体能训练工作。陈超博士为上海体育大学副教授,获澳大利亚体能协会(ASCA)体能教练认证、国家体育总局优秀运动队体能教练认证,国家速滑队备战温哥华冬奥会体能、科研教练,国家拳击队备战里约奥运会体能、科研教练。其他各位编委也都一直从事青少年体能训练的工作,也曾培养出优秀的青少年运动员和职业运动员,并为本书提供了宝贵的第一手资料和经验。本书中的所有图片均由马浩迪绘制。在此对他们表示感谢。

马海峰　尹晓峰

2023 年 8 月于上海

目　　录

第一章

青少年运动员体能训练概述

第一节 体能概念的起源与定义

一、"体能"术语的源起和释义

随着不同层次竞技运动的发展和职业竞技体育赛事密度的不断加大,无论是体能主导类项群还是技能主导类项群的运动项目,体能因素都是优秀运动员竞技能力诸因素中的基础要素,体能训练一直是各国教练员们普遍重视的基础内容。"体能"一词来源于为提高运动成绩、发展运动员身体素质的竞技性运动训练。"体能"术语最早出现在我国 1984 年版的《体育词典》中,书中认为体能主要由力量、速度、耐力、灵敏和柔韧等基本的身体素质和基本活动能力组成。《教练员训练指南》也把身体素质称为体能。后来,随着田麦久提出"竞技能力""项群"等概念,"体能"的概念渐渐纳入到运动员竞技能力的要素当中,各竞技运动项目的训练中都开始强调体能训练。2000 年版的《运动训练学》把体能定义为运动员机体的基本运动能力,包括身体形态、身体机能、身体素质。

目前在我国,"体能"概念的含义正逐渐被泛化,使用范围也不断扩大。比如,体育领域的不同专业纷纷借助源于我国竞技运动的"体能"一词发展新专业,开设新课程。康复理疗场所取名为"体能康复中心",健身房更名为"体能训练中心",健身或康复性质的会议冠以"体能训练"会议,减肥培训机构也以体能训练的名义开班招生。甚至,不少幼儿园里的身体活动课也叫作"幼儿体能训练课"。"体能"的这些应用已超出了我国竞技运动所具特点的原意,所以有必要对"体能"在国际上的演化过程加以追溯,重新确定及其下位概念的内涵和外延。因此,在本书中加强竞技体能概念的理解对于在青少年运动员中正确选取体能训练策略、设计青少年运动员竞技体能训练的方法和手段,都有着重要的意义。

以追溯美国体能相关研究为代表,1940 年,美国成立了由美国医学会(American Medical Association)和国家体适能委员会(National Committee on Physical Fitness)组成的鼓励体适能(physical fitness)发展的联合委员会。第二次世界大战后,美国政府逐渐认识到全民健康的重要性,1956 年艾森豪威尔成立了美国青少年体能总统委员会(The President's Council on Youth Fitness),强调美国青少年日常生活最优先工作是发展体能;随后,约翰·肯尼迪将其更名为体能总统委员会(President's Council on Physical Fitness)和体能与竞技体育总统委员会(President's Council on Physical Fitness and Sports)。1983 年美国国会宣布 5 月为美国国家体能与竞技体育月(National Physical Fitness and Sports Month),号召全体国民应将健身体能运动视为每日必做的工作之一。可以发现,上述中的"体能(fitness)"都是指以增进健康为主要目的的"体能(体适能,fitness)"。"体能"和"体适能"目前在国内媒体甚至学术文献中的使用是混乱的。我国对 National Strength and Conditioning Association(NSCA)这一机构名称的翻译——美国国家体能协会,进一步使得"体能"一词在健康、健身领域的泛用。NSCA 是位于美国科罗拉多州斯普林斯的一家健身组织,是美国地方上的一个社团组织,成立于 1978 年。1983 年美国另一地方健身组织——Aerobics and Fitness Association of America(AFAA),成立于加利福尼亚州谢尔曼奥克斯,译为:美国有氧体适能协会。显然,这两个组织都是以促进健康为目的的体适能健身组织,且经过三四十年的发展,已经初具规模。其中,NSCA 在美国南部六州颇有影响,并逐渐发展成小型企业;AFAA 也成为在亚洲具有影响力的健身企业。尽管这两个美国地方协会都以健身为发展宗旨,但都不是美国官方组织,更不是竞技体能协会。

我国原本的"体能"概念与"体适能"概念差距甚大。两者的差异是:①前者的受众是竞技运动员,后者的受众是普通人群;②前者的表现是运动能力,后者的表现是适应能力;③前者的强度是以极限为目的,后者的强度是以适宜为目的;④前者的展现平台是竞技的赛场,后者的展现平台是日常生活;⑤前者的训练场所多为专项运动的训练场地,后者的训练场所多为健身健体的训练场馆。由此看来,"体能"与"体适能"尽管一字之差,但是含义差距很显著。在促进健康的语境下表达,"体能"应表达为"体适能"为宜,而在竞技体育领域,还应以"体能"来表达更为合适。

第二次大战后,康复理疗在对伤残军人的治疗和功能恢复的基础上迅速发展。康复医学主要以弥补和重建人的功能缺失,消除和减轻人的功能障碍,改善和提高人的各方面功能为主要目的。现代康复医学的治疗以非手术药物作为康复主要手段,国际上在通常的物理康复工作中,绝大部分采用运动疗法,甚至已经把物理疗法等同于运动疗法。运动康复和运动结合得更为紧密,主要研究运动在各类身心功能障碍康复中的应用方法、效果,研究运动功能障碍的预防、诊断、评估、治疗、训练、改善与提高。在我国,运动康复专业最早可以追溯到 1963 年国务院批准发布的《高等学校通用专业目录》中的"运动保健(试办)专业";在 1989 年,教育部首次增设体育保健康复专业就是今天运动康复专业的前身。

运动康复的研究从最初关注骨骼肌肉,到中枢神经,再到现在的关节和动作。随着潘嘉比(Panjabi)提出的脊柱稳定性和核心稳定性概念,其动作活动度和稳定度在伤病预防和康复训练中发挥出越来越重要的作用,21 世纪后逐渐被竞技体育从业者认同并推崇。在欧美国家,运动队除了医生和教练员以外,一般都设有运动康复师、运动防护师和体能教练。运动康复师主要负责运动员伤后(术后)的伤病恢复,康复的地点在医院或康复诊所。现在所称的康复体能训练是结合了康复医疗和体能训练的理念和方法,是以身体练习为手段,解决和恢复运动功能障碍的一种训练方式。康复体能训练是一种针对性极强的恢复性身体练习,所以亦可以理解为一种身体运动功能的康复训练,有人也称之为功能性训练。康复体能训练使用的主要手段有理疗、运动、饮食、心理和培养健康的生活方式,是让人获得健康的身体、重返正常生活与工作、提升生活质量的新思维和新体系。

健身训练和康复理疗的发展,为竞技体育运动员的身体能力训练和健康促进提供了更加新颖和丰富的方法与手段。同时,竞技运动的发展,客观上也推动了康复或健身训练理论的进步。西方健身领域的理论与方法(如 NSCA 出版的各种书籍)目前大量引入的是竞技运动训练的理论成果、应用方法,以及运动人体科学理论的基本知识。这些内容对于现代竞技运动和运动训练而言,都属于基本理论、基本知识和基本技能的层次。比如抗阻训练与辅助技巧、无氧阻力训练、增强式(超等长)训练、发展速度、灵敏、协调与速度耐力、有氧耐力训练、训练分期变化等内容,几乎都是来自竞技运动或竞技体能训练的知识体系。

(一)广义体能及其下位概念

语境是语义、语用结合的基础,概念只有在具体表达中才有意义。体能这一概念也只有在具体语境中才能表达确定的内涵和外延。一直以来,以身体素质训练为主的体能训练在国内外竞技体育的训练过程中,占有非常重要的地位,而且由于高水平运动员对体能和专项技能结合较为重视,专项身体素质训练常年保持和专项的协同一致。从表面看来,练习的方法、手段较为单一,且容易局部负荷过大,导致运动损伤。这时,一些国外的体能训练体系被引进国内,甚至在一段时期内颠覆了我们的训练理论。其实,这种现象只是健身和康复医学的一些理念和方法逐渐进入了竞技体育的训练领域,体能从最初的针对运动员身体素质和竞技能力提高的狭义体能,逐渐扩大为包括康复、健身以及竞技三种语境下的广义体能(图 1-1)。

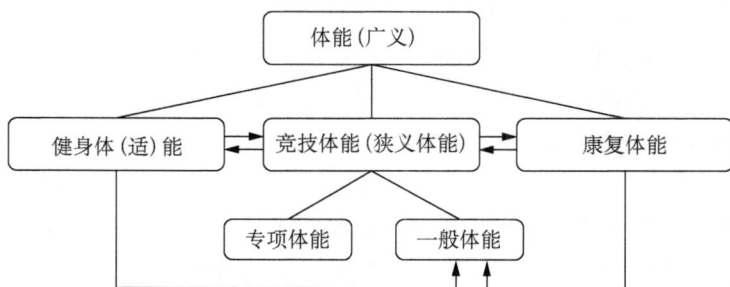

图 1-1 广义体能及其下位概念关系

广义体能的内涵已经从针对运动员的身体素质发展,泛化为针对人体的健康、基本活动能力(如走、跑、跳、投掷、攀登、爬越和支撑等)和运动员身体素质的提高。广义体能外延也相应扩大为竞技体能(狭义体能)、健身体(适)能和康复体能。

(二)竞技体能(狭义体能)

竞技(狭义)体能是和体能原意最为接近的概念,指运动员在先天的遗传效应与后天训练效应共同形成的并通过专项技术动作表现出来的机体持续运动的能力,是通过力量、速度、耐力、柔韧、协调、灵敏等身体素质为外在表现的人体基本的运动能力，是完成高水平竞技所需要的专项身体素质的综合，是运动员竞技能力的重要构成因素，与人体的形态学特征以及人体的机能特征有着密切的关系。竞技体能训练中身体素质训练是通过改善运动员的能量代谢和神经肌肉等系统的功能，以符合项目的要求来实现的。不同的竞技专项有不同的项目特征，对运动员的身体素质有着不同的要求，同时，也相应地要求不同专项运动员的形态和机能具有不同的特征。所以，竞技体能按照和专项特征的关系，可分为一般体能和专项体能。

运动员的一般体能训练要求提高健康水平、促进运动员身体形态均衡发展、各个器官系统的机能有序提高、身体素质全面增强。身体形态、机能和素质均受运动员健康水平的影响。据我们所知，现在许多专业的体能教练，在运动队里所进行的体能训练，大部分都是以一般体能为主，借助健身体能中对几乎所有项目的运动员都通用的提高身体素质的方法手段，进行基础体能训练。这种一般体能训练可以为专项体能打基础，提升恢复能力。另外，一般体能训练还借助康复体能的方法和手段，针对运动员现有的容易造成伤病的姿势和运动模式加以纠正，防止运动员受伤和提高动力链的效率。所以，在图1-1中，康复体能和健身体（适）能对于竞技体能的贡献，最直接的是可以借助康复和健身领域的较先进的理念和较新颖的手段，丰富一般体能训练的内容，增进运动员健康水平，防止其受伤并促进恢复。专项体能训练与运动专项的技术、战术、心理等竞技能力发展是高度结合的，提高专项体能的目的是使运动员已获得的一般体能直接为提高运动成绩服务。选择或设计专项体能训练的方法和手段与专项技术动作在动作形式、动作结构和能量代谢方式应该是相同或相近的。教练员没有相当深厚的专项训练背景和经验，是很难把握专项特征并选择合理的体能训练方法与手段的。例如对游泳运动员进行过多的远端固定的力量练习，虽然练习手段的动作形式和结构与专项类似，但其肌肉用力方式首先就产生了偏差，对专项成绩的贡献反而会起到相反的作用。

严格地讲，竞技体能、健身体（适）能、康复体能有着清晰的界定。竞技体能的主要特征是运动的专项性和极限负荷性；健身体（适）能的主要特征是运动的全面性和愉悦性；康复体能主要强调的是运动的功能性和康复作用。当然，三者也是互为支撑和借鉴的。健身体（适）能的训练有助于竞技体能训练的基础性和全面性。康复体能的训练有助于竞技体能训练的伤病预防和身体动力链的效率。尽管这样的分类并不完善，但是对于强调竞技体能训练的实质，具有重要的理论意义和鲜明的实践价值。由于纯粹的康复体能与健身体能提供的是一般体能的训练，其训练效应和专项技术的结合、过渡到专项体能训练之间尚有一段距离；而教练员所进行专项技战术训练又往往不能很好地解决健康和康复问题，所以现在的竞技体能虽然依旧以发展运动员身体素质为核心，但已经同时吸收了多学科和多专业（比如康复和健身）的研究成果。

许多学者认为，经典的、以竞技体能为内容、以提高身体素质为主要目的的体能训练，是一种简单性范式，这种范式将体能还原为形态、机能以及力量、速度、耐力、柔韧、灵敏、协调素质等的几个子能力，其优点是可以使人们在训练过程中观察体能发展的轨迹和各个子能力的贡献率。这种范式在发展体能科学理论和实践中被证明是非常有效和成功的。但是在当今竞技运动竞争愈发激烈的情况下，这种简单的范式越来越被诟病，其缺点包括在高水平运动员的体能训练中较为普遍存在着体能的发展与参赛能力结构严重脱节、训练手段单一、伤病增加等等。而且，现有的体能训练理论在训练实践中有很多解决不了的问题，也就是说，一些体能训练领域的学者和教练员们在以往广泛被接受的、经典的、简单性范式的体能训练研究中，发现许多解决不了的例外，便尝试引用国外一些有争论性的理论取而代之，进而排挤掉"不可通约"的原有范式。于是，可以解决这些矛盾的、在我国原称为"健身健美""运动康复"领域的概念、方法和手段被纳入到体能训练领域中来，丰富了体能训练的内容。但是，以此宣告以往的体能训练范式已经过时并开始了范式转换，为时尚早。现阶段我们应该认识到体能训练范式的这种改变，承认体能概念的泛化，明确体能新的外延，在竞技体育领域中强调体能训练不是要以发展竞技体能为中心，辅以日渐成熟的健身体能和康复体能的方法和手段，才能使体能训练结合运动员竞技能力其他诸要素的发展，提高竞技水平，获得优异的比赛成绩。

第二节　青少年运动员体能训练主要内容

整个运动员培养系统中，运动训练子系统占据着主体位置（图 1-2），运动训练是一个长期且复杂的系统工程，每一名成功的运动员都是训练有素的个体，他们多年来遵循着精心设计的训练计划，不断地提高竞技能力和训练水平，形成竞技状态，获得优于常人的赛场表现和运动成绩。运动员个人全程的训练生涯包括基础训练阶段、专项提高阶段、最佳竞技阶段和竞技保持阶段。儿童青少年的训练处于基础训练和专项提高阶段。合理的运动训练应始于儿童时期，到青少年时期达到快速发展阶段，这一时期的运动员的长期训练不仅要把握不同竞技子能力之间的关系，追求整体最佳训练程度水平的提高，同时还应根据人体生长发育的特点和专项的需求有目的地控制不同子能力的发展，使各种能力水平适时达到最佳匹配。青少年的体能训练是竞技能力各项子能力（体能、技能、战术能力、心理能力和知识能力）的基础，因此合理设计、实施处于这一时期的运动员体能训练是提升运动员竞技能力的关键。运动员在青少年期间较早地接受体能训练，有目的地对不同年龄阶段青少年运动员使用不同的、相适应的体能训练方法手段，不仅可以促进青少年健康发育，改善身体形态的功能性和专项适应性结构，提高包括供能方式的机能水平，将更有助于发展运动员未来的训练程度及竞技状态的稳定，为最佳竞技阶段接受更大负荷的专

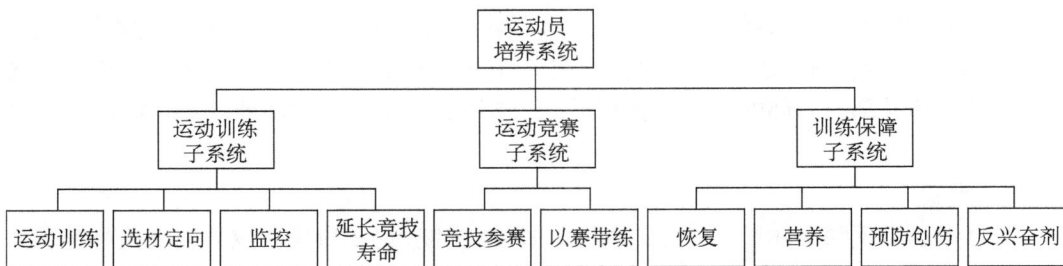

图 1-2　运动员培养系统

项体能、技能训练夯实基础。

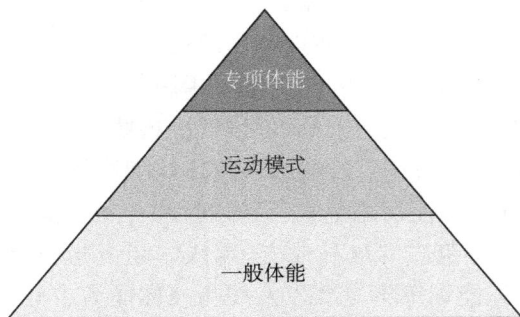

图 1-3 一般体能、运动模式、专项体能的关系

如上节所述,根据体能训练的目的,青少年运动员的体能训练也包括健康体(适)能、康复体能和竞技体能三个范畴。本书仅针对竞技体能的相关内容进行介绍。竞技体能训练包括一般体能和专项体能,一般体能包括身体形态、身体机能和身体素质三项内容。为保障青少年科学化进行体能训练,提升青少年综合能力的发展,使其从强调全方位发展的一般训练顺利过渡到专项训练,本书将现代体能训练中的健身体(适)能和康复体能中方法和手段有选择地引入到运动员一般体能训练内容中来,并结合各专项的特点将复杂的各专项技术分解为较为简单的基本运动模式,最后进行和专项动作严密契合的专项体能训练方法和手段的训练(图 1-3)。

本书着重强调在一般体能的训练中提高青少年运动员的健康水平,将动作模板和体态矫正、姿势培养相结合,然后以运动模式为抓手,为专项体能水平打基础、提高防伤能力和动作效率。

一、一般体能

一般体能包括身体形态、身体机能和身体素质等方面的内容(图 1-4)。

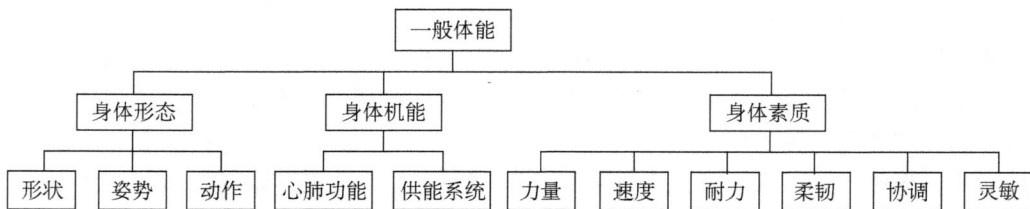

图 1-4 一般体能的外延

(一)身体形态

形态含有形状、容貌、样态、状态等一众词的含义,比较宽泛,辞海中对“形态”的定义为形式和状态,指事物存在的样貌和在一定条件下的表现形式。所以身体形态除了传统概念指的人体外部与内部的形状特征以外,还应包括身体的现实功能状态,如体态、姿势和动作模式。

1. 形状

身体形态中反映身体形状特征的指标有长度、围度、宽度和身体成分。反映外部形状特征的指标有:高度(身高、坐高等),长度(上肢长、下肢长等),围度(胸围、腰围、臀围、上臂围、大腿围等),宽度(肩宽、髋宽)和充实度(体重、皮质厚度)等,反映内部形态的指标如心脏纵横径、肌肉形状与横断面等。派生指标包括：THR＝坐高/身高，反映身体的结构特征；BMI＝体重除以身高^2，反映身体的充实度；WHR＝腰围除以臀围，反映身体形态结构及比例特征。

（1）身体成分

身体成分是身体脂肪组织和非脂肪组织的含量在体重中所占的百分比，常用体内各种物质的组成和比例（如肌肉、骨骼、脂肪、水和矿物质等）表示。身体成分是反映人体内部结构比例特征的指标，其不均衡将会导致肥胖、营养不良、骨质疏松、水肿等疾病。身体成分的分析对于竞技运动的选材和训练效果的评定也有重要意义。身体成分是组成人体组织、器官的各成分总和，通常以体脂肪为参照物将身体成分划分为体脂重和去脂体重两个部分。身体成分受性别、年龄、饮食、种族和遗传等因素影响，且与人体体质健康状况密切相关，可用于监测人体营养状况、生长发育情况等，在健康科学与临床医学领域均具有重要价值。

（2）身体质量指数

身体质量指数（body mass index，BMI，简称体质指数，又称体重指数）：即体重（千克）数除以身高（米）数的平方，是目前国际上常用的衡量人体胖瘦程度以及是否健康的一个标准。当我们需要比较及分析一个人的体重对于不同高度的人所带来的健康影响时，BMI 值是一个中立而可靠的指标。国际肥胖组织也认为身体质量指数是评估儿童和青春期少年肥胖的较合理指标之一。但 BMI 也有不全面的地方，BMI 适合群体为普通大众，对某些项目的运动员或健身爱好者来说不适用，经常健身的人群的肌肉量较普通人来说较大，BMI 会偏高，如图 1-5 所示，具有同样 BMI 的两个个体，其直观身体形态也可能相差较大。

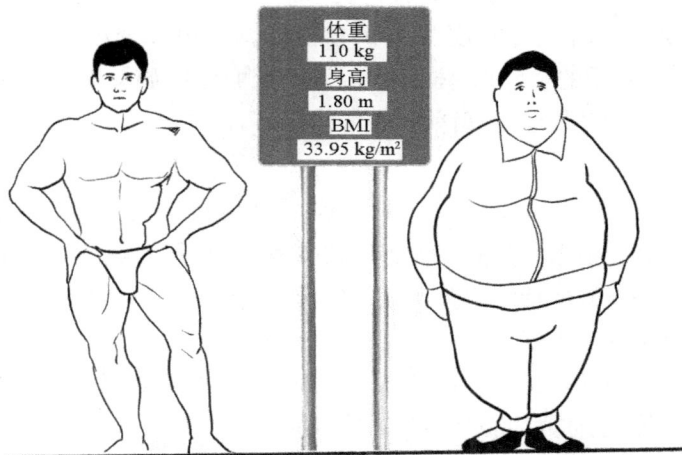

体重
110 kg
身高
1.80 m
BMI
33.95 kg/m²

图 1-5 具有同样 BMI 的人体形态直观差异

（3）体脂率

体脂率指身体内所有脂肪组织的质量与体重的比值（主要为皮下脂肪和内脏脂肪），体脂率较 BMI 来说能更好地说明一个人的胖瘦情况。体重过大的不一定胖，体脂率高才是真正的胖。

人体内脂肪组织增加到一定量将导致肥胖综合征,肥胖儿童将会面临心肺功能降低、肢体行动困难、智力水平降低、反应迟钝等问题。儿童肥胖也是培养成年疾病的"温床",极易埋下成年肥胖及多种相关疾病的祸根。同样,体脂过少也会危害儿童青少年的健康,如因长期节食、营养不良、厌食症造成体脂过少时,人体会出现代谢紊乱、身体功能失调(如初潮延迟),严重时可导致一些疾病。

(4) 肌肉量

人体体重的成分可分为非脂肪物质与脂肪物质两大部分,肌肉含量是非脂肪物质中去除掉约占体重 4%~6% 的无机质所余下的身体质量。肌肉的含量占体重的比例约为男性 73%~81%,女性 69%~78%。肌肉会使身体形态更好看、整体线条更明显,此外,每公斤肌肉能消耗的热量是脂肪的 10 倍以上,拥有足够的肌肉量,即使站着不动,身体也会不断燃烧脂肪,增加肌肉量,基础代谢率会明显提升。人体的肌肉有 70% 在下半身,肌肉流失会让腿部的力气变小,导致行动迟缓,跌倒和骨折的风险增加;此外,肌肉还会影响心肺耐力,因为肌肉里含有肌原蛋白,可以储存氧气,肌肉量愈多、含氧量就愈充足,会让全身的动作反应更有效率。多项研究证明,提升肌肉量不只可以提升骨质健康、改善新陈代谢,同时也能减少成年后糖尿病、高血压、冠状动脉性心脏病的发生概率。

(5) 骨密度

儿童青少年时期处于生长发育的旺盛时期,在此期间,骨密度持续增加,不仅可以促进儿童骨骼发育,还可以促进成年早期峰值骨量的获得。成年早期达到的骨量峰值是决定生命后期是否发生骨质疏松的关键指标。目前,骨密度的影响因素大致可分为两大类,分别是遗传因素和环境因素。遗传因素大致包括遗传、种族、年龄和性别;环境因素大致包括膳食营养因素、室外日照、运动、健康情况、不良嗜好等生活行为及身高、体重等生长发育情况。骨密度包括面积骨密度和体积骨密度。面积骨密度是指所测骨单位面积(cm^2)所含有的骨矿物质的量(g)。体积骨密度指所测骨单位体积(cm^3)所含有的骨矿物质的量(g),它考虑到了骨的厚度(后前位直径)。

2. 姿态

姿态反映了骨骼、肌肉、内脏器官与神经系统等各组织的力学关系,是衡量健康的一个重要指标。有学者将姿态分为静态姿势和动态姿势,本书中姿态特指静态姿势,是指整个身体或身体的一部分被保持的位置,是某些动作的开始与结束的静止状态,如武术的起势、短跑的起跑、跳水的入水姿势等。

按照控制姿势的神经系统的功能和肌肉类型不同,可将姿态分为由非随意性的慢肌纤维控制的真实姿势(也称为体态)和随意肌主动控制下的姿势。

(1) 体态

体态是指完成动作时身体各部位的姿势表现,是形体的重要组成部分,它与体型、体格共同构成人的形体。儿童青少年正处于生长发育的高峰期,良好的体态可促进身体各组织器官的正常生长发育,青少年运动员培养良好的体态,可以发挥身体机能的潜能,减少肌肉和韧带的紧张程度,提高动作效率,促进运动技能的形成,减少训练伤病的出现。

日常生活习惯与体态的形成有着密不可分的联系。所以。我们常把日常生活中站立、走路、跑步、坐下、躺等习惯性身体姿势称为体态。体态是可长时间维持的真实状态。控制体态的是较低级的反射性中枢,保持体态的肌肉是非随意性的慢肌纤维,许多人不能维持正确的体态,是因为不能激活自己的姿势肌或神经控制能力下降。当这些人立正站好想保持正直的姿态时,需要动员随意肌来维持姿态,但是在大约一分钟之后又回到了原始的真实姿态。

良好的体态是身体肌肉和骨骼的平衡状态,能够使身体的支持结构免受伤害或渐进性畸形,并且能够保证支持结构的工作和休息不受体位的影响。不良的体态会导致身体各部分的错误关系,不仅影响人体的健康,也对儿童青少年的心理和成人后的社交产生较大的影响,对于儿童青少年运动员运动模式的形成和正确技能的掌握都有负面影响。当不良体态发生时,会造成机体的代偿式改变,我们称之为体态改变模式,指由于体态偏离正常的位置而造成可预见的肌肉失衡动作模式和现象。体态改变模式也是功能失调性动作模式的一种,除了会造成不良体态以外,体态改变模式还会导致身体出现慢性疼痛综合征。其中,一个由不良体态所造成的慢性疼痛和功能障碍的典型例子就是颈肩疼痛症状。久坐少动、长久伏案工作或经常低头看东西的人,其正常体姿链发生变化并会出现适应性神经肌肉活动代偿,使得颈肩部一些肌肉过度使用而产生僵硬,其他一些肌肉却因为使用不够而过度松软,随之出现相应的颈肩部位的结构变化和功能障碍,表现为颈肩疼痛。同样的道理,如果一个健身者过于注重胸大肌和肩部上端的肌肉练习,也会造成肌肉失衡和颈肩疼痛症状,或称为上交叉综合征(图 1-6)。

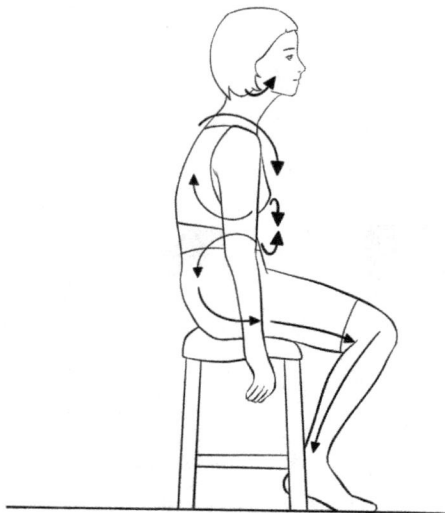

图 1-6 坐姿和上交叉综合征

患有上交叉综合征的人往往会出现头部前倾、颈部后凸增加和圆肩部椭圆的体态特点。另外,患者还会有颈、肩和头部疼痛,关节炎,肌肉痉挛,韧带变形,神经纤维拉长,椎间盘结构和功能衰减等病理特征。患有上交叉综合征的人往往有胸肌和斜方肌上端紧而僵硬,但颈部深层的屈肌例如颈长肌和斜方肌的下端以及菱形肌却比较松软,形成了僵硬和松软的交叉现象。

与上交叉综合征相对应的是下交叉综合征(图 1-7)。患有该症状的人往往会出现骨盆前倾、腰椎前凸增加、侧腰位移、侧推旋转和膝关节过伸等体态特征。并且伴有腰背疼痛、臀部疼痛、膝关节疼痛或踝关节疼痛等病理症状。下交叉综合征患者的屈髋肌肉(髂腰肌)和腰背肌比较僵硬,而腹肌和臀部肌肉(臀大肌)却比较松软,造成骨盆的正常姿势发生改变。下交叉综合征常常发生在过多进行抬腿奔跑或弯腰屈膝,而缺乏使用臀部和大腿后群肌肉运动员或健身者身上。

上、下交叉综合征表明长期不正确的体态会造成肌肉失衡,从而使肌肉激活和神经肌

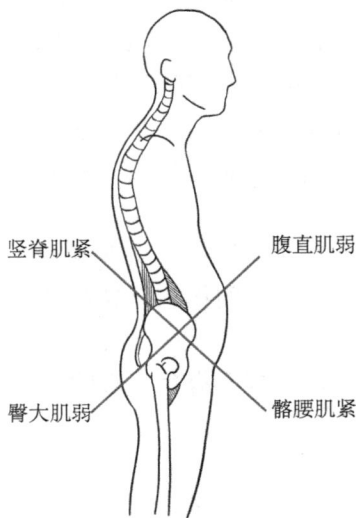

图 1-7　下交叉综合征体态

竖脊肌紧

腹直肌弱

臀大肌弱

髂腰肌紧

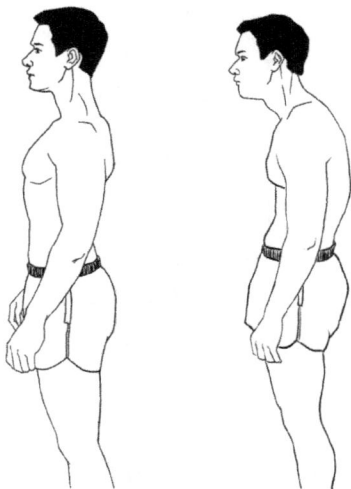

图 1-8　假装姿势和真实姿势

肉控制发生改变,还使运动模式或姿势控制发生变化,造成异常的适应或代偿动作,因此产生功能障碍、炎症、疼痛和受伤等后果。

（2）主动姿势

当人体使用随意肌来控制机体各部分的空间位置和关系时,这时表现出的外在姿势为主动姿势。主动姿势和体态的最大区别在于体态的保持肌肉是非随意性的慢肌纤维,其主要功能是长时间静力性工作和保持稳定;而主动姿势是人体通过动用随意肌收缩维持正确姿势,随意肌是快速收缩型肌肉,缺乏耐力。这就是为什么当体态不良的患者想用随意肌调整身体姿势时,却往往无法长时间保持下去的原因。

当进行基于大脑的姿势分析时,可以通过观察患者的姿势来分析患者神经系统的功能。然而,想要准确预测患者大脑功能与其姿势的关系,患者必须处于真实姿势（体态）而不是主动控制下的姿势（主动姿势）（图 1-8）。当患者假装姿势良好时,他们处于主动姿势,这意味着他们用随意肌使躯干保持正直。许多患者在接受检查时,自然会想站得更直,他们可能不会有意识地假装保持正确的姿势,但他们实际处于主动姿势,而不是真实的体态。

3. 动作

动作,指动态的姿势,是组成体育手段的最基本要素。体育运动的本质是动作,动作决定肌肉力量传递的有效性和经济性,动作决定能量转换和传递的功效。一般意义的动作,是指大肌肉群活动造成的身体或身体部位的位移。小肌肉群的活动,如书写、操作键盘、使用餐具等都不算动作。动作是一个不断发展的系统,掌握动作越多的人,对外界适应性越强,对突发危机事件的处理的能力也越强,平时则表现为更加灵活协调。

（1）随意动作和非随意动作

在意识支配下产生的动作称为随意动作;自动地产生反应性动作称为非随意动作。在大多数情况下,后者支持前者,而前者又激发了后者。两者是相辅相成、互相依存的。儿童青少年运动员在进行体能训练时,应将随意动作和非随意的反射动作结合起来进行。

一般来说,可以随意收缩、产生随意动作的骨骼肌与产生非随意性动作的姿势肌有以下的主要区别。

随意肌:①由对侧额叶的初级运动皮层控制;②精确的运动取决于清晰的感觉和运动皮层图;③含有快速收缩型肌纤维,进行快速有力的运动;④由于缺乏皮质输出容易变得薄弱无力。

姿势肌:①维持中心稳定的轴向肌肉组织;②由同侧额叶的初级运动皮质和脑干控制;③含有慢速收缩型肌纤维,具备耐力和保持稳定性;④当姿势肌缺乏激活能力时,就会导致身体僵硬和屈曲。

（2）活动度和稳定度

将身体姿势与动态的关节活动度与稳定度结合起来,产生了动作。我们从出生开始,大部分清醒的时候都在潜意识地练习动作。动作是在日常生活中,在重力的影响下,为完成各种任务自然形成的。正常的身体活动看起来得心应手,没有被妨碍,但当活动度和稳定度受限时,细微的代偿就会产生。格雷·库克认为,这种代偿会形成动作的偏向力和身体环节的不良定位,造成对于韧带和关节的反常应力。这种应力会妨碍肌肉活动,进而损害活动度和稳定度,随着人体的发育和动作的发展,这种代偿还会增加能量消耗和减弱神经对于肌肉的控制,不管是随意动作还是非随意动作都可能受到影响。

人体的各个关节分别体现了稳定度和活动度的不同功能性作用,形成良好的身体力学需要关节充分但不过度的运动。正常的活动度是一种特性,但过度的活动不是关节活动的基本原则。一般来说,活动度越好,稳定性越差;稳定性越好,活动度越差。而且,应该注意到有一些运动、舞蹈或杂技中的技巧性表演需要过度的活动度和肌肉长度,可能适用于提高表现的难度,但会影响表演者的健康。而且,活动度和柔韧性是不同的,柔韧性是与关节周围的肌肉和结缔组织拉伸有关,是被动的。活动度是指关节能够不受限制地通过给定的运动范围主动活动,这种能力是主动的、可控的。

在观察关节的各种结构时,要注意分析它们对关节运动的影响。首先,关节面的形态是决定关节运动轴和运动方式的结构基础,运动轴愈多,运动形式就愈多样化,愈灵活。其次,关节头和关节窝的面积差也反映出运动的灵活与否,同类关节两者的面积差愈大,运动幅度也愈大;反之面积差越小,则趋于稳固。如同为球窝关节,肩关节则以运动幅度大而灵活见长,而髋关节与之相比则以稳固性著称。再次,关节囊的厚薄、松紧,周围韧带和肌腱的状况也明显影响着关节的运动,关节囊坚韧、紧张,周围韧带和肌腱坚固,则使关节运动受限,从而增强其稳固性;反之,关节囊薄弱、松弛,周围韧带或肌腱较少,则运动幅度大而增加了活动度,且此部位往往是关节易发生脱位之处。此外,关节内结构对关节运动也有明显的影响,如关节盘、半月板和滑液均可增加关节的活动度,而关节内韧带则对运动有明显的制约,从而增加关节的稳固性。

结合到运动中,人体中活动度最大的四个关节是:踝关节、髋关节、肩关节和胸椎（表1-1）。如果这些部分当中的一个关节失去活动度,哪怕只是在单一平面上的活动度,也会影响到整个身体的结构和功能。如果关节丧失活动度,就会影响上下相邻的关节,改变相应关节的功能。

表 1-1 人体关节活动度和稳定度

关节	主要动作功能
踝关节	活动度（矢状面）

关节	主要动作功能
膝关节	稳定度（额状面和水平面）
髋关节	活动度（多平面）
腰椎	稳定度
胸椎	活动度
肩胛骨	稳定度
盂肱关节	活动度（多平面）
肘关节	稳定度

关节稳定度主要是指人体关节在静止或运动中维持正常位置的能力。一是关节被动装置系统的稳定性，包含关节韧带、关节囊的松紧度和关节的骨形状等。如肩部的盂肱关节，由于关节窝很浅，肱骨与肩胛骨的接触面很小，因而是个极不稳定的部位，很容易出现脱臼。人体下部的髋关节由于股骨头近一半的体积埋藏在关节窝内，所以其稳定度就大大高于前者。二是关节主动装置系统的稳定性。这主要是指肌肉与神经系统共同保护关节的情况。关节周围有肌肉和肌腱包围，它们在神经系统的协调控制下及时产生张力，来加固关节的稳定度。

这两个系统出现损伤，特别是韧带、肌腱以及神经肌肉出现问题，关节就会不稳，主要表现在关节面之间的相对运动超出正常范围，即常说的关节松动、松弛，甚至错位、脱臼，关节失去支撑运动的正常功能。所以，人们一般都把韧带等处异常与关节的稳定度差等同看待。

平时要注意让影响关节稳定度的被动系统免受伤害，特别注意慢性损伤，同时注意激活和加强其主动系统的功能。比如，运动前要做好充分的准备活动，激活体内的神经和肌肉系统，以调动关节功能，应对运动中可能突发的问题。如果已发现关节不稳，或有陈旧性关节损伤，可以考虑事先戴好关节护具。在运动中，要保持正确的姿态，减少运动对关节韧带长时间的拉伸受力。还要注意提高身体的耐力和注意力，保持旺盛的体力和精力，减少疲劳状态时的运动受伤风险。

在儿童青少年运动员基础训练阶段和专项提高阶段进行大强度体能的训练前，应注意训练控制动作的局限和不对称，进行关节稳定度和活动度的练习，对以后专项技能的形成和减少运动损伤都可以起到事半功倍的作用。

大多数竞技专项技术需要多维动作组合，主动肌、辅助肌和拮抗肌的互动关系决定肌肉力量传递与整合的效果。动作稳定是多维运动组合的基础，是动力控制、传递和动力链效率的关键（图1-9）。动作不稳定、不对称和代偿性动作等弱链模式，也是运动损伤的根源。生物力学动力链上的薄弱环节（即弱链），将降低神经-肌肉的控制能力和稳定性，从而导致骨骼肌的功能下降。

（3）动作模板

凯利·斯塔雷特提出，人体动作可以分为7种模块化的形式，反映正常人日常活动和体育运动所需的活动度和动作控制能力，被称为动作模板。这些模板体现了几乎所有动

图 1-9 专项技术中的稳定度和活动度

作的完整幅度,可以帮助教练员发现和解决青少年运动员动作控制和活动度方面的常见错误。

1)过头举模板:包括所有要把手臂固定在头顶上方的动作,如肩上推举、抓举、吊单杠、投掷等(图 1-10)。

2)前推模板:做俯卧撑、卧推或者把手臂置于身后时,肩部应该在前推模板中保持稳定(图 1-11)。

3)小臂悬垂模板:需要将双臂置于身侧,保持小臂与上肩垂直来稳定肩部的动作都属于小臂悬垂模板。这个模板包括硬拉和下蹲翻的起始姿势(图 1-12)。

图 1-10 过头举模板

图 1-11 前推模板

图 1-12 小臂悬垂模板

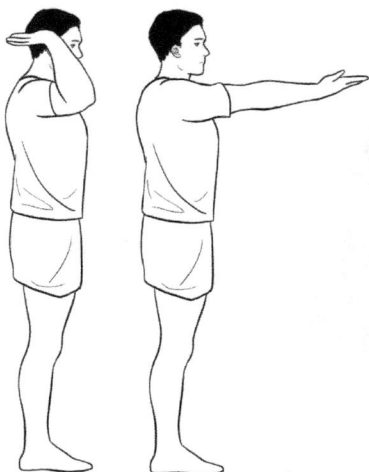

图 1-13　前撑模板

4）前撑模板：指打电话、在肩上扛东西或者手臂伸向身体前方推东西或对抗某种力量时肩部所保持的稳定姿势。这个模板有两种基本形式：手臂弯曲以及手臂平直伸向身体前方。高尔夫球运动中上杆到顶点时，后手屈肘上翻类似于托盘的动作就属于这个模板（图 1-13）。

5）深蹲模板：涵盖了需要以髋部为轴弯曲身体的动作，比如弯腰捡东西和下蹲并坐到椅子上等。这个模板有两种基本形式：硬拉以及髋部低于膝盖的深蹲（图 1-14）。

6）单腿蹲模板：体现了髋部弯曲和脚踝背屈的完整活动范围。从坐姿起身以及迈向高台或从高台上下来是这个模板的常见例子（图 1-15）。

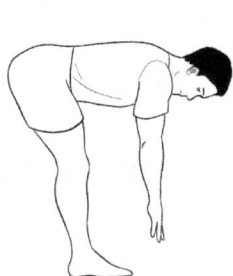

图 1-14　深蹲模板

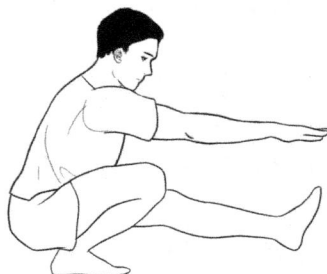

图 1-15　单腿蹲模板

7）弓步模板：包括一条腿位于身体后侧的动作，如跑、投掷、出拳击打等（图 1-16）。

每一个体能训练动作都是由一种或多种动作模板组成的。例如，支撑深蹲包含过头举模板和深蹲模板，一个标准的过顶推举包含前撑模板和过头举模板。在教练员的指导下，青少年运动员应该首先学习和掌握七种动作模板。掌握了某种动作模板有助于正确地完成包含同一模板的新动作。同时，动作模板也是测试动作和评估活动度的工具。

图 1-16　弓步模板

（二）身体机能

身体机能是指人的整体及其各器官、系统所表现的生命活动。

1. 基于心肺功能的健康水平

心肺功能或心肺耐力是指人体的心脏、肺、血管、血液等组织的功能，与氧气和营养物质的输送以及代谢产物的清除有关。心肺功能是衡量心脏将富含氧气的血液泵入动脉输送到各组织脏器的能力的指标。人出生后,呼吸循环系统无时无刻不在工作来维持生命。心肺能力较差的儿童青少年平日比较容易精神萎靡,稍微活动即气喘吁吁,耐力活动时间稍久,就容易出现疲态,同时成年后罹患心血管系统疾病的概率也比较高。

心肺功能测评最常用的指标是心率和血压。心率是指心脏每分钟跳动的次数,心脏搏动沿动脉传播形成脉搏。在正常生理状态下,心率的节律整齐,心率与脉搏一致。生理学研究表明,心脏的搏动速度与人体的代谢水平有关。心跳所能达到的最快心率(最高心率)是有限的,最高心率与安静心率差值是心脏活动的潜力(也称心率储备)。

血压是指血液在血管内流动时对血管壁产生的侧压力。血压受许多因素的影响:心脏每搏输出量和心率增加,会导致收缩压和舒张压增高,外周阻力的变化主要影响舒张压;动脉血管的弹性能够起到缓冲收缩压和舒张压的作用。运动时,血压升高,收缩压升高更明显。在正常情况下,血压和心率成正比,在运动中保持稳定;若是心率升高,血压升高不明显或下降,则表明心脏机能很差,不能承担较大负荷运动。

肺活量是指肺的静态气量,与呼吸深度有关,不受时间限制的肺充气和排气的容量。肺活量主要反映呼吸机能的潜力。主要功能是与外界进行气体交换,排出二氧化碳,吸入氧气,在维持人的新陈代谢过程中起着重要的作用。

2. 基础代谢率

基础代谢率(basal metabolic rate,BMR)是指人体在清醒而又极端安静的状态下,不受肌肉活动、环境温度、食物及精神紧张等影响时的能量代谢率。基本生理活动(血液循环、呼吸及恒定的体温)时,每小时单位表面积最低耗热量减去标准耗热量,其差值与标准耗热量之百分比,即为基础代谢率。

3. 能量代谢

体能是指以人体三大供能系统的能量代谢活动为基础,通过骨骼肌系统表现出来的运动能力。从生物化学的观点分析,运动员体能水平的高低主要取决于运动过程中能量的供给、转移和利用的整合能力的高低。

(三)身体素质

身体素质是人体在运动、劳动和日常活动中,在中枢神经调节下各器官系统的综合表现。苏联的马特维耶夫、普拉托诺夫,加拿大的博姆帕等西方一些国家的学者在其著作中都表述了与体能相关的身体训练的观点:身体(素质)训练是直接提高力量、速度、耐力、柔韧和协调性等运动素质的过程,是运动训练的重要组成部分,对运动水平提高有基础作用。

1. 力量素质

力量素质是指人体神经肌肉系统在工作时克服或对抗阻力的能力。人体运动时,会受到重力、空气或水的阻力、重物负荷、竞技对手的对抗等各种外力,以及肌肉的黏滞性、对抗肌的牵拉等内力的阻碍,这就需要依靠人体的肌肉收缩产生力量,克服各种阻力,完成预定的动作。

人体无论是向前、后、上、下、左、右任何一个方向的直线位移还是曲线位移,以及人体施加外界物体的运动,都必须依靠力量的作用才能实现。竞技选手力量素质水平的高低对其速度、耐力等素质的水平都有着重要的影响。力量素质又是运动员学会和掌握各个项目专项技术的必要条件。对于举重、投掷等体能主导类力量性项目,以及摔跤、柔道、拳击等技能主导类格斗对抗性项目来说,运动员力量素质的水平更是在很大程度上直接决定着其总体竞技水平的高低。

根据与运动专项的关系,力量素质可分为一般力量与专项力量;根据与运动员体重的关系,可分为绝对力量和相对力量;根据完成不同体育活动所需力量素质的不同特点,可分为最大力量、快速力量和力量耐力。最大力量是指人体肌肉在随意收缩中所能表现出来的最大的力的能力。快速力量是指肌肉在尽可能短的时间内发挥出尽可能大的力量的能力。力量耐力是指运动员在静力性工作中长时间保持相应强度的肌紧张,或在动力性工作中多次完成相应强度的肌收缩的能力。

爆发力是速度力量的一种,是指肌肉在最短的时间内产生最高收缩速度和最大力量来克服阻力的一种能力。爆发力的实质是指不同肌肉间的相互协调能力,是力量素质与速度素质相结合的一项人体基本素质。爆发力的产生受很多因素的影响,诸如神经特性、力学刺激和肌肉本身结构特性。具体体现在控制爆发力产生的神经的兴奋性及其数量、最大刺激强度、参与肌肉收缩的肌束的初长度、角度和肌肉与肌腱链接单位的刚度等。

2. 速度素质

速度素质是指人体快速运动的能力,是人体或人体某一部分快速移动、快速完成动作和对外界信号快速做出运动反应的能力。它是人体重要的运动素质之一,对于运动员整体竞技能力的提高有着重要意义。

根据运动员在运动时速度素质表现特征的不同,速度素质可分为反应速度、动作速度(含动作频率)和周期性运动中的位移速度。

反应速度是指人体对各种刺激发生反应的快慢。反应速度的快慢取决于兴奋通过反射弧所需要的时间,与神经、肌肉组织的兴奋性和灵活性有关。决定反应速度的生理基础是:感受器的敏感性、中枢延搁、效应器的兴奋性,其中中枢延搁最为重要。反射活动越复杂,兴奋需要通过的突触就越多,经历的时间就越长,反应就越慢。反应速度还与中枢神经系统兴奋性和灵活性有着密切的关系,还与条件反射的巩固程度有关。

动作速度是指完成单个动作所需要时间的长短。决定动作速度的生理基础是:①快肌纤维的百分组成及其面积,快肌纤维的百分比越高,快肌纤维越粗,肌肉收缩速度就越快;②肌力,肌肉收缩力量越大,就越容易克服内外阻力,肌肉收缩速度就越快,所以但凡影响肌肉力量的因素都将影响完成动作的速度;③肌肉组织的兴奋性,肌肉组织的兴奋性越高时,较低强度和较短时间的刺激就能引起肌肉兴奋,使肌肉收缩的潜伏期缩短,收缩速度加快;④条件反射的巩固程度,动作越熟练,完成动作的速度就越快。另外,动作速度还与神经系统对主动肌、对抗肌和协同肌之间的协调能力有关。

位移速度是指周期性运动(如跑、游泳)中人体在单位时间内移动的距离。运动时,不仅不同项目位移速度的生理基础不同,而且相同项目不同距离的位移速度生理基础也有所不同。这三种速度素质类型在运动实践中既有区别又有联系,移动速度是由不同的单个动作速度（如途中跑中的后蹬速度、前摆腿速度、摆臂速度等）组成；反应速度中的反应时，实际上是反应动作过程中的第一个运动速度；而反应速度往往是移动速度的开始（如起跑）。但它们又不能画等号，反应速度快，动作速度和移动速度并不一定快，而动作速度和移动速度快，反应速度也不一定快。

3. 耐力素质

耐力素质是指有机体在较长的时间内，保持特定强度负荷或动作质量的能力，是人体基本的运动素质之一。耐力素质对人的生活能力及运动能力均有重要的影响。人体耐力素质的提高，总是伴随着内脏器官，首先是心血管系统功能的提高，以及有氧代谢能力的改善。同时，还表现为人体的骨骼肌和关节韧带等运动结构以及心理上能够承受更长时间的负荷的能力。

在竞技体育领域中，耐力素质在不同的竞技运动项目中有着不同的作用。对于长距离走、跑、骑、游、滑、划等竞速项目来说，耐力素质是决定运动员竞技能力高低的主导素质，对运动员总体竞技水平有着决定性的影响；对那些虽然不以长距离竞速为主要竞技内容，但持续竞技时间较长的运动项目（如足球、羽毛球、水球、职业拳击等）来说，耐力素质的好坏对运动员比赛的结果也有着重大的影响；对比赛时间很短的竞技项目来说，尽管在比赛现场通常无法直接感受到耐力素质对运动员竞技水平的重要影响，但不容置疑的是，短距离竞速选手、远度竞技选手及举重、体操、技巧等选手也都需要发展相应的耐力素质，以便坚持和承受不断加大的训练负荷，并保证以充沛的体力参与竞技比赛。

根据运动中氧代谢的特征，耐力素质可分为有氧耐力、无氧耐力及有氧－无氧混合耐力；根据耐力素质对运动员竞技能力的作用，耐力素质可分为一般耐力与专项耐力；根据器官系统的机能，耐力素质可分为肌肉耐力、心血管耐力。在上述各个分类体系中，有氧耐力与无氧耐力的分类体系多用在耐力型竞技项目的训练之中；而按一般耐力与专项耐力的分类体系探讨耐力训练的方法，则更适用于大多数运动项目训练实践的需要。

4. 柔韧素质

柔韧素质是指人体关节活动幅度的大小以及跨过关节的韧带、肌腱、肌肉、皮肤及其他组织的弹性和伸展的能力。柔韧素质通过关节运动的幅度，也就是按一定的运动轴产生转动的活动范围而表现出来。关节的活动幅度主要取决于关节本身的结构，以及跨过关节的肌肉、肌腱、韧带等软组织的伸展性。柔韧素质对保证速度素质、力量素质的充分发挥，保证动作的协调性和增加动作的幅度以防止运动伤害事故均有重要的意义。它是健康体适能的重要组成部分，在体力活动中具有重要作用，也是有效改进专项技术动作的必要前提。经常做伸展性练习可以有效保持肌腱和韧带的良好弹性。柔韧性差，关节软组织就很容易发生变性、挛缩，有时甚至发生粘连，这样就限制了关节的运动幅度、关节的运动幅度受到限制，在学习各种运动技术动作过程中就容易出现错误动作；动作僵硬不到位，还容易使得肌肉和关节受到一定程度的损伤，牵拉时必然产生疼痛。

柔韧素质从其外部运动状态的表现看可分为动力性柔韧素质和静力性柔韧素质。动力性柔韧素质是指人体各个关节根据完成动作技术的需要，各个关节拉伸到最大限度的能力。通常，我们说的运动员完成动作的幅度大小就是指动力性柔韧能力。静力性柔韧素质是人体静力状态下拉伸关节角度的能力,如肩关节的柔韧能力、髋关节的柔韧能力、脊柱的柔韧能力等。运动员静力性柔韧能力是动力性柔韧能力的基础,但静力性柔韧能力强,动力性柔韧能力不一定好。

从完成柔韧性练习的表现上看,柔韧素质又分为主动柔韧性和被动柔韧性。主动柔韧性是人主动运动中表现出来的柔韧素质水平。被动柔韧性则是在一定外力协助下完成或在外力作用下(如教练员协助运动员做压腿练习)表现出来的柔韧水平。主动柔韧性不仅反映对抗肌的可伸展程度,而且也可反映主动肌的收缩力量。一般说主动柔韧性比被动柔韧性要差,这种差距越小,说明柔韧素质的发展水平越均衡。

从柔韧素质在身体不同部位的表现看,又可分为上肢柔韧性、下肢柔韧性、腰部柔韧性、肩部柔韧性等。

5. 协调素质

协调素质是指运动员机体不同系统、不同部位、不同器官协同配合完成技术动作的能力,协调素质是形成运动技术的重要基础,是综合的神经机能能力,由反应能力、空间定向能力、本体感知能力、节奏能力、平衡能力、变向能力以及与动作认知有关的认知能力等多种要素所构成。

良好的协调能力有助于运动员迅速地建立起大脑皮层中相关中枢之间的暂时联系,更快地形成动力定型,高质量地掌握运动技能;有助于运动员更好地适应运动时的外部环境;有助于运动员在完成同样的练习时更节省地使用能量;有助于减少运动创伤的发生。在神经系统的综合控制下,运动协调可以分为肌肉协调与动作协调。肌肉协调通过肌肉的配合来表现。一个动作,不论简单还是复杂,都存在着主动肌、辅助肌、拮抗肌的相互配合协作以及不同动作部位各肌肉间的配合协作。动作协调则是指动作的不同阶段、不同环节相互配合、相互联结的状态。

根据与运动员运动专项关系的密切程度,协调能力可分为一般协调能力和专项协调能力。一般协调能力指运动员完成各种运动活动时所需要的普适性的协调能力,专项协调能力则指运动员完成特定专项运动时所需要的专门性的协调能力。

6. 灵敏素质

灵敏素质是指在变换条件情况下,运动员能够迅速、准确、协调地改变身体运动的空间位置和运动方向的能力。灵敏素质在对抗性项群项目的身体素质中占有重要地位,被认为是"机体的智商",与所有运动素质都有着密切的联系。

灵敏素质是一种综合素质,是速度、柔韧、力量等素质的综合反映,对协调、灵活、准确和应变能力有很高要求的运动项目来说,灵敏性尤其显得重要。发展良好的灵敏素质有助于运动员更好地发展技战术能力;发挥出最大速度、控制力;减少能量的消耗和不必要的动作。灵敏素质对运动员还有其他许多意义,如避免不必要的受伤,使肌纤维正确地激活,控制踝关节、膝关节、髋关节、背部、肩关节和颈部的细微运动。灵敏素质的另外一个特点在于,它具有较好的持久性,灵敏素质的训练效果不易消退,这与速度、耐力和力量训练有很明显的不同。

灵敏素质可分为一般性灵敏素质和专门性灵敏素质两类。一般性灵敏素质是指在完成各种复杂动作时所表现出来的适应变化着的外环境的能力。专门性灵敏素质是指根据各专项所需要的,与专项技战术有密切关系的,以及适应变化着的外环境的特有的能力。

有许多文献将竞技过程中灵敏素质分为开式灵敏和闭式灵敏,开式灵敏更接近于我们定义的灵敏素质。开式灵敏也称为随机灵敏,是指在没有预先设计好的程序或在随机变化的环境下进行的灵敏性训练。在开式灵敏训练中,运动员不知道未来的动作是什么,而是根据突如其来的信号,采取相应的动作,如喊号追逐跑、抛接不规则弹性球等。闭式灵敏又称程序化灵敏,是指在预先设计好的计划、可预知及稳定的环境下,进行的灵敏性训练。在闭式灵敏训练中,运动员可以决定何时、何地及如何开始动作练习,如 T 形折返跑或六边形跳等。本书将这种闭式灵敏归为身体素质中的协调素质,我们应注意加以区分。

二、运动模式

运动模式是一种根据生物力学需求对运动进行分类的方法。基本运动模式是生长发育的一个部分,是在各种复杂或专项化动作之前出现的。基本运动模式为各种高级身体活动奠定了基础,并且减少了对于那些在基本动作受限时常常出现的代偿动作。对于儿童青少年运动员来说,从一般体能训练向专项体能训练转化的过程中,通过和专项技术特征相类似的特定运动模式进行训练,对儿童青少年运动员将来专项技能的形成以及专项体能的巩固和提高,都有着重要的意义。

运动模式按照身体的三个运动轴(矢状轴、冠状轴、垂直轴)、六个位点(脚和踝关节、膝关节、髋关节、腰椎、胸椎、颈椎)和八个运动链(前链、后链、身体两侧的两条侧链、身体前面的两个对角线链和身体后面的两个对角线链)对人体的运动进行分类(图 1-17),可以将海量的训练手段归纳为以下 11 类运动模式,使教练员更容易根据专项的特点选择更加有针对性的训练手段。

(一)髋主导的运动模式

髋主导的运动模式包括髋关节的铰链运动,可以被用来定义髋关节起主要作用的所有运动。这类运动很少甚至没有膝关节运动。从胎儿时期就已经发育成熟,并且伴随儿童的成长。这个运动模式主要由臀部肌肉控制,但对于久坐人群来说,臀部肌肉长时间被拉长出现无力情况,髋关节铰链会由脊柱屈来代偿,表现在搬重物时的弯腰状态。除此之外,缺乏运动人群有小腿粗壮的情况,也有可能是髋关节铰链运动能力的丧失导致的。髋主导的运动模式,无论是在日常生活中还是进行各种运

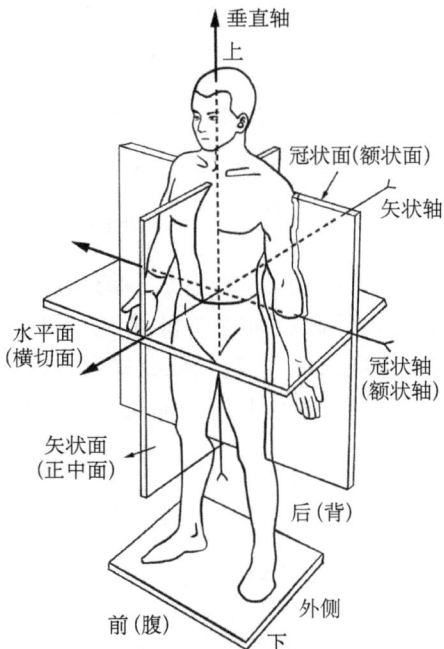

图 1-17 人体的三个运动轴

动时都非常重要,如果儿童青少年不能很好地完成这一运动模式,可能连日常的鞠躬动作都做不好。体能训练中最典型的髋主导的运动模式是早安式。

(二)膝主导的运动模式

膝主导的运动模式指膝盖在运动过程中是主要杠杆,主要体现在单腿屈伸运动的身体练习中,如走、跑、变向、攀爬、摆腿等动作。膝主导的运动模式是主要针对四头肌、臀大肌和内收肌的运动模式,如保加利亚分腿蹲。

(三)水平推的运动模式

水平推的运动模式指在身体前方直接移动一个重物,使之远离躯干,是主要针对胸部、肩膀和三头肌的运动模式。因此,它包括在矢状(肩屈曲)和/或水平面(肩水平内收)同时伴随肘关节伸展(即推)。推,指将物体推离身体(推门)或将身体推离物体(俯卧撑)。运用身体前侧的胸肌、肩发力。很多健身房的人群把"推"局限在卧推之类的胸肌训练中,但在实际生活和运动中都是将身体作为一个整体完成"推"的动作。所以想要很好地推,必须强化核心力量,将上下半身连接在一起,完成"整体推"的动作,如俯卧撑。

(四)水平拉的运动模式

水平拉的运动模式指向躯干移动重物,是主要针对背部肌肉(特别是中背部)和肘部屈肌(二头肌、肱肌和肱桡肌)的运动模式。因此,它包括在矢状面(肩伸展)和/或水平面(肩水平外展)同时伴随肘部屈曲(即拉),如俯身拉。

(五)垂直推的运动模式

垂直推的运动模式指所有在垂直或至少在这个方向上移动负荷/重量的运动,是主要针对肩膀和三头肌的运动模式。它通常包括矢状面(肩屈曲)或额状面(肩外展)的运动。此外,这通常意味着它的运动产生肩外展和/或屈曲以及肘关节伸展,如硬推。

(六)垂直拉的运动模式

垂直拉的运动模式指垂直或至少在这个方向上移动一个负荷/重量,是主要针对背部肌肉(背阔肌)和肘部屈肌(二头肌、肱肌和肱桡肌)的运动模式。然而,它通常由矢状面(肩伸展)、额状或水平面(肩内收)的运动组成。此外,这通常意味着它的运动会产生肩关节伸展和/或内收以及肘关节的屈曲,如引体向上(窄握、宽握、反握等)。

(七)旋转和对角的运动模式

旋转和对角的运动模式主要与有旋转性质的运动有关,通常在水平面内。这些运动可能还包括某种形式的推和/或拉的运动,最典型的是劈砍的动作。

(八)抗旋转的运动模式

当运动过程中有来自旋转的阻力尝试把脊椎"带走"时,需要利用核心力量稳定脊椎抵抗旋转,保持脊椎的正常排列,避免受伤,以及更好的力量传输,如向拉力垂直方向上进行推拉,抵抗身体的旋转趋势。

(九) 抗屈曲的运动模式

抗屈曲的运动模式旨在对抗腰与盆骨的复合肌肉和竖脊肌,以防止屈曲,并改善脊柱的刚度和稳定性。抗屈曲能力较少被单独来练习,是因为在做下肢的负重训练时(深蹲、硬拉等),其实正在训练核心抗屈曲的能力。

(十) 抗伸展的运动模式

抗伸展的运动模式旨在对抗腰与盆骨的复合肌肉和竖脊肌,主要是指主动抵抗腰椎伸展的动作。

(十一) 抗侧屈的运动模式

抗侧屈的运动模式旨在对抗腰与盆骨的复合肌肉和竖脊肌,以防止侧屈,并改善脊柱的刚度和稳定性。

运动模式可以从三个方面进行区分:①运动的方向和躯干的位置关系(如卧推是水平推模式,俯身划船是水平拉模式);②主要的关节杠杆(如在膝关节伸展时,膝关节是主要杠杆);③被认为承受最大相对力的关节(如假设髋关节能够承受比膝盖更大的力,在手枪式深蹲时,虽然髋部所受的力可能大于膝盖所受的力,但膝盖可能承受着其最大承受力。在这种情况下,这可能被认为是膝主导的运动,因为膝盖正经历最大的相对力)。

三、专项体能

在进行青少年运动员体能训练安排时,将专项技术动作分解成简单的运动模式,然后针对运动模式进行有步骤的、循序渐进的提高,继而过渡到结合专项技术细节的体能训练,可以使教练员更容易把握专项技术的特点,也使体能训练更符合专项和运动员需求,成为一般体能向专项体能过渡的桥梁。

专项体能训练指采用各种与专项有紧密联系的训练手段所进行的旨在提高专项身体训练水平的专门性身体训练。专项体能是为提高运动员综合的专项竞技能力服务的,是为了完成特定的比赛任务而对运动员身体提出的特殊的要求。专项体能与该专项运动特征和比赛特征密切相关,通过运动员身体形态、身体机能、身体素质并结合专项运动模式及专项技术动作综合表现出来。不同的运动项目对体能的需求不同,不仅体现在对某种身体能力优先需求方面,如快速力量或力量耐力,而且更多地体现在各肌肉和肌群根据专项技术的用力特点和顺序,以及在中枢神经支配下形成特定的工作模式方面。专项力量练习应具备如下条件:选择与专项技术动作一致(包括肌肉的拉力方向、肌肉工作类型、动作幅度等都与专项技术动作保持一致)的练习手段以及供能方式。

专项体能训练是在一般体能和组成专项动作的运动模式分别加以训练的基础上,如皮划艇——引体向上、铅球——斜卧推举、游泳——拉橡皮带等,通过专项技术或战术训练手段,提高和专项直接相关的各种形态、机能和身体素质水平。专项体能是和技战术结合非常紧密的体能训练,往往采用以专项技术动作为主的专门练习为手段,发展专项供能。

(一)专门练习

专门练习是和比赛技术动作相似的一些专门动作或者就是比赛技术动作本身。例如,田径径赛项目跑的运动员,跑这个动作就是比赛动作,高抬腿跑、后蹬跑、跨步跑等各种动作,就是与比赛动作相似的专门练习手段。竞技体操、跳水、举重等项目的高水平运动员,他们多采用比赛所规定的动作进行练习。像保加利亚举重运动员训练所采用的练习,主要集中在抓举、挺举、前/后深蹲、宽/窄上拉、架上挺、高抓、高翻这 9 个动作上,很少有其他练习。因为这些练习都是比赛动作或是与比赛动作相似的练习,或是对发展比赛动作所需肌肉力量最有效的一些练习。

(二)专项供能

机体通过分解糖、脂肪、蛋白质和磷酸肌酸,产生肌肉收缩所需的三磷酸腺苷(ATP)。运动时根据氧气参与的程度,ATP 可以通过有氧供能和无氧供能两种途径产生,后者又可根据有无乳酸的生成分为无乳酸供能和乳酸供能。这三大供能系统在人体运动过程中始终同时运转,然而,专项训练和比赛时被执行的运动类型决定了哪个系统占主导地位。

由于各个不同专项在比赛时的特点造成运动员身体活动强度和持续时间的不同,使各专项具有不同的供能比例和时序,我们称之为专项供能特点。在专项体能训练中,除了要考虑选择和专项动作相契合的专门练习之外,还要着重设计和利用能够与专项供能特点相一致的训练方法、手段。教练员和运动员要明白哪种能量系统在本专项中占主导地位,需要精心制订一个循序渐进的计划,以促进运动员的竞技能力的提高和适应专项的需要。与身体的任何系统一样,累积的训练会刺激神经、肌肉、能量和内分泌系统,使其产生适应,变得更强壮,避免疲劳。训练的唯一目的是刺激到适应的不断循环上升,帮助运动员跑得更快、更远,跳得更高,扔得更远,疲劳速度更慢。当运动员训练无氧供能系统(ATP-CP 和乳酸)时,身体会储存更高水平的 ATP 和 CP,增加有助于能量生产的酶的水平,并增强缓冲能力以阻止乳酸的积累。这必须是持续不断、循序渐进的训练的结果。有氧供能系统也是如此,在有氧系统中,身体会利用更多的碳水化合物和脂肪作为燃料提高毛细血管和线粒体密度——所有这些都有助于提高能源使用的效率。当运动员按照特定供能系统进行训练时,神经肌肉系统、内分泌系统和代谢系统都能同等地适应训练刺激,产生在这种供能特点下的专门适应性。

(三)专项体能训练的注意事项

1. 专门性

运动员对于专项体能的需求因项目特点而异,运动员机体对于符合其专项特征的体能训练过程能够产生专门化适应。专项体能训练中,应注重训练动作同专项技术动作的一致性,与专项动作相近的体能训练动作对于运动员动作技能的正迁移具有积极影响,专项技术动作所表现出的运动模式不但是提升运动员专项体能的关键环节,更是检验训练是否高效的核心手段,体现出专项体能训练过程的专门适应性特征。同时,运动员的意志品质是适应高强度专项体能训练的保证,将专项体能结合技、战、心、知四个方面进行综合考虑,能够有效调控专项体能训练产生的专门性适应过程。

2. 时间性

专项体能训练中的时间性主要体现在如下两个方面的局限。第一,运动员机体对于专项体能训练的适应过程是有阶段时效性的,分为短期非稳定适应与长期相对稳定适应两个环节。运动员对于体能训练的短期效应主要通过超量恢复的形式表现,并与其训练状态水平、训练负荷强度以及机体各器官系统的恢复能力密切相关。短期的训练效应在停止训练后会逐步消退,尚不具有稳定性。长期进行系统化的专项体能训练可以使运动员机体出现生物学形态的适应,具体体现为各器官及机能系统上的结构性改变,表现出稳定的状态。但伴随着专项运动成绩的不断提高,对于专项体能的需求也会相应增长,运动员原有的专项体能水平也需要进一步提升。因此,运动员的专项体能训练表现出时间性的特征,需要结合个体差异与训练目标制订训练内容。第二,机体供能系统与人体运动能力密不可分,三大供能系统在运动员专项训练或比赛中以不同比例协调工作为机体提供能量来源,不存在只有一种供能系统独自工作的情况,在不同负荷量或强度的运动中,因供能系统各自维持的时间有限,其协调交替的过程中也表现出严格的时间性。

3. 动态性

专项体能训练过程应依据适宜负荷原则和运动员现实状况不断进行训练结构与内容的动态调整,方能够有效提高运动员专项竞技表现。在分期训练的过程安排中,专项体能训练应通过有效训练刺激运动员不同肌群、器官以及供能系统,结合机体恢复的时序性,交替安排训练内容,保证专项体能训练的动态变化。根据不同类型的身体素质对于机体神经系统和能量储备的要求,使运动员所需的专项体能能力在训练的不同阶段均得到发展,保证专项体能训练的动态稳定,从而在比赛中发挥出能够支撑专项能力的体能水平。

4. 互补性

运动员的专项体能结构依据不同专项的特征与需求,会出现各子结构间能力发展的不平衡性,运动员为维持高水平运动表现,根据在特定阶段、特定时刻专项体能结构的不同特征,可以有选择地确定体能训练的主攻方向,决定集中时间和精力"扬长"还是"补短",正确处理二者之间的辩证关系,以求高效益地改善和发展运动员总体的体能水平,表现出专项体能训练的互补性。当各子结构的发展协同化程度普遍提高时,结合运动员的身体形态和机能水平,就能够从整体上提升专项体能水平,使互补的特点发挥出最大优势。

思考题

1. 广义"体能"包括哪三个下位概念？
2. 运动员竞技体能包括哪几个方面？
3. 体态和主动姿势有什么区别？
4. 动作模板有哪几种？
5. 运动模式在青少年体能训练中有什么作用和意义？
6. 专项体能训练应注意哪些问题？

第一章思考题

第二章

儿童青少年身体发育及体能特点

第一节　儿童青少年身体各系统结构功能特点

一、儿童青少年神经系统

神经系统是人体内起主要作用的调节系统,其功能主要包括调节机体的反射活动和脑的高级活动两个方面。前者是直接或间接地调控体内各系统、器官、细胞的功能活动,使之相互联系、相互协调,以适应环境的变化和维持内环境的稳态;后者是通过大脑皮层,以实现学习与记忆、语言与思维以及觉醒与睡眠等高级神经功能活动。

(一)神经系统的结构功能及发育特点

神经系统分为中枢与外周两部分,中枢神经系统包括脊髓和脑,主要功能是处理信息;外周神经系统包括传入神经和传出神经,其主要功能是传递信息。

1. 脑的结构功能

脑位于颅内,由脑干、小脑、间脑和端脑构成,随着脑的各部发育,在脑各部的内部形成了一个联系的脑室系统,内含脑脊液。

(1)脑干

脑干自上而下由中脑、脑桥和延髓构成,上接间脑,下接脊髓,背部跟小脑相连。联系端脑、小脑与脊髓的纤维束都要经过脑干。因此,脑干有传导神经冲动的功能。来自大脑左、右两半球的运动神经纤维通过延髓的时候,大部分神经纤维是左、右交叉的,也就是说,来自左侧大脑半球的神经纤维通向身体的右侧,来自右侧大脑半球的通向左侧,分别支配身体对侧的运动。

脑干参与躯体运动的反射调节,主要表现在对肌紧张和姿势反射的调节两方面。对肌紧张的调节主要通过网状结构完成。脑干还参与内脏活动的调节,在延髓和脑桥中有调节心血管活动、呼吸、吞咽、呕吐等重要生理活动的反射中枢。延髓受到损伤,可危及生命。

脑干维持大脑觉醒状态,网状结构不断地把身体受内、外刺激所产生的神经冲动广泛地传入大脑皮层,使大脑维持觉醒状态,这是人学习和其他意识活动的基础。脑干还具有维持身体生存必需的呼吸、心跳、消化、体温、睡眠等的基本生理功能。

（2）间脑

间脑的大部分被端脑所覆盖，下连脑干，主要由丘脑和丘脑下部（下丘脑）组成。丘脑是感觉传导的接替站，在此进行较高级的整合。在维持和调节意识状态、警觉和注意力方面也起重要作用。丘脑不仅与一般和特殊形式的激醒有关，而且和情绪联想有关。某些丘脑核团还可作为运动整合中枢，它接受小脑和纹状体的投射纤维。下丘脑是较高级的内脏调节中枢，它能把内脏活动和其他活动联系起来，调节体温、营养摄取，水平衡、内分泌，情绪反应等重要的生理过程。

（3）小脑

小脑位于颅后窝内，延髓和脑桥的背侧。小脑两侧膨大称小脑半球，根据发生的先后，可将小脑分为原小脑、旧小脑和新小脑三部分。

小脑是调节躯体运动的重要中枢，原小脑与前庭器官和前庭核有密切的联系，参与维持身体平衡。旧小脑中的小脑前叶与肌紧张调节关系密切。新小脑与红核、脑桥、丘脑、大脑皮层运动区之间有着复杂的联系，能将多方信息加以整合，通过反馈环路返回大脑皮层，使随意运动达到协调、准确。

（4）端脑

端脑是脑的最重要组成部分，主要由大脑皮层左右半球组成，每个半球表面被覆的灰质叫大脑皮层，皮层的深层是髓质。在髓质中端脑的空腔是侧脑室，埋在髓质中的核团叫基底神经节。

大脑皮层是覆盖于大脑两半球的灰质，是高级神经活动的物质基础，由神经元、神经纤维及神经胶质构成。人类大脑皮层上有大量的皱起，称为回，回间的浅隙称为沟，深而宽的沟称为裂。沟回的面积增加了皮层的面积。大脑皮层从外到内分为六层，它们由不同类型的神经细胞组成，其中颗粒细胞接受感觉信号，锥体细胞传递运动信息。

大脑髓质亦称大脑白质，由有髓神经纤维组成，被包裹在大脑皮层的深部。其中，大部分纤维呈辐射状投射到大脑皮层的各部，将此部分称为放射冠。这些投射纤维向下，聚集于丘脑和纹状体之间形成白质板，即内囊。此投射纤维和胼胝体的放射纤维相交错。在纹状体和屏状核之间有外囊，有从梨状区和脑岛皮质到下丘脑与中脑被盖的纤维通过。在屏状核和脑岛之间有最外囊，主要由皮质之间的联合纤维组成。

侧脑室是大脑半球之中的空腔，内容脑脊液，分为中央部、前角、后角和下角四部，并以室间孔与第三脑室相通。

2. 脑的发育特点

婴儿一出生其脑细胞数已定，以后不再增加，大脑的发育主要是靠脑细胞体积的增大，突触的增多和功能的加强。处于不同年龄阶段的儿童，他们的大脑具有不同的特点。

（1）脑重量

儿童在 0～5 岁，大脑迅速发育，新生儿大脑的重量约为 350 g，这时的大脑皮层脑回较少，脑沟也较浅；1 岁时脑重达到 950 g，到 5 岁时脑重已经达到 1 000 g 左右，6 岁时，大脑的重量大约是 1 200 g；7～8 岁时，大脑继续发育，大脑的重量增加到 1 300 g 左右；9～12 岁时脑的重量约达 1 400 g，接近成人水平。但是不能简单地说，脑重量大的人一定聪明,这是因为,人脑拥有 150 亿神经细胞,具有极大的潜在功能,每个人都很难充分运用所有的脑细胞。聪明的有才能的人只是在适当的教育和实践条件下,更多地利用了脑的潜力,而不是因为其脑重量超过普通人脑的平均重量。

（2）脑的发育

幼儿由于神经的髓鞘化尚不完善,兴奋过程占优势并且容易扩散,因此儿童易疲劳,容易激动。儿童到 5 岁左右,脑神经纤维的分枝加深加长,各个神经细胞之间的联系也更加广泛。这时大脑半球的多数神经纤维已经髓鞘化,身体在接受外界的各种刺激后,可以比较迅速、准确地沿着神经通路,传导到大脑皮层的各个中枢。

儿童到 6 岁左右,大脑皮层各区的发育接近成年人的水平。它成熟的顺序是:枕叶—颞叶—顶叶—额叶。这时,儿童对外来刺激的反应比较准确和灵敏,运动比较有规律,有意识的学习思维活动比较活跃,大脑皮层的各个区域之间频繁出现各种复杂的暂时联系,左右大脑半球的一切神经传导通路几乎都完成髓鞘化,使他们反射能力增强,能形成比较稳定的条件反射。因此,这个时期是儿童智力发育的重要阶段。

儿童在 7～8 岁期间,脑神经细胞的体积加大,细胞分化基本完成,细胞之间的轴突和树突间的联系更加密集,出现了许多新的神经通路,颞叶发育接近成人水平,额叶比较成熟,使儿童运动时的准确性和协调性得到进一步发展。大脑皮层的抑制能力和分析综合能力加强。这个时期的儿童已经能够对语言、文字形成条件反射,但是这种能力还不够完善,表现在学习上对直观的、形象的事物容易接受,模仿的能力较强,而进行抽象、概括、思维的能力则较差。有研究表明,儿童期脑细胞的突触密度远高于成年人,青春期后突触开始减少,因此,儿童期是大脑广泛储存信息、发展智力的重要时期。

9～16 岁的儿童少年,大脑的重量没有太大的变化,但是大脑皮层的内部结构和功能进一步复杂化,其表现呈现为神经联络纤维的数量增多以及神经元树突与轴突数量增多,联络神经元的结构和功能以及皮质细胞的结构和功能都在迅速地发展,为他们进行联想、推理、概括和归纳等思维活动奠定了基础。

儿童神经系统正处于发育阶段,大脑的兴奋与抑制过程不平衡,往往兴奋占优势。但是由于神经髓鞘化不完善,兴奋也很容易扩散,表现为儿童进行某项体育活动或学习时兴奋性特别高,但兴奋保持的时间不够长。大脑皮层中枢之间的兴奋与抑制转化很快,短时间内儿童的兴趣就开始迁移,具体表现为活泼好动,注意力集中时间短;易于建立条件反射,特别是对第一信号系统的条件反射建立较快;形象思维能力强,对学习的内容掌握快,但条件反射保持的时间短,需要经常强化同时保证儿童的睡眠质量与时间,否则容易遗忘。

3. 脊髓的结构功能

脊髓是圆柱形的,位于脊柱的椎管内,上端在枕骨大孔处与延髓相连,下端(成人)平齐第一腰椎下缘。脊髓是许多反射活动的低级中枢,也是重要的神经传导通路。

（1）传导

几乎全部躯体感觉信息(面部感觉除外)都通过感受器沿脊神经传入脊髓,在此进行初步加工整合,由上行传导束传导到丘脑进行较高级整合,最后达大脑皮层。此传导途径为感觉传导路径,从脑的各部分发出的神经纤维下行到脊髓,控制脊髓中枢的活动。

（2）反射

脊髓是躯体运动的基本反射中枢，位于脊髓前角的运动神经元，其轴突经前根离开脊髓后直达所支配的肌肉。另外，脊髓灰质内还有一些内脏反射的低级中枢，如排尿反射、排便反射等反射中枢。在机体内，脊髓的反射活动经常受到高位中枢的控制。反射是人体对外界和内部各种刺激产生的反应，是神经系统调节人体各种活动的基本方式。完成反射活动的神经结构叫作反射弧。反射弧由感受器、传入神经、神经中枢、传出神经和效应器五个部分构成。

感受器一般指分布在体表或身体内部的神经末梢或特殊结构，它能感知内外界环境的变化，并把刺激的信息转变成神经的兴奋，简单来说感受器是一种信号换能装量。反射弧的中枢是由大量神经元组成，调节某一特定生理功能的神经元群即为神经中枢。效应器为反射弧的最后环节，如肌肉、腺体。反射弧的构成有简有繁。在最简单的反射弧中，传入神经元和传出神经元直接在中枢内相接触，这就是单突触反射，如膝反射。通常的反射弧较为复杂，在传入和传出神经元之间有一个或多个中间神经元，中间神经元越多，反射活动越复杂。反射弧的任何一个环节有了损伤，反射活动就不能产生。

4. 脊髓的发育特点

出生时脊髓就具备一定的功能，脊髓的生长和运动功能的发育是平行的。脊髓的髓鞘按由上向下的顺序逐渐形成，为其成熟的重要标志，约 3 岁时完成髓鞘化。

婴儿出生时即具有一些反射，如觅食、吸吮、吞咽、握持、拥抱等反射，以及对寒冷、疼痛及强光的反应。其中有些非条件反射如吸吮、拥抱、握持等反射应随着年龄增长而消失，否则将影响动作发育。如握持反射应于 3～4 个月时消失，如继续存在则将妨碍手指的精细动作发育。

（二）体能训练对于儿童青少年神经系统的促进作用

幼儿时期神经系统对肌肉的调节与支配还不完善。随着年龄的增长，神经对肌肉活动的调节逐渐集中于大脑皮层，因此动作逐渐准确，各部位肌肉的紧张程度分配更加均匀。但是，由于脑发育不成熟、神经髓鞘化不完善，儿童动作的协调性、准确性，对于动作和身体的控制能力、平衡能力和对肌肉运动的感觉能力仍然明显比成年人差。

1. 促进大脑发育

运动可以增加脑的血流量，从而供给脑细胞更多的氧气和养料，促进大脑皮层细胞建立广泛的突触联系，对儿童青少年脑的发育起积极的促进作用。经常进行体能训练，神经系统调节机能会提高。

2. 提高神经系统协调能力

儿童新陈代谢旺盛，神经兴奋过程占优势，所以活泼好动，但动作的协调性较差，动作往往不够准确。通过体能锻炼和训练，完成连续较复杂的、稳定平衡的动作，提高儿童大脑皮层相关区域建立联系的功能，从而使动作的协调性得到提高。如年龄较小的运动员，不仅能掌握在平衡木上的稳定，而且能完成各类高难度的空翻动作。

3. 提高神经系统反应的灵活性

体能训练可使神经系统反应迅速灵活，使人体对外界的各种刺激的反应速度提高，灵活性提高。一般人经过大脑皮层而实现反射活动,反应的潜伏期往往需要 0.3～0.5 s。经过训练的运动员,只需要 0.12～0.15 s,比如有些优秀乒乓球运动员平均只需 0.1 s,个别只需 0.07～0.09 s,比一般人快了 3～5 倍。另外,通过体(适)能和一些技能训练,还可以建立许多新的条件反射,使儿童青少年身体更加灵活,动作更加协调。

4. 提高大脑的持久工作能力

学习、工作之余开展一些体(适)能训练,会感到头脑清爽,精神饱满,记忆力好。这是由于体能训练能使原来学习或工作时相应的大脑皮层得到休息。而且比一般安静时得到更深的休息(抑制)。从而提高了因疲劳而降低的视觉和听觉感受力,大脑持久的工作能力得到提高,所以体育运动后学习效率明显提高。

二、儿童青少年运动系统

人体的运动器官是由骨、骨连接及骨骼肌所构成的。运动时,在神经系统的调节作用下,骨骼肌收缩产生动力,骨骼肌牵拉骨,骨起着杠杆作用,而骨连接起到轴的作用。

(一)儿童青少年骨骼结构功能及发育特点

人体骨骼的主要功能为:支撑躯体、塑造体型、保护内脏、制造血细胞和储存身体某些有用的物质,如钙。人体的骨按形态可分四类:长骨,如肱骨、股骨、指骨;短骨,如腕骨;扁骨,如肩胛骨;不规则骨,如椎骨。儿童身体各部分有许多继发性骨化中心,这些骨化中心,从出生到青春期,按一定的时间、一定的顺序出现并发生形状变化和愈合,刚出生的婴儿有 305 块骨,在生长发育过程中,有些骨愈合,又有些骨生长出来,到成年拥有 206 块骨头,全身的骨连接起来,就构成了人体的骨骼。一般到 22～25 岁骨骼完成生长,身高、坐高不再增长。

1. 长骨

长骨的生长依靠软骨内成骨来实现。长骨骨干和骨骺之间有骺软骨,该软骨增殖能力较强,在成年以前,骨干与骨骺交界处的软骨细胞不断分裂增生,同时又不断有钙盐在此沉积,使增生的组织骨化,就这样靠软骨层的不断增殖和钙化逐渐加长。青春期以后,随着年龄的增长,骺软骨的增殖速度逐渐减慢,男性到 25 岁左右停止增殖,女性受雌激素影响,到 20 岁左右停止增殖。骺软骨层骨化,骨干和骨骺结合在一起,形成一个整体,长骨就停止生长,原骺软骨处留下痕迹,此后,身高不再增长。不同的长骨骨干和骨骺长合时间不同,同一长骨的两端长合时间也不同,如股骨上端的长合时间约 17～18 岁,下端的长合时间约 19～24 岁;尺骨上端长合时间约 16～19 岁,下端长合时间约 20 岁。

在儿童长骨增长的同时,骨干也在不断地加粗,由于骨膜内成骨细胞不断增生,形成新的骨组织,同时骨髓腔内还有一种破骨细胞,重组骨髓腔周围的组织,也使骨髓腔逐渐扩大,使骨的外部形态和内部结构不断地重建,以适应对支撑和负荷等机能要求的变化。

儿童如果长期负担重物、进行较大负荷的力量训练,可能会引起骺软骨提前骨化,影响长骨生长,从而影响身高。

2. 腕骨、掌骨和指(趾)骨

成人的腕骨共8块,分别为头状骨、钩骨、三角骨、大多角骨、小多角骨、月骨、豌豆骨和手舟骨。腕骨是在关节处肌腱里长出的小骨头。新生儿无腕骨,在婴幼儿阶段,腕骨大约每岁出现一个骨化中心,3岁以后骨骼发育与人体发育一样。腕骨发育还存在着性别差异,女孩5~6岁长出7块骨化中心,男孩6~8岁出现7块骨化中心。

对国内儿童腕骨调查的结果发现:男女孩头状骨、钩骨均在1岁内长出骨化中心,三角骨在3岁长出骨化中心(女比男早一岁),月骨、大多角骨、小多角骨可先后在4~6岁长出骨化中心(女比男早两岁),手舟骨通常在6~7岁出现骨化中心,豌豆骨是8块腕骨中出现最晚的骨,女孩一般在11~12岁出现,男孩则在13~14岁。儿童掌骨和指(趾)骨在9~11岁完成骨化。

根据以上特点,对于儿童的体(适)能训练应该适量安排,在骨化过程中,不应进行负重训练和大强度的跳跃练习,对于6~7岁的儿童在体(适)能训练中尤其要注意这一点。

3. 趾骨、跖骨和跟骨

人的足弓由趾骨、跖骨和跟骨组成。足底肌肉、筋膜和肌腱的拉力维持着足弓。韧带富有弹性,使人站立行走时保持平衡,减少震动,保护足以上关节和脑等。婴儿的足是扁平的,足部全部与地面接触而无足弓,能行走后,足弓就逐渐形成,直至2岁以后可以看出足弓。趾骨、跖骨和跟骨一般也要等14~16岁时才能发育成熟,因此,儿童穿的鞋过紧或过窄都会影响足骨的生长发育,并会导致畸形。

4. 胸骨

胸骨由胸骨体、胸骨柄和剑突3块骨头组成。儿童的这3块骨头还未愈合,依靠软骨连接在一起,因此不太牢固,一般要到20~25岁时才牢固地骨化成为一个整体。儿童在生长发育期,如果坐姿不正确,长期患气管炎、支气管哮喘等慢性呼吸系统疾病,或缺乏维生素D等,都会影响胸骨的发育,并引起胸骨的畸形。这不仅影响了体形的美观,而且还会影响心、肺等内脏器官的正常发育和生理功能。

5. 脊柱

成年人的脊柱由26块椎骨构成(颈椎7块、胸椎12块、腰椎5块、骶椎1块、尾椎1块),幼儿的脊柱由33块椎骨构成,其中骶椎和尾椎还没愈合,分别为5块和4块。人体的脊柱从侧面看有四个生理弯曲:颈曲、胸曲、腰曲和骶曲。脊柱的这些弯曲可以增加脊柱本身的弹性,缓冲剧烈运动对脑的震荡,有利于保护身体的平衡。

在新生儿时期,脊柱还没有颈曲、胸曲和腰曲,随着机体运动能力的发展,这三个弯曲才逐渐形成和巩固。在婴儿出生后3个月能够支撑自己的头部时形成颈曲,6个月会坐时形成胸曲,约1岁能走路时形成腰曲,但一般在7岁时颈曲和胸曲才能固定,而腰曲要到14岁以后才能固定。在14岁以前各椎骨之间充满软骨,约15岁时椎骨体上下两面出现板状的骨骺,21岁左右才愈合。因此,儿童体位不正或长时间一侧紧张,坐、立、行的姿势不正确,一侧长时间负重等都会引起脊柱变形从而造成驼背(脊柱胸曲过大)或脊柱侧弯。

单侧持拍的乒乓球、羽毛球及单侧发力的高尔夫球运动都可能造成儿童青少年的脊柱变形,在体能训练中应注意双侧平衡问题。

6. 骨盆

骨盆包括左右髋骨、骶骨和尾骨,儿童的髋骨还未形成一块,由髂骨、耻骨和坐骨依靠软骨连接而成,19～24岁才愈合成一块。男女骨盆在形态上有差异,女性骨盆扁短,男性骨盆窄长,这一差异一般在10岁左右出现。如果女孩子因骨移位而导致骨盆发育不正常,将会直接影响到她成年后的正常生理功能,这一点应该引起教练员的特别注意。

骨盆是人体骨骼中骨化最迟的部分。因此,在体能训练中,要尽量避免让儿童青少年进行跳深、连续跳跃栏架等坚硬的地面跳跃活动,跳高和跳远也应该在松软的沙坑或厚软的垫子上进行,以防骨盆的骨发生不易察觉的移位,而导致以后骨盆发育不正常的现象。

儿童骨的成分与成年人不同,儿童的骨中含有机物相对较多,含无机物相对较少。所以,儿童骨的弹性大而硬度小,不容易骨折但容易变形。不正确的姿势很容易造成骨的畸形,如驼背、脊柱侧弯等。儿童关节的间隙较大,关节面软骨较厚,而关节囊较薄,囊周围的韧带伸展性较大,关节周围的肌肉较细长但不太发达。因此,儿童关节活动度大于成年人,但关节的稳定度相对较差,在用力过猛或不慎摔倒等情况下可能会使关节头从关节窝中脱离出来,造成脱臼。

儿童青少年时期如果缺钙,不仅会影响骨的生长,还会进一步影响身体的发育。到12岁时,儿童骨的成分与成年人才基本相同。虽然骨的形态与性能为遗传因素所决定,但是骨也和体内其他器官一样在神经、体液调节下进行新陈代谢,并在生长过程中和成熟以后,具有不断破坏和重建的特性,因此它在一定内外因素的影响下,特别是生长发育旺盛的儿童时期,会呈现明显的可塑性。

由于骨具有极其重要的功能和意义,发育良好与否,直接关系到身体健康和未来专项发展的潜力。因此,在体能训练中,掌握和利用儿童青少年骨骼可塑性规律,避免不利影响,发挥其有利因素,才能保证儿童青少年运动员运动潜力的充分挖掘及其运动寿命。

（二）儿童青少年骨骼肌结构功能及发育特点

人体和运动有关的肌肉有600多块,这些肌肉附着于骨,所以叫骨骼肌,每块骨骼肌都由肌性部分和腱性部分构成,在神经系统的协调下,肌肉收缩时,相关的骨便会以关节为枢纽而产生运动。所以骨骼肌的收缩是运动的动力。

1. 骨骼肌的化学成分及生理特点

与成年人相比,儿童的骨骼肌间质组织较多,肌肉内含水分较多,蛋白质和无机物较少,因此,儿童肌肉较柔嫩,富于弹性,肌纤维较细,肌力较弱。此外,儿童肌肉中能源物质(如糖原)储备较少,毛细血管数量也较成年人少,肌肉颜色浅,加之神经调节方面的原因,因此儿童肌肉的耐力差,肌肉容易疲劳。但是,由于儿童的新陈代谢作用旺盛,供氧充足,因此疲劳后恢复也很快。随着年龄的增加,肌肉中的水分逐渐减少,有机物和无机物的含量逐渐增多,肌肉的重量和肌力也会不断增加。

2. 肌肉生长发育特点

儿童和青少年的肌肉重量与体重的比例比成年人低,肌肉的重量占体重之比随着年龄的增加而增加。由于儿童该比重小,在水中浮力大,因此儿童阶段是学习游泳的较好时期。

15～18岁肌肉增加速度加快,18岁已接近成年人水平。儿童和青少年的肌肉生长速度总是落后于骨骼的生长,在青春期(身高增长期),骨骼迅速生长,肌肉以增长长度为主,结果导致肌纤维细长但无力。17岁以后,身高增长减缓,肌肉逐渐增粗,肌肉变得结实有力。

儿童和青少年各部分肌肉的发展是不平衡的,一般身体浅层的粗大肌肉发育得较早,如肱二头肌、肱三头肌、胸大肌、背阔肌、斜方肌等,而深层次的肌肉则发育得偏晚,如手部肌群。总之,大肌肉群发展早于小肌肉群;躯干肌群发展早于四肢肌群;上肢肌群发育比下肢肌群快;屈肌比伸肌发展快。

(三)体能训练对于儿童青少年运动系统的促进作用

儿童青少年时期是肌肉力量和骨骼质量最大化的"黄金时间"。在这一生长发育阶段进行适量的体能训练,在短期内即可提高肌肉力量和骨骼矿物质含量,坚持进行则能使机体在成年时有一个较高的肌肉力量和骨质量峰值,同时还可减少他们的运动损伤并提高其心理健康程度。

1. 对骨骼发育的促进作用

体能训练能促进骨的新陈代谢,加强骨的营养,改善骨的结构。抗阻训练促使骨密质增厚,骨松质的骨小梁的排列更加整齐有规律,使骨能承受更大的压力。此外,训练时骨的血液供应量大大改善,骨能获得更多的营养,促使骺软骨增殖加速,使长骨长长。骨骼发育在儿童、青少年时期最为关键,成人骨量的50%是在青春期获得的。虽然遗传对骨质起着决定性的作用,但是体力活动因其可调节性,对骨骼发育具有潜在的影响,可以促进骨矿物密度(bone mineral density,BMD)增加,保证获得遗传范围内的最佳峰值骨量(peak bone mass,PBM)。儿童和成人的BMD减少1个标准差,发生骨折的概率就增加1倍;PBM每增加5%,发生骨质疏松性骨折的危险性降低40%。显然,在儿童青少年期达到最佳的骨矿物增长率,对预防成年后的骨质减少和骨质疏松,比到中年或老年再对这些疾病进行治疗的方式更可取。因此,儿童青少年期进行体育锻炼和体能训练对促进骨骼健康尤为重要。

体力活动对骨骼有积极的促进作用,针对儿童青少年有目的的体能训练,应注意可以进行各类无负重的跳跃、跑跳结合的练习及对抗自身阻力的负重练习(下蹲、支撑等)。但应避免在过硬的场地上进行练习,防止疲劳性骨膜炎的发生。

2. 对肌肉发育的促进作用

在一般生活状态下,肌肉活动量很小,肌肉中大部分毛细血管的血液流通量很少。体育锻炼、体能训练时肌肉运动增强,肌肉的毛细血管大幅度开放,开放数量可以从80条/cm^3增加到2000条/cm^3,是安静时的15～30倍,营养物质源源不断地供应,使肌肉长得粗壮。动物实验表明,锻炼能使肌球蛋白增加40%～50%,还可使肌肉中储备氧的肌红蛋白含量增加,使肌肉能适应紧张工作。因此,儿童青少年进行体育锻炼和体能训练,肌肉增长速度相对增快,收缩力量有明显的增强;肌肉耐力增强,肌肉变得粗壮。一般人肌肉重量占体重的35%～40%,经常参加体能训练者的肌肉重量可达体重的50%。体能训练可使儿童身体整体的弹性以及柔韧性明显增强。

儿童青少年参与抗阻练习可在正常生长和成熟范围外增加肌肉力量。有研究表明,儿童青少年参加 6～20 周的抗阻练习比不参加者的肌肉力量提高更大。在抗阻练习初始阶段,肌肉力量增长主要依赖于神经适应。研究者推测,由于儿童在玩耍中很少接触抗阻这种练习方式,因此在学习和适应阶段能表现出诸如运动神经元活性提高、肌肉间协调性增加等神经性适应。持续较长时间的抗阻练习后,肌肉力量的提高主要归功于肌肉绝对力量的提高,成年人进行抗阻练习通常采用低重复高负荷的练习方法。在 5～12 岁儿童中,高重复低负荷和低重复高负荷抗阻练习对提高最大力量效果较为相似。因此,为减少受伤可能性,在儿童青少年的抗阻练习最初的适应阶段,宜采用中等负荷(如 50%～55% 1RM),重复次数 15～20 次的练习方式,之后根据个体差异增加负荷或重复次数。

3. 对关节发育的促进作用

体能训练能促进关节囊和韧带增厚,也增强了关节周围肌肉的力量。因此关节的牢固性增强了。训练使关节囊坚韧,特别是使关节囊周围的肌肉力量增强,使关节活动的幅度增大,活动度增强,如杂技小演员、小运动员等,由于其长期进行关节活动度的训练,他们就能做幅度较大的动作。

三、儿童青少年循环系统

(一)儿童青少年循环系统结构功能与发育特点

循环系统主要包括血液循环系统、组织液循环系统、淋巴循环系统和脑脊液循环系统。其中,血液循环系统起到主导作用。血液循环系统的功能是不断将氧气、营养物质和激素等运送到全身各组织器官,并将各器官、组织产生的二氧化碳和其他代谢产物排出体外,以保证机体物质代谢和生理功能的正常进行。

1. 心脏的发育

儿童的心脏发育有两个快速增长阶段,一个是在两岁之前,一个是在青春期。与成年人相比较,儿童心肌纤维短而细,肌纤维之间的间质少。因此,心脏的重量和容积比成年人小,幼儿心脏的重量占体重的百分比大于成年人。新生儿心脏约 24 g,约占体重的 0.8%;成年人心脏约 300 g,约占体重的 0.5%。从心脏的容积看,新生儿的为 20～22 mL,2 岁半时就增长 3 倍,7 岁为 100～120 mL,以后增长速度减慢,12 岁左右心脏再次迅速增加,到 18 岁时心脏的容积增至 240～250 mL,接近成年人的水平。

在幼儿期,心脏左、右心室壁的厚度几乎是相等的;6～7 岁以后,由于左心室的工作负担大于右心室,左心室的壁就逐渐比右心室的壁厚,心脏的功能增强,随着年龄的增大和心脏活动的加强,儿童的心肌纤维增多、增粗,心脏的收缩功能也逐渐加强。

2. 心脏的泵血功能

在循环系统中,心脏起着泵血的功能,推动血液循环。心脏的这种功能是由心肌进行节律性的收缩与舒张及瓣膜的活动而实现的。血液在心脏中是按单方向流动的,经心房流向心室,由心室射入动脉。在心脏射血过程中,心室舒缩活动所引起的心室内压力的变化是促进血液流动的动力,而瓣膜的开放和关闭则决定着血流的方向。

儿童期心脏发育尚未完善,心肌收缩力弱,心室容积小,加之主动脉管径相对肺动脉小,因此,儿童的每搏输出量和每分输出量都比成年人少。如 7 岁儿童每搏输出量为

23 mL，12 岁为 41 mL，成年人为 60 mL。

儿童阶段正处于生长发育时期，新陈代谢旺盛，交感神经的兴奋性较强，所以心率比成年人更快。他们依靠心脏收缩的次数，就是用加快心率的方式来满足旺盛的新陈代谢需要。儿童年龄越小，心率越快。同一年龄儿童心率有一定的差异，一般男孩心率比女孩稍微慢一些；经常参加体能训练的儿童心脏功能强，心率比一般儿童略微慢一些。随着年龄增加，心肌纤维逐渐增粗，收缩力加强，心输出量增加，并且迷走神经的兴奋性逐渐提高，对心脏活动的抑制能力增加，心率逐渐减慢。

3. 血液

（1）血量

人体所含血液的总量称血容量或血量，包括迅速流动的循环血量和在肝、脾、肺、皮下静脉中缓慢流动的储备血量。正常成年人的血量相当于体重的 7%～8%，或者每千克体重 70～80 mL。儿童血量与体重的比例大于成年人。如 1 岁儿童的血量占体重的 11%，7 岁儿童的血量占体重的 12%，14 岁青少年血量约为体重的 9%，15～16 岁逐渐达成年人水平。由此看出，7 岁以后至成年以前，血量占体重的比例逐年下降。另外，儿童青少年毛细血管内腔大于成年人，因此，儿童青少年外周血管里的血量比成年人多，供给组织里的血液多于成年人，这样对儿童青少年身体的生长发育、体力恢复及创伤愈合都有益处。

（2）血液成分

血液是由血浆和血细胞组成的。血浆是黄色透明液体，含水量 90%～92%，溶质主要是血浆蛋白。血浆蛋白是多种蛋白质的总称，白蛋白和球蛋白在人体免疫方面起作用，纤维蛋白（原）在凝血过程中起作用。儿童血浆里所含的水分较多，无机物和纤维蛋白原较少。因此，儿童一旦出血，凝血所需时间就比较长。所以，要特别注意儿童的安全，防止出血事故。一旦发生出血，要注意及时止血，其压迫止血处理时间要稍微长一些。

1）红细胞：儿童体内红细胞的数量及红细胞血红蛋白含量都随着年龄的增长不断变化，新生儿红细胞数可达到 $(6.0 \sim 7.0) \times 10^{12}$/L，血红蛋白为 15～23 g，以后随着年龄的增长而逐渐减少，7 岁左右红细胞含量降到 $(4.0 \sim 4.5) \times 10^{12}$/L，在整个儿童期红细胞数量保持在 $(4.2 \sim 5.2) \times 10^{12}$/L。7 岁儿童血红蛋白含量为 10.5～11.5 g，12 岁以后红细胞数逐渐升高，到 15 岁左右达到成年人水平。雄性激素对红细胞的生成有促进作用，在男孩进入青春期后，睾丸明显发育，雄性激素分泌明显增多，一方面促进幼红细胞分裂增殖及血红蛋白合成，另一方面作用于肾脏促进促红细胞生成素的合成与分泌，从而使男孩和女孩在进入青春期后红细胞含量出现性别差异。

儿童青少年红细胞运氧能力强，从而满足儿童少年旺盛的新陈代谢。儿童户外活动少、睡眠不足、营养不良、精神过度紧张等，都能引起血红蛋白和红细胞减少，导致贫血的发生。

2）白细胞：分为粒细胞、淋巴细胞和单核细胞。粒细胞又分为中性粒细胞、嗜酸性粒细胞和嗜碱性粒细胞，不同的白细胞在不同的疾病中发挥作用。儿童的白细胞中的中性粒细胞含量较成年人少，同时杀死病毒能力较差的淋巴细胞含量较多。所以，儿童免疫能力较弱，易患传染病。

4. 血管

血管系统由动脉、静脉和毛细血管组成。儿童的毛细血管数量大,尤其在脑、肺、肾脏、皮肤等处分布很多。儿童青少年毛细血管和动脉的内径比成年人宽,血管中的血流量也比成年人的多,因此,使器官能够获得充足的养料和氧,有利于儿童旺盛的新陈代谢。

儿童血管发育的两个特点:一是在 10 岁之前,肺动脉的内径比主动脉的宽,12 岁在青春期开始后,主动脉的发育超过肺动脉的发育;二是在 6 岁以前,血管的发育比心脏的发育快,而在 12 岁以后,血管的发育比心脏的发育慢。

5. 血压

在每一次心动周期中,动脉血压都会呈现周期性变化。由于儿童的年龄较小,血管的内径也相对较宽,血液水分较多,血液在血管中流动的阻力较小,因此,血压也较低。随着年龄的增大,血压逐渐上升。

(二)体能训练对儿童青少年循环系统的促进作用

大量流行病学调查资料显示,青少年时期肥胖、心肺功能下降等是成年期心血管疾病的独立危险因素。成年期代谢综合征与心血管疾病存在高度相关,且心血管疾病危险性和动脉粥样硬化的增加与儿童青少年时期的机体情况有直接关系。有研究指出,心血管疾病的发生起源于儿童期,如果儿童青少年期能够有健康合理的生活方式和有规律的体能训练,那么成年期将有效减少患心血管疾病的概率并提高健康水平。心血管功能的提高应该从儿童青少年期开始。

体育锻炼和体能训练会使全身血流量增大,特别是骨骼肌肉中的毛细血管大量开放,要求心脏的供血能力加强,心肌收缩能力加强。长期训练能促进心脏的肌球蛋白含量增加,肌纤维变粗,心肌增厚,心肌收缩的力量增强,心肌内毛细血管增生。

1. 心功能改善

经常进行体能训练,能使心脏每搏输出量增加,安静时的心率变慢。例如,11 岁小学男生的心率平均 82 次/分,而同龄体校男生心率平均 74 次/分。由于心脏收缩有力,每搏输出量增加,心率变慢,使心力储备能力增强,如每搏最大输出量,一般男子为 140～160 mL,而运动员为 190～200 mL;每分最大输出量,一般男子为 27～30 L,而运动员为 35～40 L。剧烈运动时,两者的心率可达到同样的程度,但运动员的每搏输出量大,可满足机体高强度运动时的需要。

一般认为体能训练可加大心脏容积和心脏收缩力,使每搏输出量增加,从而提高人体有氧工作能力。因此,每搏输出量的增加是心脏对运动训练的适应。此外,从心肌微细结构改变情况可进一步说明训练改善心肌功能的机制。经过训练,心肌纤维内 ATP 酶活性提高;心肌肌浆网对 Ca^{2+} 的储存、释放、摄取能力提高;线粒体和细胞膜功能提高,ATP 再合成速率增加,冠状动脉供血充足。

2. 血管弹性增强

训练使全身血流量改善,心输出量增大,因此减少了血管壁胆固醇、脂肪等代谢物质的沉积,使血管弹性好。儿童青少年血管弹性好,将会减少成年后患心血管疾病,如冠心病、高血压等的可能性。

四、儿童青少年呼吸系统

(一)儿童青少年呼吸道结构功能与发育特点

儿童在 6～7 岁时,肺泡的组织结构与成年人的基本相似,但是肺泡的数量少,肺的弹性组织发育比较差。10 岁以前,儿童肺的生长主要是肺泡数量增多;10～12 岁肺泡体积增大明显加快;进入青春期后,肺又进入一个快的生长发育期,肺的横径和纵径又先后增大,肺泡的体积扩大。这为肺活量的大幅度提高提供了结构基础。儿童肺泡壁的弹性比成年人小,这是导致儿童肺通气量小的原因之一。此外,儿童的胸廓比较狭窄,呼吸肌也比较弱,在呼吸运动过程中,胸廓扩展的幅度小,使呼吸深度受到制约,呼吸表浅,这同时影响了肺活量。

儿童肺泡数目少,肺容量和肺活量都比较小。儿童的新陈代谢旺盛,需氧量相对较少,因此他们的呼吸频率比较快。人体每分钟呼吸的次数为呼吸频率。随着儿童的年龄增大,肺泡数目逐渐增多,肺容量也逐渐增大,肺活量不断上升,呼吸频率也就逐渐减慢。5 岁呼吸频率约 26 次/分,10 岁约 17～22 次/分,成年人约 15～18 次/分。儿童身体所需要的氧气比成年人多,6 岁儿童每千克体重每分钟需要氧量为 168 mL,14 岁需要 128 mL,成年人则仅需要 96 mL。由于儿童呼吸运动的神经中枢发育不完善,导致儿童呼吸的节律性不强,往往是深度和浅度的呼吸交替。

肺活量是衡量人体呼吸机能的重要生理指数之一,肺活量能反映肺的储备力量和适应能力,也能反映呼吸器官的最大工作能力。肺自身不能主动地扩张与缩小,但肺有弹性和扩张性,可借助其他力量来完成。肺通过胸膜与胸廓、横膈黏着在一起。7 岁儿童的肺活量约 1 000～1 400 mL;11 岁能达到 2 000 mL 左右;一般在 12 岁以前,男女儿童肺活量的差异不是很大,在 200 mL 左右的范围,儿童阶段发育早且爱运动的女孩子比男孩子的肺活量还大;13 岁以后,男女肺活量的差异开始显著,青春期的男孩肺活量明显高于女孩,到成年后,其差异超过 1 000 mL。

(二)体能训练对儿童青少年呼吸系统的促进作用

1. 促进肺的发育

8 岁儿童肺的容积为初生时的 8 倍,成年时为 20 倍。儿童的肺组织血管丰富,弹性差,充血较多而含气少。尽管儿童肺组织结构和成人基本相似,但肺泡数量仍较少,所以肺功能相对较弱。运动促进了肺的发育,使肺泡数目增多,肺容积增大,肺功能相应得到提高。

2. 呼吸运动机能增强

呼吸运动是在神经系统支配下,由呼吸肌的收缩而引起的胸廓节律性扩大和缩小的活动。儿童青少年呼吸系统的机能较成年人差,体能训练时,肌肉活动产生大量的二氧化碳,刺激呼吸中枢,使呼吸加深加快,由此使肋间肌、膈肌等呼吸肌得到锻炼,变得更加有力。呼吸肌的发育,扩大了儿童胸廓活动的范围,使得胸腔容积增大,如一般人膈肌收缩上下幅度为 4 cm 左右,运动员可达 6～7 cm,膈肌每下降 1 cm,胸腔容积增大 250～300 mL。体能训练能促进儿童青少年呼吸肌的发育,使呼吸运动的机能增强,呼吸频率、肺活量等的生理测试都有明显改善。

3. 呼吸频率减少,肺活量增大

5～6 岁的儿童呼吸频率为 25 次/分,10～14 岁的儿童呼吸频率为 20 次/分,体校的儿童由于系统的体育训练,呼吸运动能力增强,呼吸频率为 14～16 次/分。

在呼吸运动过程中胸廓的变化带动肺,使肺随之被动地扩大和缩小,经常训练,儿童呼吸肌发育增快,胸廓活动范围增大,胸腔体积增大,促进了肺的发育,因此肺活量增大。例如,10 岁体校儿童比同龄普通学校儿童的肺活量平均高 350～400 mL,15～16 岁运动员比同龄非运动员的肺活量平均高 515 mL。

第二节　儿童青少年体能特点

一、身体形态特征

青春期生长突增是青春期青少年形态发育最重要的特征,是青春期开始的重要标志。青春期后,男女青少年形态形成了不同的特征。虽然每个儿童青少年青春期突增开始的时间、持续的时间和结束的时间各不相同,但都遵循基本相同的生长模式。

(一)体成分

青春发育期男女青少年的各种身体成分总量都在增加,但各成分增加的比例有明显的性别差异。6～12 岁儿童青少年在相同年龄段内男女生体脂率性别差异较小,但 13～18 岁男女生体脂率存在性别差异。男孩因为主要分泌雄激素,这种激素有显著促进肌肉组织发育的功能,加之男孩骨骼长而粗,故瘦体重不仅增加时间较女孩长,而且增长更迅速,20 岁时接近最高值。女孩瘦体重的增长相对较缓慢,突增幅度较男孩平缓得多,18 岁以后增长趋于停止。15 岁时女孩的瘦体重平均为男孩的 81%,但至 20 岁时已下降为同年龄男孩的 68%左右。青春早期男女孩的脂肪含量都有增加。女生在进入青春期后,由于雌激素水平增加,不仅促进了脂肪在体内的蓄积,同时抑制了生长倾向,造成脂肪增多速度加快,体内脂肪不断生成。因此,女生在整个青春期内体脂率都呈现增长的趋势。男生从 11 岁进入青春期后由于睾丸发育,雄激素水平明显升高,一方面促进蛋白质合成,促进肌肉量增加和骨骼生长;另一方面抑制脂肪增多,体重增加主要是瘦体重的增加,因此 11～15 岁期间体脂率呈现明显下降趋势;直到进入青春后期,甚至青年期才有脂肪的增加。

BMI 取决于身高和体重的变化。儿童青少年的身高在女孩 9～11 岁、男孩 11～13 岁时会快速增长。男孩每年可增长 7～9 cm,最多可达 9～12 cm,整个青春期平均增长 28 cm;女孩每年可增长 5～7 cm,最多可达 9～10 cm,整个青春期平均增长 25 cm。由于男孩青春期发育开始年龄比女孩晚两年左右,骨骼停止生长的时间也相应晚,加之突增幅度大,故到成年时男性的平均身高一般比女性高 10 cm 左右。在体格生长过程中,由于四肢与躯干生长不同步,使身体各部位比例发生变化,身高突增阶段,因四肢长度较躯干增长快,使坐高/身高的比例开始缩小,至突增中期时降至最低点,青少年表现出腿长、躯干短的体型。在生长突增的后期,四肢长骨的生长速度减慢,而脊柱的生长相对较快,从而使坐高/身高比例逐渐增大,最后达到成人的正常比例。

同时,体重由于容易受营养、疾病等环境因素的影响,其稳定性比身高差。体重的变化规律与身高相似,但突增高峰的出现不如身高显著,增长时间较长,波动幅度大。因其着重反映骨骼、肌肉、脂肪组织和内脏器官在两方面的变化,故即便是在青春期后体重仍可继续增长。

(二)围度和宽度

胸围、肩宽、盆宽、上臂围和小腿围等形态发育指标,也都有各自的突增阶段且有一定的性别差异。男孩肩宽的突增幅度大,女孩则以盆宽的突增更为明显。胸围的变化和肩宽类似。从总体上看,因为男孩生长期长,生长突增幅度大,所以多数指标发育水平大于女孩,最终形成了身材较高大、肌肉发达、上体宽的体格特征,而女孩则形成身材较矮、体脂丰满、下体宽的体格特征。

(三)体态

身体姿态是骨骼、肌肉系统和中枢神经系统相互作用的结果,不良体态往往是由于在错误的身体姿态出现时没有及时发现并矫正,随着时间推移,导致身体部分肌肉虚弱和中枢神经控制缺陷,从而形成体态问题。正确的身体姿态能够使身体处于平衡状态,保证各组织器官的正常功能,减少肌肉和韧带的劳损,而不良体态的出现会打破这一平衡,甚至导致某些生理缺陷与疾病。儿童少年时期是人体生长发育的关键时期,这一时期的儿童少年往往由于控制意识差或单侧力量薄弱,容易在日常生活和运动过程中形成错误的身体姿态,出现含胸、驼背、高低肩、O 形腿和骨盆前倾等体态问题,严重者对其未来的健康发育会造成不良影响。有研究发现,我国儿童青少年男生的不良体态率高达 89.29%,女生的不良体态率达到了 81.12%,骨盆前倾、圆肩、高低肩和 O 形腿是常见的不良体态类型,并且有三分之一的儿童存在中度或重度问题。由此可见,大量儿童青少年存在不同程度的体态问题,而体态问题出现后往往没有及时纠正或给予正确的引导。

二、身体机能特征

随着青春期形态的发育,青少年体内各系统器官也在长大,和运动相关的身体机能也日趋成熟。

(一)心肺功能

儿童青少年的心肺功能主要取决于心血管系统与呼吸系统的形态结构、功能以及人体各种器官机能活动。处于生长发育过程中的儿童青少年进行运动训练时,由于心脏的工作负荷加大,会使心率适当增加,血液流量增大,全身血液循环得到改善;同时使心肌发达、心室壁增厚,心脏体积增大。由于心肌发达,心脏的收缩力量增强,心脏的每搏输出量亦随之增大。在运动过程中尽管经过训练的少年与一般少年的心脏每分输出量基本相同,但每搏输出量却远比一般少年大。这说明,经过训练的少年主要是靠增加每搏量来加大心输出量,而一般少年则主要是靠增加心搏频率来加大心输出量的。儿童青少年心肺功能的好坏表现为个人参加中等到高强度体育运动时的持续时间。尽管心肺功能受很多因素的影响,包括体型、年龄、性别以及遗传等,但是长期进行由身体主要肌群参与的体能训练可以直接提高心肺功能,增强心血管和呼吸系统的储备能力。

(二)最大摄氧量

最大摄氧量是指在极量运动下的有氧活动能力,是反映个体心肺功能和肌肉活动能力的综合性指标。在青春期发育过程中,男女青少年最大摄氧量都发生了变化。按体重计算的最大摄氧量相对值,男孩 13 岁前呈增长趋势,19 岁前稳定于 55 mL/(kg·min)左右;女孩 13 岁以前比较稳定,约为 45 mL/(kg·min),13~19 岁呈下降趋势。进入成年期,男女皆缓慢下降。

青春期前男女差别不大,青春期开始后,男女青少年最大摄氧量均值都随年龄增大而上升,且男孩增长幅度更明显。到青春后期,男女孩的最大摄氧量达到一生中最高峰,此时女孩的最大摄氧量通常只有男孩平均值的 65%~70%。最大摄氧量的大小直接影响运动员的有氧耐力,并与运动成绩密切相关。它受遗传的影响较大,具有一定的稳定性,可根据青少年 11~12 岁时的最大摄氧量预测其未来的心肺功能和有氧耐力。

(三)神经系统

神经系统是人体发育最早最快的系统。脑发育在胎儿期和出生后 1~2 年最为重要。幼儿时期脑增长很快,儿童少年时期则相对较慢,但已经接近成人水平。随着神经功能的逐渐完善,在不同发育阶段各有其功能上的特点。3~6 岁分化机能提高,条件反射形成,加快了动作技能的建立过程。8 岁以后,皮质细胞的分化能力与成人没有很大区别。13~14 岁时,皮层抑制调节机能达到一定程度,分析综合能力明显提高,能较快地建立各种条件反射。14~16 岁分化机能提高。女孩分化抑制发展早于男孩。16~18 岁,第二信号系统机能发展完善,且与第一信号系统的相互关系更加统一。

青少年时期,大脑皮层的神经细胞工作能力较低,易疲劳,工作持续时间短;但神经过程的灵活性高,神经细胞的物质代谢旺,合成作用快,脑疲劳消除较快,各种中枢和各器官的机能都易动员,这些构成了运动能力提高的物质基础。

三、身体素质特征

青少年的各项身体素质均随年龄的增长而增长,但青春期身体素质的发育有明显阶段性。身体素质发育的一般规律为:男孩的快速增长发生在 7~15 岁;15~20 岁期间增长趋缓;20～25 岁为一生中最高峰,且发展平稳。女孩的快速增长期为 7～12 岁;13～16 岁阶段有相当部分女孩素质发展呈停滞状,少数女孩甚至下降;16～20 岁期间多数女孩可再次出现缓慢增长。12 岁前,男孩各项指标略高于女孩,13～18 岁期间男女差别才迅速扩大。

大量研究认为:儿童少年在 10 岁以前,体重轻,关节的柔韧性好,是发展柔韧素质的良好时期。10～12 岁,神经系统具有较好的灵活性,肌肉在骨上的附着点距关节较近,是发展速度的有利时期。12～13 岁,性成熟期开始,骨骼、肌肉的增长加速,是发展力量素质的有利时期。14～15 岁,力量进一步增长,内脏器官功能提高,神经过程逐渐趋于均衡,是发展耐力素质的有利时期。

(一)力量素质

力量素质的分类方法较多,既可分为绝对力量和相对力量,亦可分为最大力量、快速力量和力量耐力。总体来说,青少年力量素质发展的敏感期为:男子 12～16 岁,女子 11～15 岁。在青春期发育早期,因肌肉是以纵向发育为主,肌肉长度增加明显,力量增加不明显;而在青春期中后期肌肉开始横向发育,肌纤维逐渐增粗,肌力亦逐渐增加。若此时进行科学的力量训练,肌力增加比较显著。

对于绝对力量,男子 17 岁以前增长较快,12～15 岁是快速增长的突增期;18～25 岁缓慢增长;25 岁左右达到最高水平。女子 15 岁以前增长较快;10～12 岁是快速增长的突增期;16～20 岁缓慢增长;20 岁左右达到最高水平。

对于相对力量,男女都在 10～14 岁快速增长,16～17 岁趋于稳定。

对于力量耐力(如仰卧起坐),男子 18 岁以前增长较快,14～17 岁是快速增长的突增期;18～20 岁缓慢增长;20 岁左右达到最高水平;21 岁后肌肉耐力水平缓慢下降。女子 5～8 岁增长较快;14～16 岁是快速增长的突增期;20 岁左右达到最高水平。第一峰值出现在 7 岁;8～13 岁增长缓慢;至 15 岁又出现个峰值。

对于爆发力,男子立定跳远 17 岁以前增长较快,5～8 岁和 11～14 岁呈快速增长,17 岁时达到最高水平;手球掷远 20 岁以前增长较快,7～15 岁呈快速增长,21 岁时达到最高水平。女子立定跳远 15 岁以前增长较快,7～13 岁呈快速增长,15 岁时达到最高水平;手球掷远 15 岁以前增长较快,7～12 岁呈快速增长,22 岁时达到最高水平。

(二)速度素质

速度素质包括反应速度、动作速度和位移速度。以 50 m 跑为例,男子 17 岁以前发展较快;7～9 岁、12～15 岁发展最快;20 岁左右达到最好成绩。女子 14 岁以前发展较快;7～11 岁发展最快;20 岁左右达到最好成绩。13 岁达到最高水平后至 20 岁,发展处于停滞状态。

(三)耐力素质

耐力素质包括有氧耐力和无氧耐力,还可分为一般耐力和专项耐力。研究表明,有氧耐力的发展敏感期是:男子 10～17 岁,女子 9～14 岁和 16～17 岁。无氧耐力的发展敏感期是:男子 10～20 岁,女子 9～18 岁。研究还指出,在青春期早期应进行较小强度的有氧练习,以提高心肺功能,而对无氧耐力和专项耐力则应在青春期后期或青春期之后进行训练更为合理。从 5 分钟跑距离的测试结果中可以看到:男子 7～15 岁增长较快,15 岁达最高值,16～25 岁随年龄增加而缓慢下降;女子,7～13 岁增长较快,13 岁达最高值,14～25 岁随年龄增加而缓慢下降。

（四）柔韧素质

柔韧素质是由一个关节或几个关节的联合活动范围来表现的。四肢的柔韧性与身体的运动能力的关系相对较小,而躯干和髋部的柔韧性与运动能力关系密切。儿童时期柔韧性最好,关节伸展度大,应给予足够的重视。11 岁左右,随着身体其他器官的发育,柔韧素质的发展速度减慢;至 18～20 岁左右趋于停止,此后缓慢下降。如立位体前屈,男女均在 6～8 岁时发展迅速,此后比较平稳,且逐年缓慢下降。

（五）灵敏素质

灵敏素质是运动员的运动技能和各种素质在运动过程中的综合表现。可在多变的环境中迅速改变身体位置时表现出来。灵敏素质的特征是迅速响应外界刺激,迅速改变方向。灵敏素质在 6～11 岁增长速度最快,如果在这个时期的体能训练中,适当偏重发展灵敏素质,可以取得较大的效果。7～9 岁是发展一般灵敏素质最有利的时期,9～14 岁是发展专项灵敏素质的阶段,所以不要过早对儿童进行专项训练。但是,13～15 岁即青春发育期开始后的几年内,灵敏素质可能会出现发展不稳定的现象,尤其是体重增长较快的女孩。这主要是因为心理及体内内分泌腺急剧变化所引起的,因此不必担心。

（六）协调素质

协调素质与平衡、节奏、精细性动作操作有关。儿童动作协调能力发展呈现随年龄增长而不断增长的趋势。在 7～8 岁和 8～9 岁阶段是男、女快速发展时期,并一直持续到 9～10 岁,维持着较高的发展速度。男女儿童动作协调能力测验成绩增长在 8 岁、11 岁两个年龄阶段出现了"交叉"。女童 11 岁后成绩增长变缓,这可能与女子青春初期生理变化有关。

体能训练是促进儿童青少年生长发育的重要环境因素,是生长发育的动力。遗传使儿童的身体自然生长,积极持久的体能训练可在遗传的基础上,使儿童青少年的身体在生长发育过程中实现自我再塑造,提高儿童青少年在身体形态和生理功能上的发育水平。

思考题

1. 儿童青少年身体各系统结构功能有什么特点?
2. 体能训练对儿童青少年身体各系统结构功能有什么作用?
3. 如何利用儿童青少年身体素质发展敏感期进行体能训练?

第二章思考题

第三章

青少年运动员体能评价

　　体能评价是对运动员身体运动能力现实状态和训练效果的评定，是通过一定形式的测试获得运动员体能的基本信息，并进行数据分析和结果反馈对运动员体能训练进行调整的过程。体能作为运动员参加训练和比赛的基础，直接影响训练计划的内容结构和运动员参加比赛的可能性，体能评价作为对运动员体能基本状态的反映，可以为体能训练确定客观的出发点。通过体能评价可以了解运动员体能的特点以及潜在的受伤可能性等。体能评价结果可以有效地反映前期体能训练的效果，以效果反馈的方式对现存和未实施的体能训练内容、负荷、方法和手段进行评价，并调整体能训练过程的安排。所以，体能评价是制订训练计划的重要依据。

　　运动员的体能作为一个复杂的复合系统，包括身体形态、身体机能和身体素质三大要素；每一要素中又包括大量的具体指标。因此，反映运动员体能水平的指标体系本质上是其体能发展水平和条件的集合。要在众多的指标中筛选出那些最灵敏、便于度量且内涵丰富的主导性指标来构成反映运动员的体能水平的指标体系时，除了要符合统计学的基本规范外，还必须遵循科学性、可操作性、相对独立性、客观性、功能性和层次性等原则。

第一节　身体形态评价

　　身体形态指人体外部与内部的形状特征，以及身体的现实功能状态，如体态、姿势和动作模式。

一、形态评价

身体形态中反映身体形状特征的指标有长度、围度、宽度和身体成分。

（一）体重指数

体重指数（BMI）主要以身高和体重的关系来反映身体结构特征。BMI＝体重（kg）/

身高$(\mathrm{m})^2$，我们可以依据表 3-1 来判定儿童青少年的发育情况。除了预防超重和肥胖，还应特别注意低体重情况，其提示儿童青少年的营养缺乏及发育不良。

表 3-1 体重指数（BMI）评价标准（$\mathrm{kg/m}^2$）

年龄（岁）	性别	正常	超重	低体重	肥胖
6	男	13.1～17.5	17.6～20.2	≤13.0	≥20.3
	女	12.9～18.5	18.6～22.7	≤12.8	≥22.8
7	男	13.3～18.3	18.4～21.5	≤13.2	≥21.6
	女	13.0～19.1	19.2～23.3	≤12.9	≥23.4
8	男	13.5～19.1	19.2～22.7	≤13.4	≥22.8
	女	13.1～19.5	19.6～23.8	≤13.0	≥23.9
9	男	13.7～19.9	20.0～23.8	≤13.6	≥23.9
	女	13.3～20.0	20.1～24.4	≤13.2	≥24.5
10	男	14.2～20.8	20.9～24.9	≤14.1	≥25.0
	女	13.8～20.8	20.9～25.2	≤13.7	≥25.3
11	男	14.7～21.6	21.7～26.0	≤14.6	≥26.1
	女	14.3～21.7	21.8～26.2	≤14.2	≥26.3
12	男	15.1～22.2	22.3～26.7	≤15.0	≥26.8
	女	14.8～22.4	22.5～27.0	≤14.7	≥27.1
13	男	15.5～22.6	22.7～27.1	≤15.4	≥27.2
	女	15.3～23.0	23.1～27.5	≤15.2	≥27.6
14	男	15.8～22.9	23.0～27.3	≤15.7	≥27.4
	女	14.5～23.5	23.6～28.0	≤14.4	≥28.1

体重指数能够在一定程度上反映体形胖瘦情况，但不能准确地描述体内脂肪的分布状态，肌肉较多的人群可能 BMI 值较高，但并不代表肥胖，因此容易对健康状态造成误判。

（二）身体成分评价

有很多的技术手段可以用来评价身体成分，但能够真实测量身体脂肪含量的唯一方法是通过解剖把脂肪组织与其他身体组织分离开来。目前所有的技术都是通过间接方法估算出身体脂肪百分率，即通过一些可以进行精确测量的指标，如皮褶厚度或水下重量等与体脂百分率之间存在着密切相关的指标。这些手段大致可归为两分法模式与多分法模式，两分法模式将所有的身体组织都划分为脂肪成分和非脂肪成分，非脂肪成分包含了除液体以外的所有身体组织。采用两分法模式进行身体成分分析的缺陷在于，它必须基于将不同的身体组织和身体的不同部分加在一起来计算密度，这样显然与实际情况有所差别。三分法模式将身体成分划分为脂肪、水分和固体（蛋白质和矿物质）。这种模式需要测量总的身体密度和体内水分总量。由于体内水分总量占体重主要部分，而且是最易发生变化的部分，这种分析模式对许多个体来说十分准确有效。据估计，这种方法测算的体脂百分率与实际值的差异在 2% 以内。虽然三分法相对更加精确，但对骨密度测评有明显的个体差别，所以用这种方法对身体成分的估算仍然有改进的余地。后来出现了四分模式,该模式假定身体成分包括蛋白质、矿物质、脂肪和水分。这种方法需要测量骨矿含量、总的身体密度和体内水分总量。从理论上说,这种划分方法比两分法和三分法更为精确。但因其操作相对复杂且费用高,因此高额花费使之不能成为常规体检项目。相对而言,三分法在条件允许的情况下应用可能性较大。

目前身体成分测量一般分为直接法和间接法。间接法分为局部测量法与全身测量法,具体内容为测量脂肪量、去脂肪体重、体脂率、脂肪厚度、身体密度等。局部测量法可采用皮褶厚度法、围度测量法、超音波法、CT法、MRI法。全身测量法可采用电阻抗法、钾含量法、体水分量法、双能X光吸收法、密度水分并用法、脂肪溶解气体法、水下称重法、红外线法、人体测量推算法等。

1. 水下称重法

水下称重法是身体成分研究中最常使用的方法,也常被作为评价体脂率的标准方法。测量时,受试者进入温水池,浸没于水面之下,尽力呼气,然后称重设备记录其体重。将水下称得的体重和在空气中称得的体重进行比较,从而计算出身体的体积,再得出身体密度和体脂百分比。

水下称重法测量身体成分使用了两分法的模式,因为该方法假定所有的身体组织都划分为脂肪成分和非脂肪成分。非脂肪密度假定为 1 g/mL,脂肪密度假定为 0.9 g/mL。身体密度(D_b)是体重除以身体体积(BW/BV)。

为了测量的精确性,首先要准确测量水的温度,以保证精确地将重量转化成体积;其次要考虑受试者在水下肺内存在的气体,因为它可以产生额外的浮力。由于年龄、性别、身高都与肺活量密切相关,因此肺余气量可以通过公式计算得出:

$$男生肺余气量 = (0.017×年龄) + (0.068\,58×身高) - 8.755\,38$$
$$女生肺余气量 = (0.009×年龄) + (0.081\,28×身高) - 9.906$$

国内常用的计算肺余气量的简便方法为男生:肺活量×0.23,女生:肺活量×0.28。体密度(D_b)的计算方法为 D_b =(空气中体重 - 水下体重)/水密度。根据体密度计算体脂率的公式:

$$体脂率 = (4.570/D_b - 4.142)×100$$

然后,根据体脂率和体重就可以计算出脂肪重量和瘦体重。

2. 双能X光吸收法

双能X光吸收法(dual energy X-ray absorptiometry,DXA)由测量骨密度发展而来,计算机软件通过DXA扫描计算身体脂肪含量。这种测量方法要求使用极低的照射剂进行全身的X线扫描。估算身体成分的前提是假设身体成分为脂肪、骨矿物质、瘦组织成分三部分。

DXA测试速度相对较快(5～20分钟),而且受年龄、性别、种族等因素的影响较小,可以作为身体成分测量的新的有效指标,但该技术还有许多方面需要进行标准化。例如,采用不同的软件计算出的结果并不相同;身体不同部位厚度的变化有影响DXA测试结果的可能等。该方法的误差范围在1.2%～4.8%。目前,DXA常用于临床体成分评价和科学研究领域。在使用DXA评价身体成分的同时,也可用来测量骨密度。

3. 皮褶厚度法

皮褶厚度法是最为常用的评价身体成分的方法,它具有快速、无创伤、廉价的特点,并在众多研究中显示出了相当高的准确性。以该法测算的体脂率的值与以水下称重法测得的值差距一般在 4% 以内。该方法的理论基础是假定个人的皮下脂肪厚度与自身身体脂肪含量成比例。由于个体 50%~70% 的脂肪储存在皮下,因此这一假定在大多数场合是有效的。

为了增加测试的准确程度,特别是对于不够熟练的操作者,应先找准测量部位然后用记号笔标记。这样可以保证每次测量皮褶时卡钳能准确地落在正确的部位。除特殊情况外,所有被测量的皮褶都应选在右侧,运动后不能马上测量,因为运动会改变体内水分的分布。

准确定位后,测量者应柔和而坚定地捏住皮褶并将其从肌肉上提起,用卡钳进行测量。测量的指导原则:①在距离测量点 1 cm 处手指与皮肤垂直地捏起皮褶;②用拇指和食指相对捏住皮褶并将其提起;③卡钳的头端垂直于皮褶放置于测量点处皮褶的中间位置;④在卡钳卡住皮肤两秒钟后读数。测量肥胖者的皮褶较为困难。若卡钳的头端开口不能张开卡住皮褶,可用其他身体成分的测定方法来测量,如估计体脂率的围度测量、体重指数、腰臀比率都是可以用于肥胖者的测量方法。

皮褶厚度和体成分相互关系的公式如表 3-2 所示。

表 3-2 皮褶厚度推算身体密度的公式

年龄(岁)	男生	女生
9~11	$D_b = 1.0879 - 0.00151X_1$	$D_b = 1.0794 - 0.00142X_1$
12~14	$D_b = 1.0868 - 0.00133X_1$	$D_b = 1.0888 - 0.00153X_1$
15~18	$D_b = 1.0977 - 0.00146X_1$	$D_b = 1.0931 - 0.00160X_1$

注:D_b 指身体密度;X_1 指肩胛部与上臂部的皮褶厚度之和。

4. 围度测量法

对若干部位的围度测量可用于评价身体成分,也被用来反映身体各部位的比例。围度测量法的优点在于可以快速可信地提供个人身体构成的信息。它不仅可以用来预计身体成分,同样也用来反映在减体重期间体型的变化。这种方法的缺点是不能有效地区分构成身体的脂肪和非脂肪成分。常用的围度指标包括:腰围、臀围、大腿围等。

腰臀比(waist-to-hip ratio,WHR)是应用最多的围度测量指标,即腰围和臀围的比值。该指标常用来反映男性肥胖及腹部脂肪堆积的程度。受检者自然站立,在水平位髂前上棘与第 12 肋下缘连线的中点测定腰围;前经耻骨联合,两侧经股骨大转子,后经臀部最突出的围度测定臀围,精确到 0.1 cm。每项指标均测量 2 次,取均值。男子大于 0.95、女子大于 0.85 被认为是腹部脂肪过多,并可能存在较大的不利于健康的危险性。实际上,儿童臀围未充分发育,使用 WHR 不一定准确,但男生 15 岁、女生 13 岁以后的青春中后期,用 WHR 来区分腹型和外围性肥胖比较准确。

(三)骨密度的评价

研究儿童青少年时期骨密度的影响因素具有重要的现实和深远意义。尽早发现影响骨密度的因素，对其进行积极干预，不仅可以促进儿童骨骼发育，还有助于获得更高的骨峰值，预防和减少生命后期骨质疏松的发生，进而提高我国居民的健康水平和生活质量。

部分学者认为骨密度是一个错误的术语，主要是因为所有的骨密度测量技术，包括定量 CT 法（OCT）测定的都是完整骨骼的矿物质含量，而骨是一个有结构的组织器官，它包括骨髓腔和骨骼的空洞或间隙。真实骨密度的概念是指在某一特定纯骨体积内的矿物质含量，如单一骨小梁内的矿物质密度。目前由于不可能把各个结构分离出来进行测量，因此从理论的角度上应认为骨密度是指单位组织器官内骨矿物质的含量。

骨密度的测量技术作为一种非侵入性检测技术，发展很快，从最早的 X 线平片到更加精密的各种骨密度测定仪，使该法可用于不同人群、不同部位的测量。骨密度评价法是根据超声束通过骨组织，评价人体骨的超声传导速度（SOS）和宽波段超声衰减（BUA），并根据测量的超声参数计算定量超声指数（QU1）和骨矿物质密度（BMD），进而得出 T 评分与 Z 评分等参数值，用于评价骨质量与诊断骨质疏松症。

DXA 可用于研究儿童的体成分，重复性好，精确度高，扫描时间短，辐射剂量小，且使用方便，费用适中。定量超声法（quantitative ultrasound，QUS）是近年发展起来的一种新的检测技术，其测量指标是声波的传导速度和振幅衰减。其操作简单，易于携带，无放射性，费用便宜，适用于儿童，但其测量指标和骨密度的相关性有待进一步证实。

目前，DXA 在实际应用中发挥着重要的作用，QUS 还处于发展阶段，但其应用前景广阔。针对儿童群体，推荐采用 DXA 及 QUS。

二、姿态评价

姿态评价分为由对非随意性的慢肌纤维控制的真实姿势（也称为体态）的评价和随意肌主动控制下的姿势评价。

当进行姿态分析时，可以通过观察运动员的体态和姿势来分析运动员神经系统的功能。然而，想要准确预测运动员大脑功能与其姿势的关系，运动员必须处于真实姿势（体态），而不是主动控制下的姿势。当运动员假装体态良好时，他们处于主动姿势，这意味着他们用随意肌使躯干保持正直。许多运动员在接受检查时，自然会想站得更直，他们可能不会有意识地假装保持正确的体态，但他们实际处于主动姿势。在主动控制的姿势下进行基于大脑活动的姿势分析会影响测试结果。

如何判断运动员在主动控制姿势：从侧面看，运动员的肘部位于肩部后方，他们维持姿势的时间不会太长。当维持姿势进行评价时会咬牙或者憋气，运动员眼睛和鼻子会朝向天花板，而不是正视前方，运动员会收腹使自己看起来更瘦。

对运动员进行体态评价，可以在测试之前使用韦德法进行测试。让运动员吸气、呼气，并放松。在运动员呼气放松时，指导运动员放松肩部。当他们完全呼气并放松肌肉时，应该即刻进行分析。

体态评价是指利用一些手段或仪器对人体的非随意姿势进行评价诊断，发现人体在无意识控制下的习惯性的坐、立、走等状态时呈现出的身体外形问题。目前，体态评价的方法很多,国外学者普遍认为体态的评价不仅应包括躯干的垂直位置,还应包括肩膀的位置、腿脚的位置、腰腹部的位置等。国内现在关于儿童青少年体态评价的方式较为单一,采用较多的是利用体态评价表(图 3-1)和功能动作筛查配合摄像机的方式来进行体态评价。

体态评价表是由网格图构成的表,网格图中可以显示身高,测试时受测者站在网格中央加粗的竖线前,通过正面观、侧面观和背面观来观察受测者的身体是否存在体态问题。

明确身体正中线的概念,即身体正中线:从鼻尖—下巴—胸骨柄—剑突—肚脐—耻骨联合—两膝中点—两踝中点向下连接的一条垂线。基于正中线,不良体态主要包括圆肩驼背、高低肩、骨盆倾斜、脊柱侧弯、X 形腿、O 形腿等。

1. 圆肩驼背

圆肩,也称含胸,是指双肩向前弯曲形成一个半圆的弧线形(图 3-2)。长期圆肩可能导致胸椎后凸加剧,最终形成驼背。出现圆肩驼背主要是因为身体前侧的肌肉(如肩胛提肌、胸小肌、斜方肌上部、胸锁乳突肌与胸大肌)过度紧张而长期处于缩短状态,身体后侧的肌肉(如颈深屈肌、斜方肌中下束、菱形肌与三角肌后束)长期受到抑制而处于疲软无力状态。

体态评价表

日期:　　　　　姓名:　　　性别:　　　出生日期:

一般检查:

a. 后视图

1. 跟腱和脚:右_____左_____
2. 膝部(膝内翻/膝外翻)_____
3. 骨盆平衡(髂后和髂上脊柱)_____
4. 肩胛骨(距脊柱距离,旋转)_____
5. 肩线_____
6. 颈_____
7. 脂肪褶皱的对称性(骨盆、腰部、颈部)___
8. 脊柱(脊柱侧弯)_____

b. 侧视图

1. 足弓_____
2. 膝关节(超伸)_____
3. 骨盆(前/后倾斜)_____
4. 脊柱曲线(后弯/前弯/背部平坦)_____
5. 肩位_____
6. 头部位置(颈前凸)_____

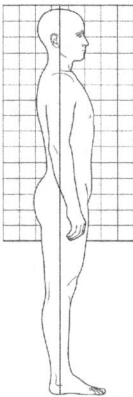

图 3-1 体态评价表示意图

图 3-2 圆肩驼背示例

运动员站姿靠墙,双肩自然下垂,背部和后脑勺应可以同时贴在墙上,如果发现后脑勺无法贴到墙面,则表示有圆肩驼背的情况。

2. 高低肩

高低肩在外观上表现为肩膀一高一低,偏高的一侧斜方肌上束、肩胛提肌过于紧张,斜方肌中下束与菱形肌过于松弛(图3-3)。长期处于此状态下,颈椎正常曲度减少,严重时可能出现颈椎病等一系列症状。

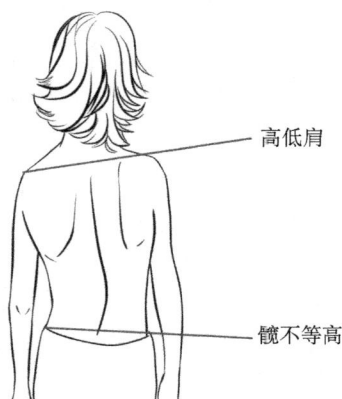

图 3-3　高低肩示例

评价高低肩可以观察髋部是否一样高;观察或测量髂前下棘距离地面的距离是否一致。

3. 骨盆倾斜

骨盆倾斜分为骨盆前倾和骨盆后倾,观察耻骨联合与两侧髂前上棘构成的平面与垂直轴的关系,若髂前上棘的相对位置在耻骨联合的前面为骨盆前倾;若髂前上棘的相对位置在耻骨联合后面为骨盆后倾。由于腰椎长时间的倾斜,必然会导致腰背酸疼,引发肩颈问题,严重的还可能出现关节的畸形。图3-4示意了骨盆正常、前倾、后倾时的体态。

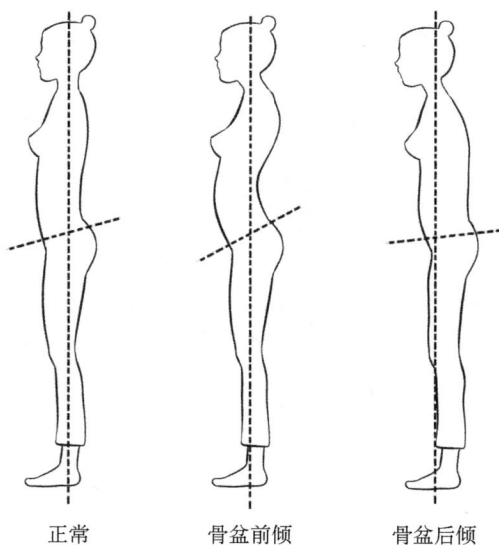

正常　　　　　　骨盆前倾　　　　　骨盆后倾

图 3-4　骨盆正常、前倾、后倾示例

造成骨盆前倾的原因是腹肌力量不足,人体重力偏移。造成骨盆后倾的原因主要是经常在很软的沙发、床垫上睡觉,运动量太少或采用不正确的运动方式。

评价骨盆倾斜可进行靠墙测试。运动员背靠墙壁,枕后、背部、臀部和脚踝后方均尽可能紧贴墙壁。如果腰部与墙壁间只有一个手掌的厚度,则说明无骨盆前倾;如果有一个拳头的厚度,则说明存在骨盆倾斜。

4. 脊柱侧弯

脊柱侧弯是常见的发生在矢状面的脊柱三维畸形,主要表现为两肩、两肩胛、两侧髂嵴不对称不等高,脊柱偏离正中线(图3-5)。脊柱偏离人体的中立位,会造成一系列体形改变、关节疼痛、心肺功能下降等问题。青少年特发性脊柱侧弯在10~16岁阶段的发病率达到1%~3%,背部肌肉力量失衡和长期的不良生活姿势是其主要病因。

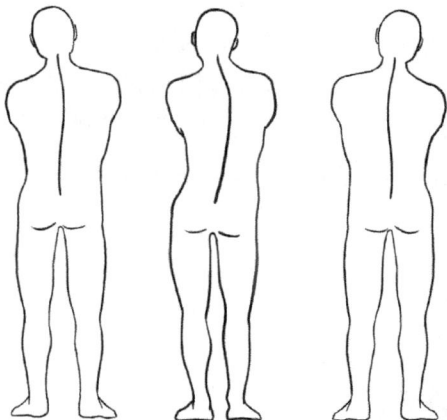

图3-5 脊柱侧弯示例

评价脊柱侧弯一般根据立正位脊柱全长X线片上的科布角(Cobb)大小。10°以内为正常范围,适量运动可以防止脊柱侧弯的发展;10°~20°为轻度脊柱侧弯,可采取正骨手法纠正并保持适量运动;20°~45°为中度脊柱侧弯,可采取正骨手法和支具纠正,并保持适量运动;大于45°时建议考虑手术治疗。

5. X形腿、O形腿

一般来说,X形腿(膝内翻)的人走路时多呈外"八"字形,O形腿(膝外翻)的人走路多呈内"八"字形(图3-6)。X形腿、O形腿是长期肌肉力量失衡使关节发生移位,导致两个膝关节之间产生间隙的现象,会影响儿童青少年运动员身体的核心稳定性,并使肌肉受力不均衡。

评价X形腿、O形腿,除了观察两个膝关节是膝内翻还是膝外翻之外,还可以观察足弓是否内外翻、是否对称。

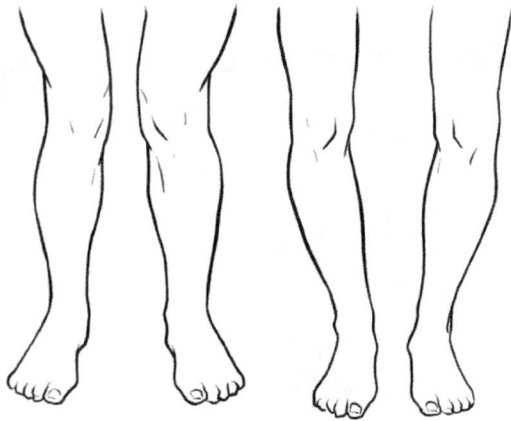

图3-6 X形腿、O形腿示例

三、动作评价

（一）关节稳定性评价

关节的结构决定了关节既具有活动度又具有稳定性，二者保证关节运动功能的实现。稳定性可看作保持姿势的能力，以及达到目标准确性、抵抗外力的能力。活动度可通过观察关节活动的范围及回返运动的快慢能力进行评价，本书将关节活动度归属于柔韧性素质的范畴（见"柔韧素质的测量与评价"）。

一般最容易出现稳定性缺失的是球窝关节，也就是髋关节和肩关节。

1. 肩关节稳定性测试：倒置壶铃推举

单手握住壶铃把手（壶底朝上，把手朝下），肘关节在壶铃正下方。伸肩伸肘将壶铃向上推起，随后肩部外旋掌心朝前，锁定后再慢慢回到起始位置（图3-7）。每侧用轻、中重量做5次。当肩膀处于最高点充分外展的姿态时，肩关节处于最不稳定的位置。如果前锯肌和/或旋袖肌群缺乏稳定性，手臂将开始晃动，壶铃会翻倒。

图3-7 倒置壶铃推举

图3-8 单腿罗马尼亚硬拉

2. 髋关节稳定性测试：单腿罗马尼亚硬拉

单腿站立，膝关节微屈。随后做屈髋运动，另一侧大腿向后伸展，双手伸向地面，保持肩部和髋部与地面平行（图3-8）。双手伸与大腿向后伸展的动作应当同时进行。头部到后腿脚踝应当保持一条直线。当背部与地面平行时，慢慢回到起始位置。屈髋过程中，如果髋关节开始发生旋转（即胸部/髋部朝向墙壁而不是地面），这是髋关节稳定性缺失的表现。

3. 膝关节稳定性测试：双腿静蹲

双腿静蹲测试膝关节周围肌肉的耐力。双脚与肩同宽，脚尖向前，后背靠墙，小腿与地面垂直，大腿与小腿之间夹角不要小于 90°（图 3-9）。如果能够保持 1 分钟以上，说明膝关节稳定性较好。

（二）动作模板评价

动作模板也是测试机体功能性和评价活动度的工具。这些简单的测试能使青少年运动员以静态的姿势并用最小的动作变化和较低的力量需求完成活动度评价。比起用训练动作或者动态动作测试，用静态动作进行测试更安全，并且在某些情况下能更准确地诊断活动度方面的问题。静态动作的快速测试能区分旋转限制和弯曲/伸展限制。而且，把动作分解成各种动作模板并进行快速测试能够帮助教练员和运动员确定要针对哪一个关节、哪一块肌肉或哪一种姿势进行活动度练习。

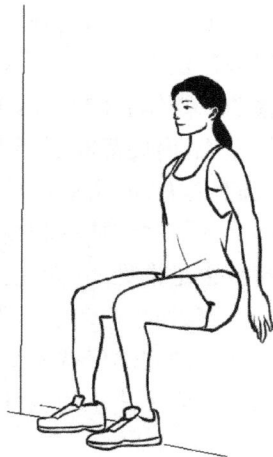

图 3-9 双腿静蹲

1. 过头举模板

过头举模板表现的是肩关节的完全屈曲和外旋程度，包括所有要将手臂锁定在头顶的姿势。比如双臂伸至头顶或推举至头顶、吊单杠、在头顶上方投掷某物等动作。

测试时，保持脊柱中立，手臂举至头顶。肘部伸直，肩关节外旋，从侧面应该能看到运动员的耳朵（图 3-10）。

如果肩关节活动度不足或脊柱没能支撑到位，可能会导致胸廓向后倾斜、骨盆向前倾斜，从而呈现过度伸展的姿势。如果肱三头肌僵硬，就很难锁定肘部。肩关节旋转的活动度不足表现为肩部前倾，同时肘部外展（图 3-11）。

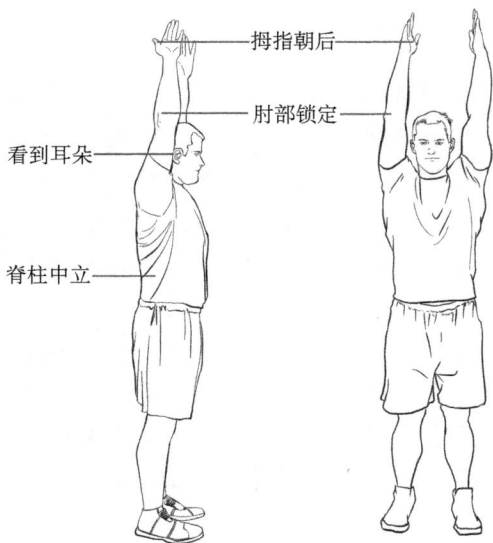

图 3-10 过头举模板正确姿势

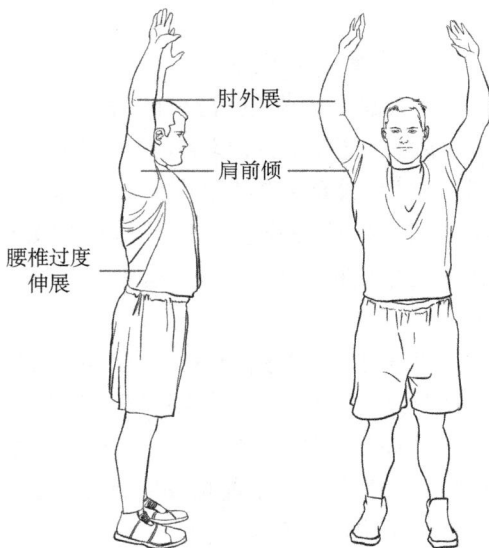

图 3-11 过头举模板错误姿势

2. 前推模板

前推模板和俯卧撑、卧推、屈臂撑及立卧撑跳的底部姿势很相似,是一种很好的测试肩部稳定性的方式。这个姿势不应出现肩部前倾和肘部外展到身体两侧的情况。当手臂移动到身体后侧时,肩关节应该内旋和伸展。对所有涉及肩关节伸展(手臂在背后)的动作来说,内旋都起了很大的作用。内旋能使肩膀保持后收并旋至一个稳定的姿势。比如,人们在跑步时会肘部外展,会使双手在身前左右交替摆动而非前后摆动。这个动作说明他们的肩关节伸展和内旋不足。在需要近身接触的运动(如摔跤、柔道和橄榄球)中,前推模板也是常见的起始姿势。

测试时,运动员从得到支撑的中立位站姿开始,肘部收至身后,同时保持前臂与地面平行。使肩部保持一个稳定的姿势,肘部与腕部成一条直线(图 3-12)。如果肩部前移、肘部外展或无法移动至身后,就说明肩关节的活动度不足(图 3-13)。

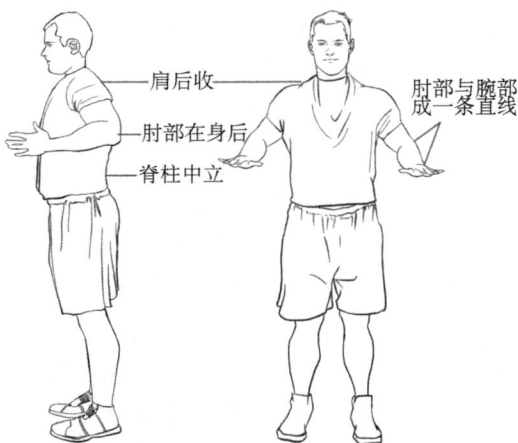

图 3-12 前推模板正确姿势

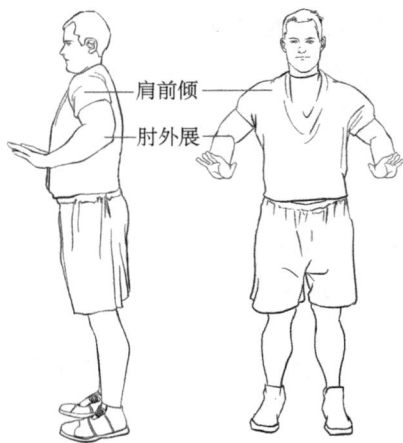

图 3-13 前推模板错误姿势

3. 小臂悬垂模板

小臂悬垂模板包括所有手臂在身体两侧垂下时肩部的动作和姿势,如双臂垂在身体两侧时放松的肩部姿势,拉起动作(如硬拉、下蹲翻和抓举)的起始姿势,大部分投掷动作(如投球)的结束姿势。游泳时拉起胳膊的阶段以及奥林匹克举重的二次拉起阶段都包括这种模板。与其他肩部姿势模板一样,小臂悬垂模板的目的是保持肩关节旋至稳定的姿势。如果运动员的肩关节缺乏内旋所需的活动度,就会补偿性地向前移。

测试时,双臂悬在身体两侧,内旋肩关节,然后抬高肘部。这样做的目的是将手腕置于躯干中线后方,然后抬高肘部至胸部高度。不要依靠耸肩或者向后倾斜胸廓来补偿,保持肩部和脊柱中立(图 3-14)。如果肩关节活动度不足,肩关节就会补偿性地呈前倾姿势,肘部会外展。如果不能抬高肘部或者把手腕置于躯干后方,就说明肩关节缺乏内旋所需的活动度(图 3-15)。

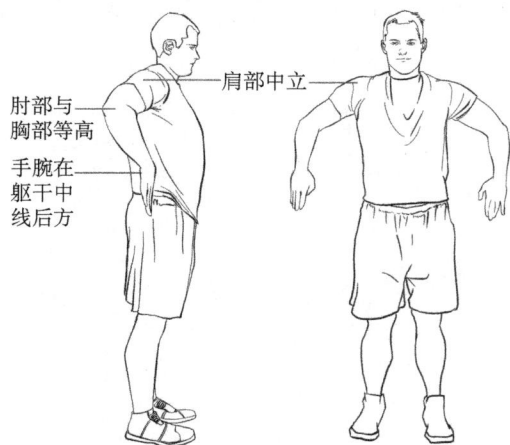

图 3-14 小臂悬垂模板正确姿势

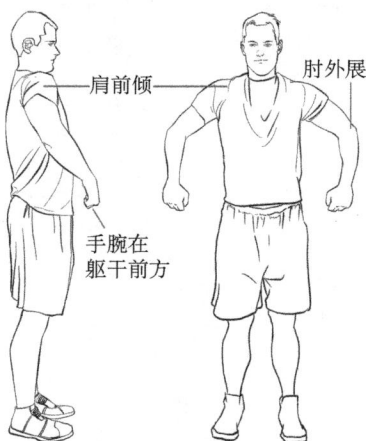

图 3-15 小臂悬垂模板错误姿势

4. 前撑模板 1、2

前撑模板 1 表现的是双臂在身体前方伸直做推、拉动作时稳定的肩部姿势。前撑模板 2 表现的是负重、将物体抱在胸前或打电话时稳定的肩部姿势。准备做俯卧撑和卧推时,是从前撑模板 1 开始的。前深蹲和过顶推举的起始姿势是前撑模板 2,引体向上和下蹲翻的结束姿势也是前撑模板 2。高尔夫上杆到顶点,后手屈肘上翻类似于托盘的动作就属于这个模板。

测试时,保持肘部伸直,手臂抬至与肩部等高,然后外旋肩关节,目的是让手掌和肘窝朝向天花板,这是前撑模板 1(图 3-16)。从前支撑模板 1 开始,肘部弯曲,肩关节外旋,然后旋转腕关节至手掌朝上。运动员要在保持肩部姿势稳定的同时将肘部抬至与肩部等高,这是前撑模板 2(图 3-17)。

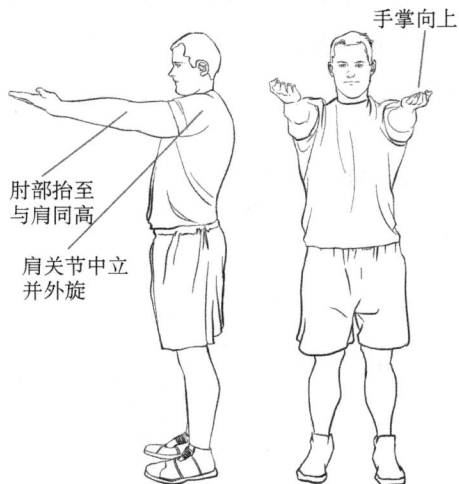

图 3-16 前撑模板 1 正确姿势

图 3-17 前撑模板 2 正确姿势

如果在前撑模板 1 中不能锁定手臂或外旋肩关节,即不能使手掌和肘窝朝上,很有可能是肩关节缺乏内旋和外旋所需的活动度(图 3-18)。如果尝试前撑模板 2 时,运动员腕关节向内收或肘部外展,可能是因为缺乏肩关节旋转所需的活动度和/或肘关节弯曲和腕关节伸展所需的活动度(图3-19)。

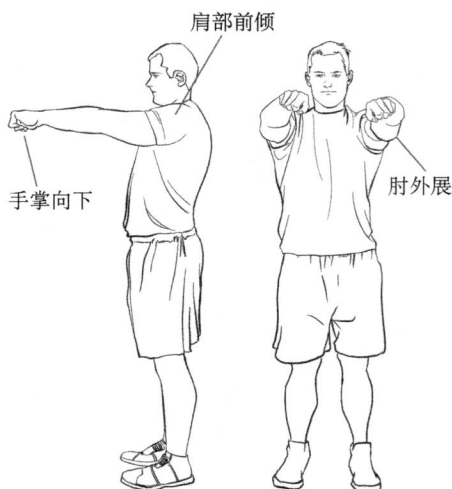

肩部前倾
肘外展
手掌向下

肩部前倾
肘部外展

图3-18 前撑模板1错误姿势 　　**图3-19** 前撑模板2错误姿势

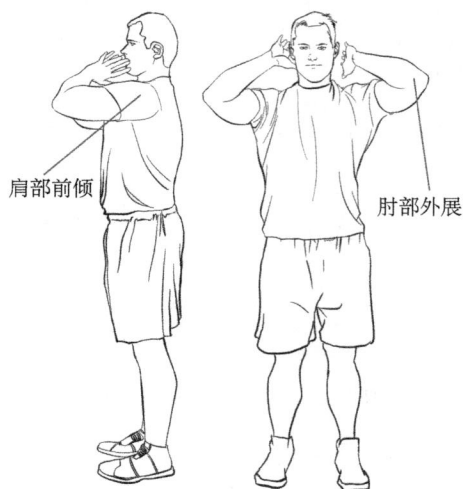

5. 深蹲模板

深蹲模板是最基本的身体姿势之一。健身房和日常生活中的大部分动作都是深蹲动作的重复。不管运动员在站立时脚部方向如何,双脚间距是大还是小,躯干是直立还是向前倾,髋关节的功能和姿势相对来说都是相同的。深蹲模板表现的是髋关节的弯曲和外旋程度。在健身房的训练动作中,深蹲模板是深蹲(前深蹲、后深蹲等)动作的一部分,也是奥林匹克举重的起始姿势。测试时髋部稍低于膝盖,测试髋关节外旋以及髋关节、膝关节和踝关节的屈曲幅度。

测试时,双脚平直向前,外展角度在0°～12°,两脚脚跟的间距略大于肩宽。通过髋部后坐、躯干稍微前倾来启动动作。屈膝使身体下降,尽量保持胫骨垂直于地面。为了产生扭矩,在保持双脚贴地的同时外展膝关节(图3-20)。

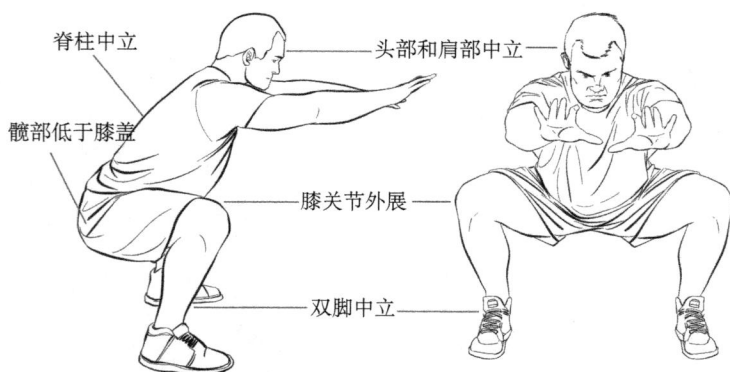

脊柱中立
头部和肩部中立
髋部低于膝盖
膝关节外展
双脚中立

图3-20 深蹲模板正确姿势

如果运动员没能支撑脊柱或是在髋部产生扭矩,可能是出现了以下错误:腰椎过度伸展、膝关节内收以及脚部拱形塌陷。这些错误也可能是关节活动度受限的结果。例如,运动员的膝关节不能外展、髋部不能下沉至膝盖以下、背部不能保持平直或者双脚不能形成稳定的拱形,很可能是因为运动员缺乏髋关节弯曲和外旋以及踝关节背屈所需的活动度(图 3-21)。

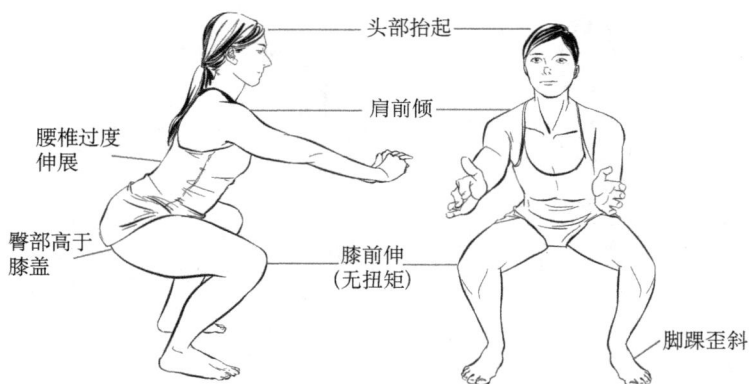

图 3-21 深蹲模板错误姿势

6. 硬拉模板

硬拉模板测试后链肌肉(尤其是臀肌和腘绳肌)在腿部伸直状态下的活动性。与深蹲模板一样,硬拉模板也涉及髋关节的弯曲和外旋。它们的区别在于躯干的朝向以及膝盖或腿弯曲的程度。这些区别很重要,因为这两种测试虽然在形态上很相似,却测试了不同身体部位的活动度。

测试时,保持脊柱支撑在中立位,髋部后坐、躯干前倾,手臂自然下垂。以髋部为轴俯身时稍稍屈膝,保持背部平直、肩部中立,胫骨垂直于地面。最终运动员要做到上半身与地面平行,或者说髋关节弯曲 90°。如果运动员的后链肌肉(尤其是腘绳肌)缺乏柔韧性,运动员的背部就会拱起,继而使肩部前倾(图 3-22)。

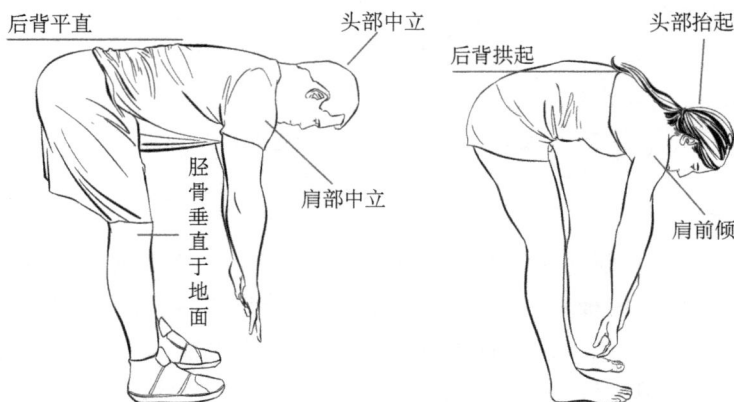

图 3-22 硬拉模板正确和错误姿势

7. 单腿深蹲模板

单腿深蹲模板要求运动员的髋关节有完整的屈曲活动度以及踝关节有完整的背屈活动度,是深蹲的最充分表现。当运动员做深蹲时,髋关节或踝关节不可能完全弯曲;而单腿深蹲则可以发现膝关节和踝关节的完整的弯曲活动度。

测试时,做出坐姿或深蹲的姿势,一条腿伸向身体前方,把所有重量都压在另一条腿上并保持平衡。运动员要在尽量保持背部平直的同时保持脚和膝盖的中立姿势(图 3-23)。

图 3-23 单腿深蹲模板正确姿势

如果运动员不能保持后脚脚跟贴地,或者出现向后坐在地上的情况,则说明运动员的髋关节缺乏弯曲所需的活动度以及踝关节缺乏背屈所需的活动度。膝盖偏向脚踝内侧和脚部拱形塌陷也都说明运动员的髋关节和踝关节活动度不足(图 3-24)。

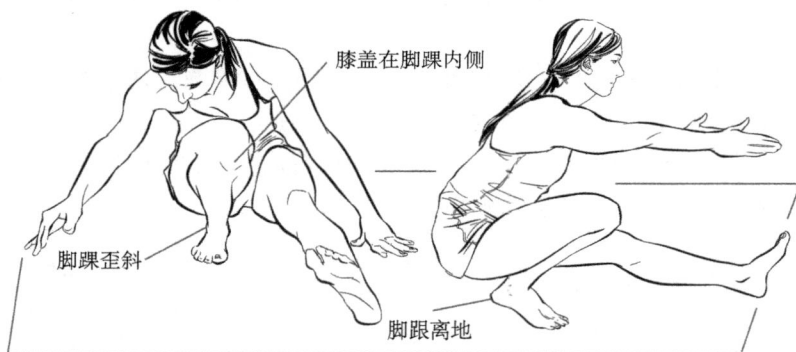

图 3-24 单腿深蹲模板错误姿势

8. 弓步模板

弓步模板表现的是髋关节的伸展和内旋程度。跑步、投掷或是搏斗,只要腿在身体后侧,就是在做与弓步模板相近的动作。箭步挺和箭步蹲是最能代表弓步模板的训练动作。虽然弓步模板不像深蹲模板那样在训练中频繁出现,但是能够做好弓步模板依然很重要,因为它对很多体育运动和日常动作都有帮助。该模板可以快速测试髋关节和踝关节的活动度,具体来说就是测试髋关节伸展和内旋的活动度以及脚趾背屈的活动度。

测试时,先站立,双脚分开并且互相平行,然后向前迈一大步。后侧腿的膝盖着地,位于髋部后侧,前侧腿的胫骨应垂直于地面(图 3-25)。

膝盖位于髋部后侧

70°~90°
背屈

膝盖和脚尖方向一致

胫骨垂直
于地面

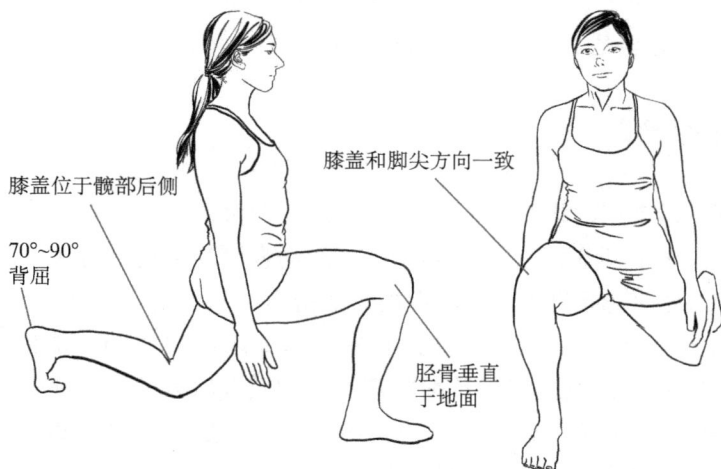

图 3-25 弓步模板正确姿势

如果运动员在做这种模板时发现位于后方的脚的脚趾不能稳定地撑地，并且脚后跟朝内倾斜，则正是髋关节缺乏内旋所需的活动度的表现。如果运动员的髋关节缺乏伸展所需的活动度，运动员的腰椎就会呈现过度伸展姿势（图 3-26）。

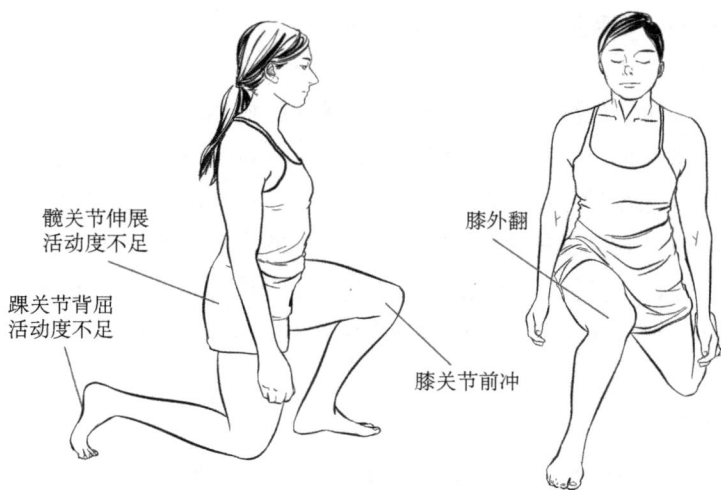

髋关节伸展
活动度不足

踝关节背屈
活动度不足

膝外翻

膝关节前冲

图 3-26 弓步模板错误姿势

第二节　身体机能评价

通过对运动系统、心血管系统、呼吸系统、能量代谢系统、神经系统的测试及身体形态的测量来评价身体机能状态，对运动员选材、医务监督、控制训练负荷、判断运动性疲劳、防止过度疲劳和运动损伤的发生,以及有效地挖掘人体的运动潜能、提高竞技能力,均有十分重要的意义,并已经成为科学训练的重要内容。

一、心肺功能评价

心肺功能评价最常用的指标是心率和血压,因其测量方法简单易行,又能客观地反映心脏和血管的机能水平,所以是运动实践中了解运动强度和运动量对人体的影响,以及评价儿童青少年训练水平和运动后恢复状况的重要指标。

心肺功能与人体所处的状态有着密切的关系,如果要对心肺功能做出较全面的评价,应当测量在相对安静状态、定量负荷状态和最大负荷状态下的机能反应(即"三态反应"),不能只单纯测量安静状态时的心肺功能。因为一般人和经常锻炼者或运动员处于安静时的心肺功能无显著性差异,只有在进行强度较大的负荷时,才能表现出明显的差异。

(一)心率

在正常生理状态下,心脏节律整齐,心率与脉搏一致。生理学研究表明,心脏的搏动速度与人体的代谢水平有关。人体所能达到的最快心率(最高心率)是有限的,最高心率与安静心率差值是心脏活动的潜力(也称心率储备)。人体心率的测量方法有动脉触诊法、听诊法和遥测心率法。

当心脏在收缩期时,血液被挤压入动脉,使得动脉血压升高,动脉管壁扩张;当心脏在舒张期时,心脏射血中止,动脉血压下降,动脉管壁回缩。因此,伴随心脏的活动,动脉管壁产生波动并可沿管壁向外周传播,从而产生脉搏。心脏每收缩、舒张一次,动脉管壁就产生一次波动,可通过测量脉搏来确定心率。心脏在搏动中产生的心音可通过其周围组织传递到胸壁,因此,可通过听诊器在左胸壁心尖处听诊确定心率。此外心脏在兴奋时伴随有电变化并传至体表,通过表面电极将心脏的电信号接收后送入发射机,再经接收机接收后显示心率。

1. 动脉触诊法

腕部桡动脉触诊法可分为自测与他测两种。自测时,屈肘,双手交叠于胸前,被测手靠近身体,手握秒表,测试手在外,用食指、中指、无名指的指腹轻轻扣在被测手桡动脉处;他人测试时,令受试者坐于测试者的左侧,左臂掌心向上平放在桌面上,测试者以食指、中指、无名指的指腹稍稍用力触摸受试者腕部桡动脉处,计数从测试者明显地感觉到桡动脉搏动后开始,测量时身体尽量处于平静状态。颈动脉触诊,测试者用食指、中指和无名指的指腹轻压在受试者的颈动脉处,测量出 10 秒或 30 秒脉搏,然后换算成1 分钟脉搏。

2. 听诊法

将听诊器放于心尖部(心前区左侧第五肋间心尖部位),清楚地听到心脏搏动声音后,记录 10 秒或 30 秒心脏搏动的次数,然后换算成 1 分钟心率。

（二）靶心率

心率随代谢负荷的增加而呈线性增加。因此，我们可以通过心率来直接测定运动强度，在运动中所应达到的心率称为靶心率。靶心率的直接测定方法是：在实验室进行分级运动试验时，监测每个阶段的心率，并在心率与 VO_{2max}（或梅脱值）坐标关系图中进行标记，然后根据 VO_{2max} 的百分比所对应的心率来确定运动强度。例如，60%～80% VO_{2max} 所对应的心率为 132～156 次/分，这就是运动强度的靶心率范围值。

心率储备（heart rate reserve，HRR）是指最大心率与静息心率之间的差额。若个体的最大心率为 200 次/分，安静心率为 70 次/分，那么个体的心率储备就是 130 次/分。心率储备的百分比与 VO_{2max} 的百分比是相当的，如 60% 的心率储备就相当于 60% VO_{2max}。用心率储备测定运动强度的具体方法如下：用最大心率减去静息心率得到心率储备值，计算 60% 和 80% 的心率储备值，此计算结果加上静息心率就是靶心率范围值。

这种运动强度测定方法的优点在于，所测定的靶心率水平总是处在个体静息心率和最大心率之间。个体的安静心率会受到很多因素的影响，如咖啡因、睡眠、情绪状态和训练程度等，但采用上述测定方法时，静息心率随这些因素的变化对靶心率的测定不会产生太大误差。

另一种间接测定运动靶心率的方法可采用个体最大心率的百分比（% HR_{max}）。此方法的优点是方便简单，且经过验证，比较可靠。

由于 %HR_{max} 与 %VO_{2max} 呈线性关系，因此可以用 % HR_{max} 来估算运动中的代谢负荷。运动的适宜强度通常是 70%～80% HR_{max}，相当于 55%～75% VO_{2max}。这种方法计算出来的运动强度要比用心率储备测定法中的运动强度（60%～80% VO_{2max}）相对保守。

（三）血压

血压是指血液在血管内流动时对血管壁产生的侧压力，一般测量的是肱动脉血压。正常成年人安静时血压变动范围是收缩压 90～120 mmHg，舒张压为 60～90 mmHg。学龄前儿童的血压一般不超过 110/70 mmHg，学龄儿童的血压一般不超过 120/80 mmHg，凡大于此值的应考虑为血压偏高。水银柱式血压计与科氏音听诊法是临床测量血压的标准方法。目前血压的标准都是基于这些测量方法建立的。

测量时，儿童青少年尽量选择坐位测量右上肢血压，最好坐在靠背椅上，保证右上肢得到支撑，并且与心脏在同一水平。通常根据被测儿童的上臂粗细选择合适的袖带。袖带充气囊宽度至少是鹰嘴和肩峰中间上臂周长的 40%，长度应为上臂周长的 80%～100%，气囊宽度与长度的比大约是 1:2。袖带过小测得的血压偏高，过大测得的血压偏低。将袖带紧贴地缚在被测者上臂，袖带下缘应在肘窝上 2 cm，将钟式听诊器胸件放在肘窝肱动脉处采用科氏音法，科氏音开始出现时（第 1 音）为收缩压，科氏音消失时（第 5 音）定为舒张压。有一些儿童，科氏音在 0 mmHg 仍能够听到。在这种情况下，应减轻对听诊器的按压，重复测量血压。如果第 5 科氏音（声音消失）仍然很低，应将第 4 科氏音（声音变弱变沉闷）记录为舒张压。科氏音在 5 岁以下的儿童中很难听到，这种情况下可使用自动示波仪器测量收缩压和平均动脉压,然后计算出舒张压,应注意仪器校正。

(四) 肺活量

人们常用肺活量作为反映呼吸机能的一项重要指标。测试时,测试人员打开电源开关,按"开始",当显示屏定格在"0"时,表明肺活量计已进入工作状态。测试人员首先将吹嘴装在进气口上,然后交给受试者。接下来令受试者预先做 1～2 次扩胸或深呼吸的准备动作,然后做最大吸气,对准吹嘴向肺活量计内做最大的呼气。呼气时不宜过猛,也不宜过缓,强度适中,直至不能再呼气为止。最后,显示屏上显示的数值即为肺活量值。测试两次,记录最大值,以毫升为单位,不计小数。儿童青少年肺活量评价标准见表 3-3。

表 3-3　儿童青少年肺活量评价标准(mL)

年龄(岁)	性别	优	良	及格	不及格
6	男	≥1 500	1 300～1 499	700～1 299	<700
	女	≥1 200	1 000～1 199	800～999	<800
7	男	≥2 000	1 500～1 999	800～1 499	<800
	女	≥1 400	1 200～1 399	950～1 199	<950
8	男	≥2 300	1 700～2 299	900～1 699	<900
	女	≥1 600	1 400～1 599	1 100～1 399	<1 100
9	男	≥2 600	1 900～2 599	1 100～1 899	<1 100
	女	≥1 800	1 600～1 799	1 250～1 599	<1 250
10	男	≥2 900	2 200～2 899	1 300～2 199	<1 300
	女	≥2 050	1 850～2 149	1 450～1 849	<1 450
11	男	≥3 200	2 500～3 199	1 500～2 499	<1 500
	女	≥2 300	2 100～2 299	1 650～2 099	<1 650
12	男	≥3 640	2 900～3 639	1 700～2 899	<1 700
	女	≥2 550	2 650～2 549	1 850～2 649	<1 850
13	男	≥3 940	3 200～3 939	2 000～3 199	<2 000
	女	≥2 800	2 500～2 799	2 000～2 499	<2 000
14	男	≥4 240	3 500～4 139	2 300～3 499	<2 300
	女	≥2 950	2 650～2 949	2 150～2 649	<2 150

(五) 心功能

1. 罗克波特步行测试

罗克波特步行测试是指用 1.6 千米步行测试预计心肺功能的方法,目前已发展到适合所有年龄段的儿童青少年和体适能水平的人,且方法安全有效,不受场地限制。

测试时受试者在跑道上尽可能快地步行,结束时即刻测 10 秒的心率。VO_{2max} $[mL/(kg \cdot m)] = 132.853 - 0.076\ 9 \times 体重 - 0.387\ 7 \times 年龄 + 6.315 \times 性别 - 3.264\ 9 \times 时间 - 0.156\ 5 \times 心率$。式中体重单位是磅(1 磅 = 0.453 61 千克),年龄单位是年,性别赋值为女性 = 0、男性 = 1,时间单位为分钟,心率单位为次/分。

2. 心功能简易测定法

心功能简易测定法是瑞典体育联合会在多年的科研工作中，研究出来的一种测定运动员心脏功能的简易方法。由于该方法简便实用，故被广泛应用于一般儿童青少年和运动员的心血管机能指标测量。

测试时首先让受试者静坐 5 分钟，测 15 秒脉搏数，乘以 4 得 1 分钟脉搏数（P_1）；然后令受试者做 30 秒 30 次深蹲，最后一次站起后测 15 秒即刻脉搏，乘以 4 得 1 分钟脉搏数（P_2）；休息 1 分钟后再测 15 秒脉搏数乘以 4 得 1 分钟脉搏数（P_3）。评价公式：心功能指数 $=（P_1 + P_2 + P_3 - 200）/10$。根据计算出的指数评价心脏功能，指数越小说明心脏功能越好。训练水平高者由于经常从事体能训练心肌机能水平提高，表现为安静时脉搏数减少，定量负荷时出现节省化现象，因此，负荷后即刻脉搏上升不明显，恢复得快，那么指数必然小；否则反之。所得指数小于或者等于 0 则心脏功能最好；1～5 为较好；6～10 为中等；11～15 较差；16 及以上为最差。但这一标准只适合于青少年运动员，在评价普通的儿童青少年的心脏机能时，应制订新的评价标准。

二、基础代谢率

基础代谢率的计算公式有很多种，分别对应不同方法，以下仅列举其中的三种，其中最常用的为第一种方法。如计算时取以下公式结果的平均值，则更为可靠：

Gale 法：基础代谢率% =（脉率 + 脉搏压）- 111

Reed 法：基础代谢率% = 0.75×（脉率 + 脉搏压×0.74）- 72

Kosa 法：基础代谢率% = 1.28×（脉率 + 脉搏压）- 116

测定基础代谢率是临床上诊断甲状腺疾病的简便而有效的方法。肾上腺皮质和垂体前叶激素分泌不足时，也可表现为基础代谢率降低。体温升高时，基础代谢率也升高。通常体温每升高 1℃，基础代谢率就升高 13%。人在长期饥饿或营养不足时，也会出现基础代谢率降低。此外，测定基础代谢率和在不同活动强度下的能量代谢率也是合理制订营养标准、安排人们膳食的依据。

如表 3-4 所示，基础代谢率因年龄性别有所差异。但在同一性别、体重和年龄组的正常人中基础代谢率很接近，其中约 90% 以上的人其代谢率与平均值相差不超过 15%。故临床上以此百分值作为正常值的界限，超过这一界限就被认为基础代谢异常。如甲状腺功能亢进的患者，其基础代谢率可比正常值高 20%～80%；而甲状腺功能低下者则比正常值低 20%～40%。若没有不适症状，基础代谢率只在正常范围内偏高，通常说明身体代谢速度较快，对营养的需求较大，常见于儿童、青少年和青年，尤其是经常体育锻炼的人群。

表 3-4　我国正常人基础代谢率平均值[kJ/(m^2·h)]

年龄（岁）	11～15	16～17	18～19	20～30	31～40	41～50	51 以上
男性	195.5	193.4	166.2	157.8	158.7	154.0	149.0
女性	172.5	181.7	154.0	146.5	146.9	142.4	138.6

第三节　身体素质评价

在日常生活的健康教育和竞技体育的运动训练中,对儿童青少年身体素质的测量与评价有着非常重要的意义。具体表现为:第一,通过测量可以全面了解儿童青少年身体素质的发展状况;第二,可以客观地评价健康水平和运动训练的效果;第三,可以为运动员选材、预测运动潜力提供重要的依据;第四,可以作为评价和诊断各种运动损伤的一种手段。

一、力量素质的测试方法与评价

儿童青少年的力量素质主要是指最大力量、速度力量、力量耐力。由于人体肌肉单独收缩完成某一动作的情形很少,所以人们往往不能确切评价某一块肌肉的力量,实际上是测量与评价某一肌群的力量。测量方法一般分为测量绝对力量和相对力量两种。绝对力量通过受试者在测试中所承受的最大负荷量来评价。相对力量通过受试者在测试中所承受的负荷量与其自身体重之比量来评价,如握力体重指数、背肌力测试等。

(一)力量:握力体重指数

受试者根据自己年龄选择握力计,用左手(或者右手)持握力计尽力抓握,左、右手各测两次。要求:测试时身体保持正直,双臂自然下垂,握力计切勿紧贴身体。每次抓握后,记录握力计指数针读数(千克),取测量最大值。

常见评价指标有握力值与握力体重指数(握力除以体重×100,单位:千克),数值越高,表示前臂肌肉力量越强。儿童青少年握力体重指数评价标准见表3-5。

表3-5　儿童青少年握力体重指数评价标准(kg)

年龄(岁)	性别	优	良	及格	不及格
6	男	≥10.70	8.15～10.69	5.38～8.14	≤5.37
	女	≥9.92	7.60～9.91	4.24～7.59	≤4.23
7	男	≥12.94	10.23～12.93	6.46～10.22	≤6.45
	女	≥11.66	9.24～11.65	5.61～9.23	≤5.60
8	男	≥15.20	12.01～15.19	7.65～12.00	≤7.64
	女	≥13.37	10.63～13.36	6.58～10.62	≤6.57
9	男	≥17.22	13.61～17.21	8.73～13.60	≤8.72
	女	≥15.40	12.30～15.39	7.78～12.29	≤7.77
10	男	≥19.80	15.64～19.79	10.09～15.63	≤10.08
	女	≥18.07	14.51～18.06	9.37～14.50	≤9.36

年龄（岁）	性别	优	良	及格	不及格
11	男	≥23.62	18.65～23.61	12.14～18.64	≤12.13
	女	≥21.11	17.05～21.10	11.29～17.04	≤11.28
12	男	≥29.26	23.25～29.25	15.25～23.24	≤15.24
	女	≥23.79	19.35～23.78	13.06～19.34	≤13.05
13	男	≥32.69	28.90～32.68	19.35～28.89	≤19.34
	女	≥25.71	21.02～25.70	14.35～21.01	≤14.34
14	男	≥41.11	33.87～41.10	23.47～33.86	≤23.46
	女	≥27.03	22.16～27.02	15.23～22.15	≤15.22

（二）腹肌耐力：直臂仰卧起坐

直臂仰卧起坐可测量腹部肌群肌耐力水平。受试者仰卧体操垫上，屈膝约 90°；背部贴紧垫子，双手伸直自然放于身体两侧的垫子上。在测试开始前受试者双手须放在靠近躯干的标志线后面，测试开始后受试者腹部发力使身体上抬并让双手超过远离躯干的标志线即为一次有效，然后还原至仰卧姿势（手回到靠近躯干的标志线），记录 1 分钟内完成的最多次数，途中可休息，然后再继续（图 3-27）。

图 3-27 直臂仰卧起坐

仰卧起坐的次数越多，表示腹肌耐力越好（表 3-6），对于儿童青少年来讲更容易维持身体正确的坐、立、行姿态，脊柱侧弯或变形的概率就会降低。

表 3-6 直臂仰卧起坐评价标准（次数）

年龄（岁）	性别	优	良	及格	不及格
6	男	≥35	28～34	13～27	≤12
	女	≥31	25～30	11～24	≤10
7	男	≥38	29～37	14～28	≤13
	女	≥36	26～35	13～25	≤12
8	男	≥42	29～41	15～28	≤14
	女	≥40	27～39	13～26	≤12

（续表）

年龄（岁）	性别	优	良	及格	不及格
9	男	≥42	30～41	15～29	≤14
	女	≥37	30～36	15～29	≤14
10	男	≥43	29～42	16～28	≤15
	女	≥36	27～35	16～26	≤15
11	男	≥44	31～43	17～30	≤16
	女	≥34	26～33	15～25	≤14
12	男	≥45	38～44	18～37	≤17
	女	≥35	28～34	17～27	≤16
13	男	≥43	36～42	19～35	≤18
	女	≥32	27～31	16～26	≤15
14	男	≥44	37～43	20～36	≤19
	女	≥31	25～30	15～24	≤14

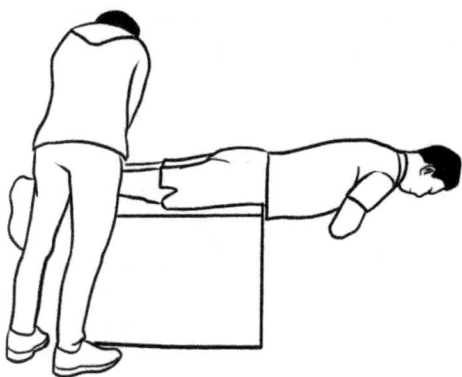

图 3-28　背肌耐力测试

（三）背肌耐力：曲臂悬垂

受试者在长凳或跳箱上俯卧，身体躯干悬空，髂前上棘位置在长凳或跳箱边缘，两手交叉放于胸前，固定住小腿（可采取由其他人员帮助或者皮带固定方式），身体保持在一个平面上（图3-28）。教练员记录参加测试运动员按要求保持身体位置的时间，若身体不能保持在一个平面时，要提醒一次，仍然无法满足要求停止测试。

（四）上肢肌耐力：俯卧撑/跪卧撑

两人一组，受试者双手俯撑地面与肩同宽，男性以前脚掌触地支撑，女生或者年龄较小的儿童可以用膝部触地支撑，躯干与大腿在整个动作过程中都要成一直线。待教练员发令后，便数其完成次数。每次肘关节必须屈曲至少90°，然后撑直肘关节才算有效一次，若中途有停顿，立即终止测试。俯卧撑/跪卧撑次数越多，表示上肢伸肌耐力越好。

（五）爆发力测试

爆发力是指肌肉在最短的时间内产生最高收缩速度和最大力量来克服阻力的一种能力，通常以力量增加的速度来计算。单位时间内肌肉所增加的力量越多，爆发力就越好。和成年人不同，一般儿童青少年的爆发力可能通过以下方法进行测量和评价。

1．立定跳远

立定跳远测试受试者向前跳跃时腿部肌肉快速收缩的能力。受试者双脚平行站立于起跳线后，屈髋屈膝摆臂，双脚原地起跳落入沙坑，也可在塑胶平地上进行测试。要求受试者起跳前身体任何部位不得触及起跳线，不得穿钉鞋参加测试。跳得越远，腿部肌肉快速收缩的力量就越强。

2. 纵跳

纵跳测试受试者垂直向上跳跃时下肢肌肉快速收缩的能力。受试者踏上纵跳板,双脚自然分开,呈直立姿势,准备测试。测试时受试者屈髋屈膝半蹲,双臂尽力后摆,然后向前上方迅速摆臂,伸髋伸膝双脚同时发力,尽力垂直向上跳起。当受试者下落至纵跳板后,显示屏显示测试值。以厘米为单位记录成绩,精确至 0.1 厘米,测 3 次,取最佳成绩。

要求起跳时,受试者双脚不能移动或有垫步动作;在起跳后至落地前,受试者不能屈膝屈髋;如果受试者没有下落到纵跳板内,则测试失败,须重新测试。纵跳测量值越大,则受试者下肢爆发力越好。

3. 前抛/后抛实心球

前抛/后抛实心球测试受试者双臂向前/向后爆发式用力的能力。受试者面向/背向投掷场区,双脚开立与肩同宽,双手持实心球置于体前。向前/后抛球时,可预摆一次,展体挺胸,双手将球经体前/头上向前/后抛出。要求球抛出后身体任何部位不得触碰场区,待球落地后,方可从投掷圈后半部退出。丈量投掷圈内圆至实心球落点前缘之间的距离(米),测试 3 次,取最佳值为测量成绩。

二、速度素质的测试方法与评价

速度素质是指人体快速进行快速运动的能力,按其在运动中的表现形式可分为:反应速度、动作速度和移动速度。

(一)反应速度

反应速度衡量的生理指标是反应时。在测量反应时时,一般采用的是听觉—反应时和视觉—反应时。比如:选择反应时测试。

选择反应时测试反映人体神经与肌肉系统的协调性和快速反应能力。使用电子反应时测试仪。测试时,受试者中指按住"启动键",等待信号发出,当任意信号键发出信号时(声、光同时发出),以最快速度去按该键;信号消失后,中指再次按住"启动键",等待下一个信号发出,共有 5 次信号。受试者完成第 5 次信号应答后,所有信号键都会同时发出光和声,表示测试结束。测试两次,取最好成绩,以秒为单位,保留小数点后两位。

(二)动作速度

评价动作速度快慢大多应用动作时测试,动作时是指动作开始到动作完成时所需要的时间。由于不同动作的动作时不同,所以没有统一的动作时来评价动作速度。可以用单位内重复动作的次数来评价动作速度,比如短跑训练中的摆臂次数/10 秒;跆拳道训练中踢腿次数/时间。

1. 两手快速敲击测试

测量儿童青少年运动员两手快速交替重复特定动作的能力。受试者站在测试车前,调节金属触板与其髂嵴同高。令受试者两手各持一支金属棒,用食指按住棒的前端(以免敲击时棒杆弹动)。听令后,两手快速交替敲击金属触板。测试 3 次,每次 10 秒。记录计数器的数值(10 秒内重复的次数),取最佳成绩。敲击次数越多,表明受试者上肢动作速度越快(表 3-7)。

表 3-7　男青少年田径运动员两手快速敲击测验成绩(次)

统计量	11～12 岁	15～17 岁
$\overline{X}$	88.1	93.2
S	18.1	16.7

2. 脚掌轻踏测试

测量儿童青少年运动员两脚快速交替重复特定动作的能力。测试时受试者坐于凳子上,小腿垂直于地面,两脚自然分开。听令后,两脚掌快速地交替抬起、放下,要求脚跟不能离开地面。时间为 10 秒,10 秒后记录动作频率计数器的频率数。测试 3 次,取最佳值。两脚交替动作次数越多,表明受试者腿部动作速度越快。

(三)移动速度

移动速度是单位时间里机体快速移动的能力。移动速度在周期性运动中往往以单位时间通过的距离,或通过一定距离所用的时间来表示,如跑速、游速等。位移速度的测评主要有定距计时和定时计距两种方法。定距计时法主要有:30 米跑、50 米跑、60 米跑、100 米跑及 30 米途中跑等;定时计距法主要有:4 秒冲刺跑、6 秒冲刺跑等。

儿童青少年的移动速度大多采用 30 米跑来评价移动速度(表 3-8)。田径场地取直道30 米,受试者至少 2 人一组,以站立式姿势起跑。听到起跑信号后即刻快速跑向终点。不得抢跑或串道,测试 2 次。取两次测试中最好的一次记录成绩,时间精确至 0.1 秒。时间越短,表明受试者的快跑能力越强。

表 3-8　儿童青少年 30 米跑评价标准(秒)

年龄(岁)	性别	优	良	及格	不及格
6	男	≤6.52	6.53～7.10	7.11～7.57	≥7.58
	女	≤6.83	6.84～7.34	7.35～7.78	≥7.79
7	男	≤6.20	6.21～6.52	6.53～7.01	≥7.02
	女	≤6.50	6.51～6.93	6.94～7.28	≥7.29
8	男	≤6.01	6.02～6.48	6.49～6.89	≥6.90
	女	≤6.31	6.32～6.72	6.73～7.17	≥7.18
9	男	≤5.79	5.80～6.05	6.06～6.38	≥6.39
	女	≤6.27	6.28～6.53	6.54～6.91	≥6.92
10	男	≤5.55	5.56～5.98	5.99～6.24	≥6.25
	女	≤5.88	5.89～6.13	6.14～6.62	≥6.63
11	男	≤5.34	5.35～5.77	5.78～6.14	≥6.15
	女	≤5.48	5.49～5.91	5.92～6.34	≥6.35

年龄(岁)	性别	优	良	及格	不及格
12	男	≤5.22	5.23～5.61	5.62～6.07	≥6.08
	女	≤5.73	5.74～6.01	6.02～6.38	≥6.39
13	男	≤5.21	5.22～5.62	5.63～6.20	≥6.21
	女	≤5.95	5.96～6.31	6.32～6.74	≥6.75
14	男	≤5.17	5.18～5.56	5.57～6.18	≥6.19
	女	≤6.03	6.04～6.49	6.50～6.92	≥6.93

三、耐力素质的测试方法与评价

人体耐力素质，除了伴随着内脏器官功能，尤其是心血管系统功能为主的心肺功能的改善，还表现为人体的骨骼肌和关节韧带等运动结构能够承受更长时间的负荷，以及在心理上对于克服长时间运动所产生的疲劳的耐受程度。在评价耐力素质时，除了归属于心肺功能的有氧耐力的测试以外，还包括了归属于力量耐力的肌耐力测试。

（一）20米往返跑

20米往返跑是一种亚极限负荷的有氧能力推广测试方法，也称渐进性心血管有氧耐力跑，是莱杰(Leger)在1988年创立的，原理接近心肺功能的实验室测试。国内外多项研究均证实20米往返跑评价儿童青少年有氧能力的有效性和可靠性。20米往返跑可以在室内外进行，不受气候和场地差异的影响，不需要测量心率，比台阶试验更易实施，具有广泛的适应性。

测试时受试者在相隔20米的两条线之间进行由慢到快的往返跑(图3-29)，跑步节奏按照音乐节拍器的控制，在听到"滴"样哨音指令后开始向对面跑，以踏上或者踏过端线为标准，按规定的时间往返完成每段20米的距离。初始跑步速度为8 km/h，每过1分钟节奏加快一级，速度增加0.5 km/h。当受试者经反复鼓励，连续3次不能在规定时间内按要求踏上或踏过端线，或感到确实无法坚持运动时，停止测试。记录下最后阶段的速度级别，代入Leger回归方程式计算VO_{2max}，或记录下最终跑完的距离(往返次数)，评价标准见表3-9。

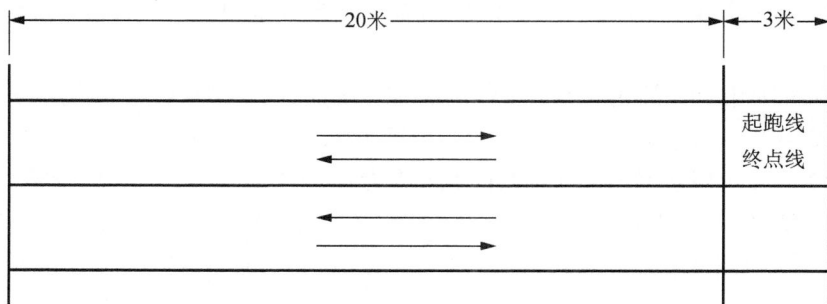

图3-29 20米往返跑示意图

表 3-9　20 米往返跑评价标准（次）

年龄（岁）	性别	优	良	及格	不及格
6	男	≥20	13～19	7～12	≤6
	女	≥19	13～18	7～12	≤6
7	男	≥25	17～24	9～16	≤8
	女	≥20	14～19	9～13	≤8
8	男	≥27	18～26	10～17	≤9
	女	≥24	17～23	11～16	≤10
9	男	≥32	22～31	14～21	≤13
	女	≥26	18～25	13～17	≤12
10	男	≥34	24～33	16～23	≤15
	女	≥28	21～27	16～20	≤15
11	男	≥34	26～33	18～25	≤17
	女	≥29	24～28	17～23	≤16
12	男	≥32	23～31	17～22	≤16
	女	≥30	23～29	16～22	≤15
13	男	≥34	26～33	18～25	≤17
	女	≥29	23～28	17～22	≤16
14	男	≥36	27～35	19～26	≤18
	女	≥28	22～27	16～21	≤15

（二）12 分钟跑

该方法于 20 世纪 60 年代由美国得克萨斯州达拉斯市有氧运动中心主任库珀提出，是目前国际上颇为盛行的一种测试青少年心血管耐力的方法。

400 米标准田径场，将一圈跑程八等分，每段距离为 50 米。若为 300 米或者 200 米田径场，可将一圈跑程六等分或者四等分。若无专用田径场可选择一块 100 米长度的平坦地面，进行往返跑。每一名受试者需要一名计时员（兼计圈员）。发令起跑后，尽自己最大努力跑完 12 分钟，该受试 12 分钟内跑完的距离即为测验成绩。每名计圈员要记住受试者跑过的圈数。当听到"停跑"信号后，即刻记下受试者的所在点。

测验成绩 = 圈数×400 + 最后一圈跑的段数×50 + 最后一段所跑的距离。例如：12 分钟跑了 5 圈又 3 段，最后一段跑了 8 米，则该受试者 12 分钟跑的成绩为：5×400 + 3×50 + 8 = 2 158 米。

13～17 岁青少年（男）评价标准为：很差（<2.08 千米）；较差（2.08～2.18 千米）；一般（2.19～2.49 千米）；较好（2.50～2.75 千米）；良好（2.76～2.97 千米）；优秀（>2.98 千米）。13～17 岁青少年（女）评价标准为：很差（<1.60 千米）；较差（1.60～1.89 千米）；一般（1.90～2.06 千米）；较好（2.07～2.29 千米）；良好（2.30～2.41 千米）；优秀（>2.42 千米）。

四、柔韧素质的测试方法与评价

柔韧素质取决于运动时关节活动的幅度或范围的大小，以及跨过关节的韧带、肌肉、肌腱、皮肤及其他组织的弹性和伸展能力。

关节活动度受到关节周围组织，如关节囊、韧带和肌腱等的紧张度和肌肉群黏滞性以及年龄、性别、环境温度等因素的影响。所以，对关节活动度的评价具有一定的局限性。目前，还没有一个独立的评测方法可以准确地评价全身柔韧素质。柔韧性可以区分为静态柔韧性和动态柔韧性两种，静态柔韧性常用关节活动度来表示，动态柔韧性常用转动力矩表示。因此，测量也分为两类，即静态柔韧性测量和动态柔韧性测量。

静态柔韧性测试是基于一个或一组关节活动范围的长度或角度来进行测量，并被分为多关节和单关节测试。长度测量用线性位移来间接测量柔韧性，受人体测量因素的影响较大。角度测量用角度位移直接反映总的关节活动范围，可以避免人体测量因素的影响。多关节静态柔韧性测试常用于现场测试。单关节测试能减少人体测量因素的影响，能更好地将肌肉—肌腱单元柔韧性分开。静态柔韧性测试可通过直接测量来进行，也可通过间接测量来进行。直接测量具有测量准确的优点，适用于个体或组间进行比较，或者用于评价关节活动范围以确定是否有关节损伤；间接测量具有简易快速，设备费用低的优点，适用于大规模普查或专门的柔韧练习。经常测量部位包括：肩关节、肘关节、腕关节、躯干、髋关节、膝关节和踝关节等。

动态柔韧性测试中，由于设备昂贵和个体间的差异，会导致标准化程度不够健全以及没有严格统一的标准和正常值参照。所以，动态柔韧性测试目前仍局限于在实验室进行相同人群前后对比试验研究。

（一）坐位体前屈

坐位体前屈主要测试受试者髋关节的活动度和大腿后群肌肉和韧带的伸展能力。测试时，受试者坐在垫上，双腿伸直，脚跟并拢，脚尖自然分开，全脚掌蹬在测试仪平板上；然后掌心向下，双臂并拢平伸，上体前屈，用双手中指指尖推动游标平滑前移，直至不能移动为止。测试两次，取最大值，记录以厘米为单位，保留小数点后一位。测试时，膝关节不得弯曲，不得有突然前振的动作。评价标准见表3-10。

表3-10 坐位体前屈评价标准（厘米）

年龄（岁）	性别	优	良	及格	不及格
6	男	≥14.64	8.25～14.63	2.48～8.24	≤2.47
	女	≥16.53	11.42～16.52	4.17～11.41	≤4.16
7	男	≥13.8	8.11～13.7	2.34～8.10	≤2.33
	女	≥16.40	11.06～16.39	3.72～11.05	≤3.71
8	男	≥13.08	7.07～13.07	2.09～7.06	≤2.08
	女	≥16.27	10.69～16.26	3.30～10.68	≤3.29

年龄（岁）	性别	优	良	及格	不及格
9	男	≥12.62	7.22～12.61	1.89～7.21	≤1.88
	女	≥16.17	10.35～16.16	2.95～10.34	≤2.94
10	男	≥12.41	6.99～12.40	1.76～6.98	≤1.75
	女	≥16.20	10.11～16.19	2.67～10.10	≤2.66
11	男	≥12.40	6.90～12.39	1.69～6.89	≤1.68
	女	≥16.47	10.06～16.46	2.48～10.05	≤2.47
12	男	≥12.83	7.09～12.82	1.71～7.08	≤1.70
	女	≥17.00	10.22～16.99	2.37～10.21	≤2.36
13	男	≥13.81	7.62～13.80	1.84～7.61	≤1.83
	女	≥17.61	10.47～17.60	2.32～10.46	≤2.31
14	男	≥15.08	8.35～15.07	2.04～8.34	≤2.03
	女	≥18.21	10.78～18.20	2.33～10.77	≤2.32

（二）俯卧背伸

俯卧背伸测试胸椎关节活动度和腰背柔韧性。受试者俯卧、双手抱颈，两腿伸直，分开45°固定，测验者压住受试者的臀部和大腿部，让受试者尽量高抬头部，测量下颌距地面的高度。注意测量时勿猛抬上身，可加保护。数值越大说明躯干和颈部的伸展能力就越好（表3-11）。

表3-11 俯卧背伸评分表（厘米）

年龄（岁）	性别	不及格	及格	良	优
6～11	男	≤35	36～49	50～56	≥57
	女	≤38	39～52	53～58	≥59
12～14	男	≤36	37～56	57～66	≥67
	女	≤37	38～57	58～66	≥67

（三）旋肩

旋肩测试人体肩关节活动度。测试时身体直立，双脚与肩同宽，两肩在胸前充分伸直。两手握棍，直臂由前向后旋肩，测量两手拇指之间的距离。测量时勿弯曲肘关节，两肘高度一致。建议开始测试时，两拇指距离稍远。两拇指间距离减去肩宽等于旋肩指数，该指数越小，肩带柔韧性越好。人体肩关节正常运动范围见表3-12。

表3-12 人体肩关节正常运动范围

运动方向	运动范围（°）	运动方向	运动范围（°）
屈	0～180	伸	0～50

（续表）

运动方向	运动范围（°）	运动方向	运动范围（°）
外展	0～180	内收	0
外旋	0～90	内旋	0～90
水平屈	0～135	水平伸	0～30

（四）踝关节背屈

踝关节背屈评价踝关节活动度。测试时受试者面向墙站立，脚跟着地，身体前倾。要求下颌、前胸及双手触墙。两膝必须伸直，脚跟不能离地，测量下巴距离地面的高度与脚尖至墙壁距离。踝关节背屈指数＝下巴距离地面的高度－脚尖至墙面的距离，指数越小，则伸踝功能越好。

五、协调素质的测试方法与评价

协调素质是控制身体各部分共同完成复杂动作的能力，包括平衡、变向等运动形式。协调测试时可分为肢体动作协调和手眼协调两类，包括手眼协调、双上肢动作协调、上下肢动作协调等。

（一）肢体动作协调测试

肢体动作协调测试采用布鲁氏动作技能熟练度测试（Bruininks-Oseretsky Test of Motor Proficiency-2nd Edition，BOT-2）的双侧肢体动作协调分量表。具体测试项目包括：①闭目双手食指轮流摸鼻；②双手拇指、食指交替旋转；③开合跳；④同手同脚摆臂跳；⑤对侧手脚摆臂跳；⑥同侧同步抬手抬脚；⑦异侧同步抬手抬脚。动作①②测试双手双臂间动作协调，动作③测试上下肢协调，动作④⑤测试左右两侧肢体间协调，动作⑥⑦测试上下左右肢体动作协调配合。4类动作难度依次递进，基本涉及全身所有肢体端的协调配合形式。在测试记分上，先记录儿童每个动作完成的次数为原始分，转化为1～15分的点分数，再将7项点分数求和，根据月龄、性别对照常模，转化为1～31分的动作协调分量表得分，分数越高代表动作发展越好。

（二）手眼协调测试

手眼协调测试采用第2版儿童动作技能测试量表（Movement Assessment Battery for Children Test-2nd Edition，MABC Test-2）中的抛接技能分量表。抛的动作要求儿童依次将10个12厘米×12厘米的豆袋抛向直线距离1.8米之外的目标地垫，以成功击中目标的次数记录原始分。接的动作要求儿童双手依次抓取直线距离1.8米之外抛过来的豆袋10次，以成功抓取豆袋的次数记录原始分。对照常模将原始分按月龄转化为项目标准分。再将2个项目求和为抛接技能总分，再转化为1～19分的分量表得分，分数越高代表抛接技能越好。

（三）横跨跳测试

6～14岁儿童青少年运动员协调性素质可以采用横跨跳测试,测试时站在测试区域,双脚与肩同宽,膝关节稍屈。听到信号音后,迅速向左右两侧跳跃。只要脚底稍离开地面并抵达左右两侧测试区域,即可记为一次,测试时间共15秒。测试过程中不需要将脚抬得太高,只要让脚离开测试区域就可以。评价标准见表3-13。

表3-13 横跨跳评价标准（次）

年龄（岁）	性别	优	良	及格	不及格
6	男	≥28	21～27	15～20	≤14
	女	≥27	20～26	14～19	≤13
7	男	≥30	24～29	17～23	≤16
	女	≥28	23～27	16～22	≤15
8	男	≥32	24～31	18～23	≤17
	女	≥28	23～27	17～22	≤16
9	男	≥33	26～32	19～25	≤18
	女	≥30	23～29	18～22	≤17
10	男	≥35	26～34	20～25	≤19
	女	≥30	24～29	18～23	≤17
11	男	≥36	26～35	20～25	≤19
	女	≥32	26～31	19～25	≤18
12	男	≥37	28～36	21～27	≤20
	女	≥33	27～32	20～26	≤19
13	男	≥38	30～37	23～29	≤22
	女	≥34	28～33	22～27	≤21
14	男	≥40	31～39	24～30	≤23
	女	≥35	29～34	23～28	≤22

（四）闭眼单脚站立

闭眼单脚站主要测试协调素质中的平衡能力。采用电子闭眼单脚站立测试仪,受试者双脚依次踏上测试板,其中习惯支撑脚站在中间踏板上,另一只脚站在周边踏板上。受试者闭眼,抬起周边踏板上的脚,测试仪开始计时。当受试者的支撑脚移动或抬起脚着地时,测试结束,显示屏上显示测试值。测试2次,取最好成绩,以秒为单位,不计小数。评价标准见表3-14。

表3-14 闭眼单脚站立评价标准（秒）

年龄（岁）	性别	优	良	及格	不及格
6	男	≥19	7～18	3～6	≤2
	女	≥21	12～20	3～11	≤2

年龄(岁)	性别	优	良	及格	不及格
7	男	≥27	14～26	3～13	≤2
	女	≥30	18～29	4～17	≤3
8	男	≥32	20～31	4～19	≤3
	女	≥35	20～34	5～19	≤4
9	男	≥35	22～34	5～21	≤4
	女	≥41	26～40	7～25	≤6
10	男	≥31	22～30	6～21	≤5
	女	≥40	27～39	9～26	≤8
11	男	≥38	25～37	8～24	≤7
	女	≥44	27～43	12～26	≤11
12	男	≥44	28～43	10～27	≤9
	女	≥47	29～46	14～28	≤13
13	男	≥45	27～44	12～26	≤11
	女	≥46	30～45	16～29	≤15
14	男	≥44	29～43	14～28	≤13
	女	≥47	32～46	18～31	≤17

（五）10 米往返跑

10 米往返跑测试主要反映快速变向能力。在平坦场地上画长 10 米、宽 1.22 米的跑道,折返线处设一手触物体(如木箱),在跑道起、终点线外 3 米处各画一条线。测试时,受试者至少两人一组,以站立式起跑姿势站在起跑线前,当听到"跑"的口令后,全力跑向折返线,教练员视受试者起动开表计时。受试者跑到折返处,用手触摸物体后,转身跑向目标线,当胸部到达起终点线的垂直面时,测试员停表。记录以秒为单位,保留小数点后一位。小数点后第二位数按"非零进一"的原则进位,如 10.11 秒记录为 10.2 秒。时间越短,表明受试者的灵敏性越好。

六、灵敏素质的测试方法与评价

灵敏素质是灵活控制身体和随机应变的能力。在专项运动中是个体的动作技术以及各种其他身体素质在运动过程中综合表现出来的一种能力。

六角反应球测试评定受试者开放式情境下表现出的灵敏能力。测试时,六角球从 2 米高度近似自由落体落下,受试者位于距六角球投影点正前方 2 米,在六角球落地瞬间,以最快的速度抓球,每名受试者测试 3 次。为确保六角球落地后反弹方向的随机性,选择的地面应该尽可能地平整;为保证数据的准确性,通过测试过程的全程回放采集数据。很多儿童并不能一次就成功抓到球,而是尝试多次,"尝试抓到球的次数"指标是指学生抓到球为止的次数。其中身体综合灵敏能力以"抓球使用时间"这个指标来衡量。抓球使用时间基本上能够反映出学生的整体灵敏性,时间使用越少,说明其灵敏性越好。还可根据六角球测试反映指标特点,分别将身体重心变化方式、上肢控制物体能力、下肢位移步法特征指标作为反映儿童青少年局部灵敏性的指标。

第四节　专项体能评价

专项体能评价是以提升运动员专项竞技表现为首要目标,对运动员完成专项技术动作时所需的身体形态、生理机能以及运动素质水平进行分析与评估的过程。在对运动员专项体能水平的评价中,离不开对于运动项目特点的深刻理解,只有厘清专项的项群特征、生理学供能特点、动作的运动模式以及比赛制胜规律,才能够制定出因项目而异的评价体系。

一、专项体能评价现状

由于各运动专项特点差别较大,目前国内专项体能评价方法也千差万别。根据竞技能力主导因素的项群划分,我们对现有的一些项目的专项体能评价进行了汇总(表 3-15),教练员可根据自己所从事专项的项群特点,借鉴应用到训练实践中去。

表 3-15　专项体能评价手段一览表

项群	评价对象/作者	评价层次	具体评价手段
技战能主导类同场对抗性项群	青年篮球运动员/谭某	1. 身体机能 2. 身体素质 3. 技能体能 4. 心理	(1) 心率、肺活量、最大通气量、运动后心率 (2) 速度:三角折返跑、变距折返跑 　　跳跃:立定多级跳、助跑摸高、连续纵跳 　　耐力:1 500 m、3 000 m (3) 专项速度:防守脚步移动、综合运球、对墙快速传球、10 点 20 次跳投 (4) 专项耐力:不同位置的大强度接球急停跳投、大负荷突破运球上篮、内线大强度连续投篮 (5) 反应时、操作思维、情绪稳定、意志品质
	甲级队足球运动员/崔某	1. 有氧耐力 2. 非乳酸无氧能力	(1) YO-YO 测试 (2) 速度:伊利诺伊动作灵敏性测试 　　力量:原地双脚纵跳测试
	U17 青少年男子篮球运动员/张某	1. 速度 2. 力量 3. 耐力 4. 灵敏	(1) 5 m 冲刺跑、100 m 跑 (2) 1 min 仰卧起坐、八级腹桥 (3) 1 000 m 跑、10 m×4 折返跑 (4) 助跳单手摸高、立定跳远
技能主导类隔网对抗性项群	优秀女子沙滩排球运动员/张某	1. 身体形态 2. 身体素质 3. 身体机能	(1) 充实度:去脂体重 　　高度:手足间距 　　围度:上臂围差 　　长度:踝围

项群	评价对象/作者	评价层次	具体评价手段
			(2) 柔韧类：坐位体前屈 爆发力：掷实心球、助跑摸高 耐力类：渐进式折回跑 速度灵敏类：X字移动 (3) 无氧能力：无氧功 有氧能力：最大摄氧量
	国家排球队二线队伍队员（男）/金某	1. 身体形态 2. 身体素质 3. 身体功能 4. 健康水平	(1) 肢体长度：小腿长 身体成分：克托莱指数 肌肉发达程度：上臂围差 (2) 弹跳力：助跑摸高 移动能力：V形移动 专项力量：斜板仰卧起坐 上肢爆发力：羽毛球掷远 协调能力：双摇跳绳 (3) 运动机能：血清睾酮 恢复机能：血尿素氮 心肺机能：血红蛋白 (4) 既往史：既往史恢复情况 现病史：现病史损伤程度
技能主导类隔网对抗性项群	国家排球队二线队伍队员（女）/张某	1. 身体形态 2. 身体素质 3. 身体机能 4. 健康水平	(1) 身体围度：踝围 肢体长度：手足间距 身体成分：体脂率 (2) 专项力量：挺举 移动能力：米字移动 弹跳力：助跑摸高 协调能力：双摇跳绳 (3) 运动机能：血清睾酮 恢复机能：血尿素氮 心肺机能：血红蛋白 (4) 既往史：既往史损伤情况 现病史：现病史恢复程度
	优秀男子水球运动员/韩某	1. 专项力量 2. 专项速度 3. 专项耐力	(1) 25 m冲刺游 (2) 水中高支撑快速传球、水中跃起摸高、水球掷远 (3) 5 m×16往返快速游、负重踩水
技能主导类格斗性项群	优秀击剑运动员/周某	1. 基础指标 2. 素质指标 3. 身体功能 4. 认知功能 5. 伤病指标	(1) 年龄、身高、体重、体成分 (2) 核心区类：八级腹桥 速度类：30秒双飞跳绳、30米、5-9-14米折返跑 力量类：立定跳远、杠铃组合 耐力类：3 000米 专项类：2-5-7米弓步往返、10次弓步刺靶 (3) FMS、Y平衡测试 (4) 简单反应时、注意力

项群	评价对象/作者	评价层次	具体评价手段
技能主导类准确性项群	高水平女子高尔夫运动员/许某	1. 身体形态 2. 身体素质 3. 身体机能	（1）肩关节、腰部、膝关节、踝关节、腕关节 （2）长度:身高、臂展、坐高 　力量:杠铃平板卧推最大重量、杠铃半蹲最大重量、三姿支撑 　爆发力:纵跳、侧抛实心球 （3）速度:30 m 冲刺跑 　灵敏:"米"字跑测试 　柔韧:体前屈、坐姿胸椎转动 　平衡:Y 平衡测试 　协调:单脚闭眼站立 　有氧耐力:3 000 m 跑 （4）基础运动功能:FMS
	优秀射箭运动员/袁某	1. 身体形态 2. 身体成分 3. 身体机能 4. 身体素质 5. 尿常规	（1）身高、体重、指距、前臂长、手长 （2）体脂百分比、瘦体重、整体水分 （3）安静状态心电图、心率、最大肺活量、肺活量/体重指数、心功能指数 （4）转肩距离测量、马步下蹲时间测量 （5）尿葡萄糖、蛋白质、胆红素、尿胆原、pH、潜血、酮体、亚硝酸盐、白细胞和比重
技能主导类难美性项群	高水平健美操运动员/张某	1. 身体形态 2. 身体机能 3. 身体素质	（1）克托莱指数 （2）心功能指数 （3）30 s 提臀起、1 min 屈体分腿跳、坐位体前屈、提倒立、800 m 跑
体能主导类项群	优秀男子全能运动员/祖某	1. 身体形态 2. 身体素质 3. 身体机能	（1）身高、身体成分:克托莱指数、体重 （2）弹跳力:立定三级跳远 　速度素质:站立式 60 m 跑 　专项力量:卧推杠铃 　耐力素质:1 200 m 跑 　协调能力:后抛铅球 （3）心肺功能:肺活量/体重 　身体机能:最大摄氧量
	优秀男子公路自行车运动员/周某	1. 有氧能力 2. 无氧能力 3. 力量素质	（1）VO_{2max} 测试 （2）无氧阈测试、无氧功测试 （3）等速肌力测试
	优秀短道速滑运动员/陈某	1. 身体形态 2. 身体机能 3. 身体素质	（1）克托莱指数、下肢长/身高 （2）30 s 平均无氧功、肺活量/体重 （3）立定三级跳远、1 000 m 滑跑、100 m 冰上起跑、立定跳远
	14~17 岁优秀女子 800 m 自由泳运动员/姚某	身体素质	50 m 冲刺游、引体向上、俯卧两头起、戴划手掌 20×50 m 游、立定跳远、3 000 m 自由泳、肩关节柔韧指数、双摇跳绳

现有研究的成果多以国内顶级水平运动员为主,以入选国家队的队员作为测试对象,能够

着眼于专项体能的上限水准为提升专项运动表现助力。对于评价层次的考量多以身体形态、身体机能和身体素质三方面进行划分,少数学者也将健康水平和损伤情况列入评价标准中。

具体的评价方法在运动员形态和机能上大同小异,但在身体素质环节展现出鲜明的专项特点。此外,鲜有有关运动模式对于专项贡献的评价。对于评价指标的初选仅有少部分文献给出多学科理论支撑,指标筛选多依据专家访谈法进行,能够将构建出的评价模型在训练实践中进行实效验证的成果也并不多见。

因此,在专项体能评价方法的选取上,应在初始环节深入斟酌评级指标背后的理论依据,并在筛选中将主观和客观研究方法结合,将最终确定出的评价体系在训练状态诊断中加以验证与运用。

二、专项评价体系的建立

一般来说,专项体能评价体系在结构上由评价指标、指标权重及评价标准三部分组成。专项体能评价体系,可以经过以下 4 个步骤来建立。

(一)确定评价对象和目标

处于不同发展阶段的运动员在进行专项体能评价时,会有不同的目的。在对青少年运动员这一特定评价对象进行体能评价时,我们应注意:青少年运动员多处在全程性多年训练计划中的基础训练阶段或专项提高阶段,这两个阶段的主要任务是全面发展,体能训练和评价多以一般体能和功能性运动模式为主。

(二)确定评价指标体系

要使运动员的体能系统长期、稳定和协调地发展,并充分发挥其对专项的贡献,取得最大的效益,应建立合理的系统结构。只有建立了合理稳定的体能系统向专项技战术转换的结构,才可使专项体能系统发挥良好的效益,最终使这种效益产生总体的协同放大,从而使运动员的整体运动表现水平有所提高。专项体能评价的目的就是来检验这一系统结构和功能的合理性和有效性。

(三)确定评价指标的权重

为了探析反映运动员专项体能水平的主要指标与其专项成绩的关系,以分辨各指标在专项成绩中的贡献作用,可以运用灰色系统理论的灰色关联度分析方法,对影响运动员成绩的体能的诸多因素进行分析,计算出的关联度的大小(反映体能指标与专项成绩间的灰色相关高低),即从侧面反映它们对运动成绩的贡献大小,并在此基础上排出各项入选指标的关联序,找出影响运动员专项体能的主要因子(权重较大的指标作为提高其专项体能训练质量的关键所在,以便为运动员的科学体能训练提供理论依据)。入选指标的灰色关联度不仅可以反映它们对运动员专项成绩影响的大小,而且可以依据它们的关联度,求出每项指标对专项成绩的权重配置。权重系数的建立,可加深对各指标与运动成绩间关系的认识,正确认识运动员体能各因素对专项成绩的贡献量大小,而且也有助于对运动员的专项体能水平进行综合评价。

（四）设计评价标准

运动员体能水平的综合评价，即确定各入选指标在综合评价中的价值和地位。对运动员进行体能综合评价时，我们可以很容易地根据指标单项评分表查出其各单项得分，然后根据各指标权重的大小，计算出其体能综合评价得分。在对反映运动员体能水平单项评分评价的基础上，根据各指标对专项成绩影响的大小（即权重）进行评价。为此，我们可以计算出每名运动员专项体能的综合评价得分。

思考题

1. 如何利用体重指数（BMI）和体脂率来评价运动员的训练情况？

2. 动作模板评价有哪些内容，结合自己的专项，叙述动作模板对青少年运动员专项技能形成的重要作用。

3. 从各个身体素质中评价方法中各选取一种方法，组成青少年运动员身体素质评价指标和评价体系。

第三章思考题

第四章

青少年运动员体能训练分期及计划安排

　　系统的、持续的运动训练过程需要分解成若干个组织周期,称之为训练分期。不同时间跨度的多个周期组合成循序渐进的运动训练过程。一项具有系统性、持续性且分期安排合理的运动训练活动,对体能水平的增长有着重要的作用。为了渐进式提高青少年运动员的体能训练水平,运动员必须在运动训练活动中接受适应性改造。运动员需要持续地多次承受运动负荷,才能使体能训练效应不断累加。在一个年度、一个阶段的体能训练中,也要保持良好的连续性。

　　对于参加运动的儿童青少年而言,将训练分期原则融入他们的训练之中至关重要。无论运动员创造最佳表现的潜力如何,他们都应经历从全面发展阶段到专项训练阶段的过程。一项有效的训练计划和训练负荷设计必须符合每名儿童青少年的身心特征。首先,在全面发展阶段,儿童青少年体能训练可以以基础动作模式、基本动作技能为内容,围绕建立良好的身体形态、身体机能和身体素质的过程来进行训练。鼓励儿童青少年全面发展各种基础技能,使其得到全方位的训练,并提倡将这种已获得的基础能力运用到其整个运动生涯之中,坚实的基础终会使运动员获得最佳的赛场表现以及减少运动风险的发生。然后,循序渐进地加入运动专项训练,运动员逐渐地形成专项运动能力。全面发展阶段的主要目的是为运动员有效发展复杂运动能力构筑坚实的基础,确保他们能够平稳地过渡到专项训练阶段。在专项训练期,运动员可以选择自己喜欢参与的运动项目以及在该项目(集体类项目)中的位置。一旦运动员开始专项化训练,就可以逐渐增加训练的强度和训练量。青少年阶段体能状况随着年龄增长不断变化,且个体差异较大,应个性化地安排训练计划,在专项化的最后阶段则要聚焦于运动项目上的高水平表现。

第一节　体能训练起始状态诊断与训练目标设定

一、运动负荷

　　没有负荷的训练,机体就会失去外来的压力和刺激,也不会产生新的训练适应现象,竞技能力也就得不到发展和提高。运动负荷是指以各种身体练习为基本手段对运动员机体施加的训练刺激。运动负荷包括外部负荷和内部负荷。

外部负荷是指人体外部的各种有目的、有控制的负荷对人体所施加的刺激。具体地说是指运动员在训练和比赛中实际承受的各种身体活动工作量和心理刺激量的总称。如各种身体练习的重量、组数、次数、距离等外部负荷量度的指标，以及裁判员错判、漏判的次数和观众的噪声等外部心理刺激量的程度等。

内部负荷是指运动员的机体在承受外部刺激时所表现出来的内部应答反应。这种应答反应不仅表现在生理上，也表现在心理上，这种生理和心理上的应答又是随着外部负荷的变化相对应地发生变化，即外部负荷越大，内部反应就越强烈。表示内部负荷的常用指标有：血压、脉搏、最大吸氧量、血乳酸等生理指标和注意力、反应时、紧张度等心理负荷指标。

在运动训练中任何运动负荷都是由负荷量和负荷强度两个因素构成的。这两种负荷因素不同的搭配和组合，形成不同形式的训练方式，产生不同的训练效果。

负荷量是指运动员的机体在承受一定外部刺激总量和进行持续、连贯的身体活动时，所表现出的内部负荷的量度。它反映着负荷时机体刺激的数量特征。机体对适度负荷量的反应一般来说比较缓和、不强烈，机体所产生的适应程度也较低，相对来说比较稳定，消退也慢。反映负荷量大小的指标通常有总时间、总重量、总距离、次数（组数）等。总时间是指一个单位（一年、一周、一次课或一种练习等）中训练的时间；总重量指完成负重练习的总累积数；总距离指完成各种周期性线性运动练习的距离；次数（组数）指特定时间训练中重复练习的数量。

负荷强度是指在单位时间里或单个（单组）动作中，运动员机体所承受的一定外部负荷量所引起的内部应答反应的程度。它反映着负荷对机体的刺激深度。由负荷强度刺激所引起机体的反应一般来说比较强烈，能较快地提高机体各器官系统的机能水平，所产生的适应性影响也比较深刻。但相对来说，这种适应效果不太稳固，也很容易消退。负荷强度的高低通常用练习的密度、质量、难度、高度、远度、速度及单项练习的负重量予以衡量。密度是以练习与练习之间时间间隔的长短，或一次训练课中练习时间占课的总时间的比例来衡量；高度、远度、速度、负重量是以不同运动项目训练中用力的程度来衡量；难度是指完成练习动作的难易程度；质量是指完成动作的精确程度。

负荷量和负荷强度是运动负荷中相互联系、不可分割的两个方面。有一定的量就有一定的强度；反之，有一定的强度的练习就有一定的量。机体能承受较大的强度，就能承担较小强度的较大的量，同样，机体能承受较大的量，就能承担较小量的较大强度。量的增加能为强度的提高打下基础，强度的提高又可为量的增加创造有利的条件。两者相辅相成，相互促进，共同提高，从而形成运动员负荷逐步增加的趋势。

根据运动员的不同性别、不同年龄、不同项目、不同训练水平，因材施教，给以客观、准确的负荷量度。当运动员对原有负荷量度适应以后，应相应地继续提高负荷水平。在整个训练过程中，要及时进行检查评定，并对负荷量度安排的适宜程度进行科学的评估和控制。应根据不同阶段的训练目标和任务，合理地搭配负荷量和负荷强度的比例。比如，在形成竞技状态的大周期训练安排中，集中发展竞技能力的准备期，负荷量较大而负荷强度较小；在比赛期，负荷量较小而负荷强度明显提高；在休整期，负荷量和负荷强度都应减小。

训练冲量是一种基于心率监控的量化运动员训练负荷的公式算法,通过它可以客观反映运动员训练课的实时反应和对训练的适应性。同时,通过分析比较阶段性训练冲量值,可预测运动员的最佳表现高峰或损伤概率。1991 年,Banister 按心率储备的方法计算运动强度及运动时间,同时,记录训练课的平均心率并根据递增训练量期间观察到的心率储备和血乳酸之间的关系进行加权,然后乘以训练课的持续时间,量化训练的刺激"剂量"。训练冲量将训练量和训练强度合并在一个术语中,让教练员及科研工作者依靠客观心率了解运动员在训练比赛过程中的负荷,对训练安排和调控起到重要作用。

二、起始状态诊断

运动训练过程的基本结构如图 4-1 所示。起始状态与目标状态标志着一个完整的训练过程的起点和终点,也是青少年体能训练计划制定的重要依据。

对于青少年体能训练的起始状态诊断包括能力状态诊断和负荷状态诊断。能力状态诊断包括身体形态、机能和身体素质的测量和评价。负荷状态诊断可以通过对平时训练身体练习中的单次强度(如 1RM)、时间、速度、高度等测量来获得。

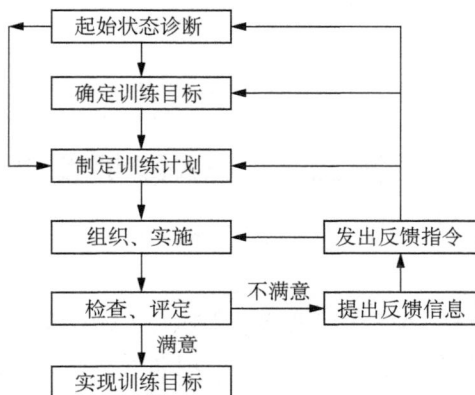

图 4-1 运动训练过程的基本结构

(田麦久.运动训练学[M].北京:人民体育出版社,2000)

区别于成年运动员,对于青少年体能训练的起始状态诊断不应过于在意专项体能的诊断,可以进行一些健康相关的体适能指标的评价。考虑到青少年身心发育的特点,在生长发育的初期,很难对于青少年运动员的训练负荷进行诊断,因为速度、力量、耐力等运动素质的发展很可能是身体正常发育结果,如果青少年运动员在体能训练中的整个训练量一直保持不变,虽然可能由于身心自然发育致使运动表现有了一定程度的提升,但是会限制青年运动员未来运动技能以及专项运动能力的提升。

因此,可在总结运动员上一个体能训练单元内容并统计训练负荷后,阶梯式递增训练负荷。通过利用控制单节训练课时间,增加练习课中练习频数,先提高负荷量,再根据训练内容,增加负荷强度因素指标,如速度、密度、难度和动作质量等。

三、训练目标设定

青少年体能训练的目标设定包括能力目标和负荷目标的设定。与能力状态诊断相对应,青少年体能训练的能力目标也包括身体形态、机能和身体素质各个指标的目标设定;负荷目标设定包括对身体练习中的单次强度(如 1RM)、时间、速度、高度等各项构成负荷量和负荷强度的指标的设定。

在内容上,不同于专项化成年运动员的训练目标,青少年体能训练目标聚焦于发展各种动作模板、身体素质、运动模式和基础运动技能,在接受专项化训练之前均衡发展各项运动能力,从而使综合能力得到稳步提升,这也是青少年体能训练所倡导的全面发展。我们鼓励儿童发展多种运动模式和技能,希望他们尝试各类体育活动并获取成功,激发兴趣,促使他们渴望接受专项化训练,充分挖掘自身潜力。在聚焦体能整体发展的同时,我们兼顾运动专项技能的学习,使青少年健康、安全地逐步过渡到专项化的训练中来,以期其在日后的发展阶段有更好的赛场表现和更长的运动生涯。

科学评估每个训练对象的体能现状并设定切实可行的目标,并要与孩子父母多加交流,作为了解孩子情况的基本手段,在此基础上教练员才能根据所获取的信息科学制定接下来的训练计划。

第二节　体能训练的多年训练分期及其指导原则

由于运动训练过程具有连续性与阶段性的特点,对运动员长达十几年的训练过程进行合理的阶段划分是一项非常重要的工作。多年来,运动训练工作者从一般训练、项群训练和专项训练三个层面对运动员多年训练过程进行了分析,做出的多年训练分期虽然有所差别,但是对于运动训练过程阶段性特点的认识是基本一致的,都体现了"早期启蒙—打好基础全面提高—实现最佳—保持水平终止生涯"的基本组织构架。经典的运动训练学将运动员全程性多年训练分为:基础训练阶段、专项提高阶段、最佳竞技阶段和竞技保持阶段。

运动员的体能水平,以人体各个系统的形态和机能为基础,表现为力量、速度、耐力、柔韧及灵敏协调等各项运动素质,通过一个个细胞成分的改变和代谢能力的提高来实现发展,更需要一个长期的过程。尤其对于青少年体能训练,伴随着其青春期的出现和结束的特殊阶段。要训练一个从青春期前到青春期后期的孩子,并按逻辑发展,更需要一个长期的计划,无论是简单的还是复杂的。青少年的体能训练更加强调启蒙和全面发展的理念,更需要系统地做出规划。而且,青少年体能须在训练内容、方法、负荷安排等方面保持必要的连续性,才能保证体能水平的持续提高,为专项竞技能力和比赛表现打好基础。

一、青春期之前体能训练指导原则

在青春期之前,大部分项目运动员处在基础训练阶段(6~10岁),针对儿童运动员的训练计划必须注重多种运动能力的发展,而不是专项运动表现。要强调全面发展,利用丰富多彩的练习方法,结合跑、跳、投、接、打、平衡、滚等多种基本动作技能的学习来进行。

基本动作技能的特点是在青春期前持续成长。儿童的运动表现差异很大,并且会在短时间内发生变化，应为每个儿童提供足够的时间来充分发展基本动作技能，并尽可能让每个儿童在游戏和活动中进行有目的的练习。据研究，与只参加专项运动的同龄人相比，参加多种活动会让儿童进行各种技能学习，提高技能正迁移能力，最终显著影响综合运动能力。在青春期前的几年里，儿童通过玩耍来发展基本动作技能和身体素质，应注意为每项技能选择合适的重复次数，并鼓励他们正确完成每项技能。在这个阶段，一项技能的表现通常有一定的难度。儿童缺乏良好的协调能力，因为他们会不自觉地使用对这些特定动作来说不需要的肌肉。由于他们的训练背景和天生的协调能力不同，这个阶段可能会相对较短，也可能会持续两年。随着训练时间的延长，运动员开始熟悉这些技能，并开始轻松地执行它们，形成基本动作技能的自动化。完成这些技能时，运动员开始以一种非常自然的方式自动执行，只有原动肌被收缩，对抗肌放松；因此，动作可以顺利而轻松地完成。

身体能力全面发展是青春期前的主要培训模式。孩子的基本力量、一般耐力、短距离速度和良好的协调性可以通过在各种项目中的玩耍来发展（种类越多越好）。例如，孩子们可以在参加休闲游泳项目的同时，通过体操课培养基本的柔韧性和平衡能力。在玩游戏时，青少年的力量、耐力、速度、协调、灵敏得到提高，并表现出各种技能水平。最终，它有助于身体的和谐发展，而不是某种有限的专项运动能力。尽管孩子们会在他们选择的运动上花费大量时间，但他们应该将每周训练时间的 20%～30% 用于体能训练，包括力量和柔韧性练习，这些练习应该以灵活、有趣的方式非正式地进行。

在青春期之前，身体形态、素质中的力量与男孩密切相关，整体体型影响身体表现。体内过多的脂肪会对大多数体育活动产生负面影响。虽然运动表现随年龄呈显著线性增长，但总体力量（尤其是下肢力量水平）的性别差异并不显著。与下肢力量表现（例如跳跃）相比，男孩通常在与上肢力量相关的活动（例如投掷）中表现更好。女孩在强调平衡和活动度的活动中表现更好。

在青春期之前，身体所有关节的活动度都应得到最好的发展。如低姿深蹲时，踝关节活动度不佳会给脚掌和脚趾带来压力，并且不能建立良好的支撑和平衡基础，导致不能以整个脚底接触地面，双脚不能均匀受力。因此，提高踝关节活动度是运动员在青春期前的一个重要问题。简单的跑步、跳跃和坡度练习可以帮助促进更好的脚踝活动度和整体下肢力量。活动度增强练习应在青春期之前和期间开始，并持续到运动发育阶段的后期。从 14 岁到 18 岁，运动员强调特定运动的关节活动度，但也必须保持全方位的柔韧性。当孩子以这种方式发展活动度时，18 岁以后的他们就可以只保持他们已经取得的关节幅度，维护一个特定的水平总是比开发它容易。运动员可以通过符合解剖结构的训练计划加强肌腱和韧带。如果在肌腱和韧带的适当解剖适应性发展之前进行高强度的力量训练，可能会导致肌肉附着点（肌腱）和关节（韧带）受损。肌腱和韧带是可训练的，增加它们的直径会增加它们承受张力和阻力的能力。家长和教练员应通过从低强度到高强度的各种练习来提高整体力量水平，以确保肌肉骨骼系统的整体发展。

这一阶段的力量训练应该被视为一个准备阶段，让运动员在愉快和充满乐趣的氛围中为高水平的表现做好准备。事实上，成熟期的高水平运动表现并不依赖于青春期前的力量训练。在青春期前,压力过大很容易导致受伤。在组合机器上进行大负荷量、高强度的力量训练不仅使运动员在青春期前面临受伤的风险,而且危及他们作为潜在高水平运动员的职业生涯。因此,青春期前的力量训练应被视为一种附加的技术训练和一般技能发展练习,以自重训练或实心球练习的形式出现。

运动的本体感觉也应该在青春期前开发,以帮助运动员提高他们的学习潜力。当然,舞蹈等强调节奏感的艺术运动,也能有益于孩子的协调性,因为节奏感可以引发和调控一系列有节奏的动作。他们判断时机的能力,或对同龄人、对手的动作做出快速反应的能力也将得到显著提高。视觉定位周围环境的能力也可以对这些行为产生积极影响,因为它使运动员能够感知队友和对手的行为和意图。所以,要合理安排训练设备和训练环境,以适合孩子的训练水平的途径改善本体感觉。练习、游戏和活动的设计应最大限度地提高参与的机会,简化或修改游戏规则,让孩子更好地理解。例如,孩子们还没有力量将成人大小的篮球扔进三米高的篮筐。因此,应选择较小的轻型篮球,并适当降低篮筐的高度。介绍一些经过改进的游戏,强调基本的战术和策略。如果孩子们已经具备基本的个人技能,例如跑步、双脚运球和踢球,他们就可以玩改良的足球游戏。

青春前期的青少年会以稳定的速度生长发育,大肌肉群会比小肌肉群发展速度更快,并且由于心肺功能系统正处于发育阶段,这个年纪的孩子的有氧能力可以胜任绝大多数的运动。青少年应该参加低强度的训练,但无氧能力并不是现阶段发展的主要能力,因为其乳酸耐受力较弱。

这个年龄段的孩子注意力时间更短,但更活跃。因此,他们不会长时间坐着听。这一阶段的训练强调多样性和创造力,参与和乐趣远比获胜重要。通过让孩子有机会设计自己的练习、游戏和活动来促进体验式学习。

二、青春期体能训练指导原则

青春期阶段相当于专项提高阶段(11～14岁),训练计划应当适度地增加训练强度。虽然此时大多数运动员容易发生运动损伤,但是他们的身体机能正在迅速成长。但仍然要注意,这个阶段的运动员身体发育的差异会导致个人表现的差异。一些运动员此时可能会经历生长发育高峰,因此在特定练习中出现缺乏协调性并降低某些运动表现的情况。出于这个原因,这个阶段应该继续侧重于技能和运动能力的发展,而不是成绩和胜利。

在制订这一阶段的训练计划时应注意:帮助运动员巩固启蒙阶段所学的基本运动技能,使他们成为稳固的条件反射,同时在此基础上学习一些更复杂的运动技能,并逐渐增加训练量和强度。

在这个阶段,心肺系统将继续发育,对乳酸的耐受能力逐渐增强。青少年运动员应继续发展有氧能力,坚实的耐力基础使他们能够更有效地应对专业阶段的训练和比赛需求。无氧训练是这一阶段运动员形成运动能力的新概念。最佳竞技阶段,适度的无氧训练可以帮助他们适应专业阶段的高强度训练。因为无氧能力在大多数运动中起着更大的作用。但专项提高阶段的运动员不宜参加需要过多无氧乳酸供能系统的项目,如 200 米、400 米跑等。青春期运动员通常更适合使用磷酸肌酸能量系统的短于 80 米的短跑,以及在较低速度下进行的较长时间的耐力项目,例如 800 米以上的耐力项目,这些项目侧重于有氧能力。

这一阶段的运动员应该开始为力量训练打好基础,应在正确的运动模式下发展力量。还应专注于发展身体的核心,尤其是臀部、下背部、腹部和四肢肌肉(包括肩关节、手臂和腿部)的训练。在制订训练计划时,应从身体核心开始,逐渐扩展到四肢。换句话说,在加强腿部和手臂力量之前,重点发展连接它们的躯干核心肌肉。腹部和背部由一系列围绕身体核心向不同方向运动的肌肉群组成。这种生理结构为身体的大运动提供了坚实有力的支撑。背部长短肌群沿脊柱分布,与负责旋转的肌群和对侧链共同作用,形成一个工作单元,参与躯干的侧屈、旋转和旋转。腹部肌肉包括躯干的前部和侧部,支配躯干的向前、横向、旋转和扭转。它们在许多运动技能中发挥着重要作用。因此,薄弱的腹部肌肉会限制运动员在许多活动中的表现。在手臂和腿部运动(尤其是投掷项目)中,所有躯干肌肉群都可以作为稳定躯干的工作单位。发展核心力量不仅仅依靠一些基本的仰卧起坐练习,还包括全身练习,如蹦床跳跃、螃蟹步行、骑独轮车或简单的操场游戏。这些都是训练腹部以支撑身体并增加身体周围运动范围的有效方法。从青春期开始,男孩的上半身和手臂会明显比女孩强壮。然而,腿部力量似乎没有性别差异。总体而言,力量、体型和瘦体重之间显著相关,在大多数体育活动中,男孩比女孩有明显的优势。在力量方面,男孩和女孩在青春期前站立跳远等测试中的表现没有差异。但从青春期开始,功率的性别差异开始出现。同时,一些女孩体内脂肪堆积过多会削弱运动成绩。

在青春期,运动表现会随着年龄的增长而改善,但由于年龄、性别和任务要求的不同,发展模式并不统一。对于女孩来说,青春期后力量水平停止上升,但没有明显减弱的趋势。对于男孩来说,力量随着年龄的增长以平均速度增加,在生长突增期间明显加速,此时肌肉质量也增加。这是由于睾酮、生长激素和胰岛素生长因子的影响,尤其是在青春期,它们决定了力量和瘦体重增加。

另外,从社会学的角度来看,青春期的男生总想着强壮的肌肉,由于肌肉量在青春期不太可能大幅增加,尤其是在青春期的早期阶段,参与青春期训练的每位教练员都应该劝阻青少年运动员不要仅仅为了更大的肌肉尺寸而进行力量训练。这样做可能会导致疲劳、受伤或延迟从受伤中恢复。在这个阶段,只有在激素开始发生剧烈变化后,肌肉质量才有可能增加,因为肌肉质量的增加与性器官的发育保持同步。

青春期和青春期后都可以重点发展灵敏性,然后在之后保持。灵敏性可以通过执行专项专门动作或专门练习来发展,也可以通过重复特别设计的专门发展灵敏性的手段来直接训练灵敏性。

青春期除了注重提高灵敏性,还要注意协调性和平衡能力的发展。协调能力在青春期前几年迅速发展,但在青春期可能会减慢甚至略微退步。在青春期,青少年的身高每年增加 10~12 厘米,这会干扰协调性。这主要是因为不断增长的四肢,尤其是下肢——改变了身体关节之间杠杆的比例,这反过来又影响了协调能力。虽然所有的运动员都必须应对这种变化,但持续参加运动训练的青少年在协调性方面比不活跃的青少年更有优势。在青春期,这些运动员将继续提高他们的平衡能力、运动控制的准确性和时机。由于性别差异,女孩在视觉定位和运动节奏方面优于男孩。早熟和晚熟运动员之间的协调能力差异也很明显。早熟的孩子可能会出现轻微的不协调,暂时影响身体运动的精细协调。因为早熟的孩子保持更快的生长节奏,他们比晚熟的孩子需要更多的练习来提高协调能力。关键是应顾及各个方面的练习,包括平衡、节奏变化和空间定位。一旦协调性得到改善,运动员就会感觉到对练习的控制。在协调性训练中,选择太容易或太难的练习都会阻碍运动员的进步。提高协调性的最佳计划应包括基于个人或团队成员技能水平的各种练习和游戏。

教练员应为青春期的孩子提供参加具有挑战性活动的机会,但应避免对身体造成太大压力的比赛。例如,大多数青少年运动员还不具备执行三级跳远的正确技术。在这种情况下,一些运动员可能会遭受压缩损伤,因为他们身体的一部分必须承受每次着地缓冲和起跳时产生的巨大冲击力。

三、青春期之后体能训练指导原则

青春期之后,运动员处于专项提高阶段后期(15～18 岁),运动员能够承受比之前更多的训练和比赛要求。因此,训练过程中最重要的变化将发生在这个阶段。以前经历过全面发展训练计划的运动员现在将完成更专项化的练习和训练,以期在一项运动中实现高水平的运动表现。随着训练和比赛对生理和心理需求的增加,必须为运动员制订应对策略。当然,他们也容易因过度训练导致身心障碍。所以,这一阶段需要密切监控训练量和强度,确保运动员在身心健康的情况下显著提高训练效果。

在制订这一阶段的训练计划时应注意:通过对青少年生长发育三个阶段(青春期前、中、后)的比较,青春期结束后运动员的力量水平增加最多,约为青春期前的 2～3 倍。青春期后,运动员的力量水平增加主要是由于肌肉质量(肌肥大)和非肌肉纤维因素,例如神经肌肉对训练的适应。尽管在青春期前和青春期期间力量水平也会增加,但力量并不取决于肌肉质量,因为青春期内分泌系统尚未完全发育。因此,儿童早期的力量增长不是由于肌肉横截面的扩大(肌肥大),而是由于中枢神经激活或肌肉募集的能力的提高。因此,绝大多数肌肉群经过力量训练才能达到协调性。同步收缩动力链的相关肌肉会增加沿给定方向运动的力的水平。对于青春期后进入成熟期的男性运动员来说,青春期睾酮、雌二醇、生长激素和胰岛素生长因子的激增会增加肌肉横截面积,从而导致力量水平的增加。这个阶段的女运动员没有表现出力量的增加,因为她们的睾丸激素水平比男性低 10 倍。但是,男性和女性运动员的力量水平在青春期都可以迅速增加,并且在青春期后的几年里都会持续增加。

一些男孩的身高通常每年增加 5～10 厘米,很容易影响运动表现。随着男孩的身高越来越高,他们的体重也开始稳步增加,身体脂肪减少,瘦体重比例增加。一些早期发育的孩子比同龄人长得更快。在青春期,女孩由于骨骼杠杆的生长和变化,她们的力量显著下降。在快速成长阶段之后,力量和功能表现再次得到改善,证明了女孩对训练负荷的适应能力。初潮早的女孩比初潮晚的女孩要强壮一些。然而,当他们进入青春期之后的阶段时,早发育的儿童比晚发育的儿童更虚弱,因为上半身活动减少和身体脂肪增加。发育较早的儿童比发育较晚的儿童更重、更高。当生长突增结束后,训练效果再次显现,早发育的孩子似乎比晚发育的孩子具有更大的力量优势,尤其是腿部力量,这种优势有时会持续到成熟。

在运动表现这一方面,早发育男孩的表现优于平均水平和晚发育的同龄人。对于处于平均发展水平的男孩,力量表现呈线性增长,直到青春期后期。青春期后,早发育和中等发育男孩的力量表现几乎没有差异。然而,先达到性成熟的男孩在与力量相关的运动中表现更好。另一方面,后发育的儿童在大多数与力量和力量相关的运动任务中很少达到早发育的同龄人群体的表现。体型也会对运动表现产生重大影响。但是,在运动水平发展的后期(高水平运动表现阶段),运动员群体中将不存在生长发育的利弊。

青春期之后,大多运动员处于专项提高阶段,应加强评估专项主导的竞技能力(如能量供应特点、运动模式等)的进步。通过增加专项练习的数量来提高运动表现。身体必须适应专项训练负荷的增加,为比赛做好有效准备。所以,青春期之后阶段是重视专项训练的阶段。重点是训练执行专项技术动作的主要肌肉群(如在运动中主要被激活的肌肉),竞技能力的发展要体现专项比赛的特殊需要。运动员可以以更少的量和更大的强度进行力量训练,但应避免多次进行最大力量训练,运动员进行相同运动的次数每周应少于 4次,尤其是专项提高阶段的运动员。

青春期生长高峰过后,人体的协调性会略有提高,青春期结束后协调性虽已达到峰值,但伴随会继续提高。与非运动员相比,运动员的协调能力发展得更快,非运动员在执行不熟悉的动作时通常看起来更笨拙。虽然现阶段侧重专项训练,但运动员应继续练习各种技能,注重协调性的不断提高。忽视这一点而只关注专项化可能会阻碍协调性的发展,这对于运动员发展运动的专项化至关重要。

发展有氧能力应该是所有阶段运动员的首要任务,尤其是那些参加耐力或相关耐力项目的运动员。在青春期后期,可以逐渐增加无氧训练的量和强度。因为在这个阶段,运动员可以适应乳酸堆积。

青春期后期的体能训练,虽然训练量还需要逐渐增加,但训练强度的增加会快于训练量。同时,它允许运动员以适当的速度和速率完成特定的技术或动作。训练应该尝试模仿比赛中可能发生的动作。虽然疲劳是高强度训练的正常结果,但同样也要及时了解运动员每次体能训练课后的疲劳程度并有效控制。

第三节　体能训练计划安排

不论是运动员全程性的多年训练包括的有关青少年阶段的基础训练阶段和专项提高

阶段,还是体能训练的青春期前、中、后的训练阶段安排,都是由具有不同目的和任务的年度训练计划所构成。同时,年度训练计划中的体能训练内容也需要根据这一年度大周期的安排进行规律性的变化。

年度训练的结构受该年度所处多年训练阶段的主要任务所制约,所以在多年训练早期阶段(基础训练阶段和专项提高阶段)的年度训练安排上,主要是在儿童青少年全面协调发育和提高健康水平的基础上,为他们将来更安全地进行运动训练创造竞技能力各方面的前提条件,这和多年训练的其他阶段(如最佳竞技阶段和竞技保持阶段)的年度训练安排,是有着原则性区别的。

一、青少年运动员体能训练的大周期计划安排

运动训练分期理论以竞技状态作为客观现象,以它的形成、保持和暂时消失的规律为引导,借助于合理的分期,对训练手段、方法、负荷和训练过程进行安排和科学技术保障,最大概率地确保运动员以最佳状态参加重大体育比赛,并获得最好运动成绩。

邦帕(Bompa)认为在一个训练大周期内,为了在重要比赛中出现竞技状态,体能训练也要按照一定的顺序进行安排,力量、耐力、速度在大周期的准备期、比赛期和过渡期内,都有各自的发展顺序和规律。力量素质的发展在一个大周期内可分为解剖适应时相、最大力量时相、转化时相、停止保持时相和补偿时相(表4-1)。

表 4-1 力量、耐力、速度大周期训练时相分布表

	准备期		比赛期		过渡期
	一般准备阶段	专门准备阶段	赛前阶段	比赛阶段	调整
力量	解剖适应时相	最大力量时相	转化时相 • 爆发力 • 肌肉耐力 • 共同提高	停止保持时相 • 最大力量 • 爆发力	补偿时相
耐力	有氧耐力时相	无氧(专项)耐力时相	专项耐力时相		有氧耐力时相
速度	有氧和无氧供能速度时相	最大速度与速度耐力时相	专项速度和灵敏性、反应速度、速度耐力结合时相		—

解剖适应时相主要刺激瘦体重增加、脂肪减少、结缔组织改变,夯实神经肌肉和体能基础,防止受伤。这个阶段的特点是在低强度(1RM 的 40%～65%)下进行大负荷量的练习(如两组或三组重复 8～12 次),使用多关节、大重量的练习(如后蹲、高翻、抓举)较少,而使用小重量、基于固定轨迹的训练器械动作相对较多。这一阶段应持续约 4～6 周,以实现目标身体素质的生理适应。对于青少年运动员,则需要较长的解剖适应时相(9～12 周)。最大力量时相的安排是根据爆发力的获得公式(爆发力＝最大力量/用力时间),

即在爆发力能力提高之前,必须先重点提高最大力量。对于那些主要依赖最大力量进行比赛的运动员,如美式橄榄球或铅球,这个时相可能较长(3个月)。那些只是以最大力量为基础的专项中,如自行车或越野跑,这个时相可以短一些(1个月)。

在转化时相,体能训练提供了准备期和比赛期之间的过渡。运动员逐步将在最大力量时相获得的力量转化为专项所需的力量类型(如采用速度训练、超等长训练等)。目前盛行的,注重多关节、神经控制、动量传递、核心稳定的功能性力量训练手段,在这一时相应用,是比较合适的,而不是应用于力量发展的各个时相。但是,在这一时相也必须保持最大力量水平,因为如果它下降,爆发力也将下降。如果最大力量的下降发生在比赛期,速度和灵敏性也会下降。

停止时相,是整个大周期的赛前减量阶段,通常建议力量训练在主要比赛前5~7天结束。这可以降低运动员的累积疲劳水平,减轻压力水平,促进生理和心理上的超量恢复,这两者都可以提高运动员的竞技状态。然而,这一建议可能并不适用于所有运动。例如,举重运动员不能在比赛前一周取消力量训练,因为这会影响他们的状态。在要求高水平力量或爆发力的运动中,运动员在主要比赛前一周可以从减量中获益。保持时相处于主要比赛期内,体能大周期训练计划的这一阶段旨在维持在前一阶段所达到的生理和成绩水平。保持这些优势是非常困难的,而且在整个赛季中,力量已经被证明在下降,特别是当使用了不恰当的训练方法时。保持时相必须包含足够高的强度,以保持力量增长,同时避免出现较高程度的疲劳。由于在比赛期的主要目标不是发展力量,教练必须制订一个有效的训练计划,以保持在前几个阶段的训练中取得的力量水平。例如,美式橄榄球或铅球运动员会把力量训练的重点放在最大力量和爆发力的发展上,而耐力项目运动员则会把精力放在爆发力和耐力的发展上。

补偿时相与过渡期相吻合,过渡期的主要目标是消除疲劳,让运动员在开始下一个大周期训练计划之前,通过积极休息来恢复。对于受伤的运动员,这个阶段用来复原和重组运动能力。在这一阶段,无论受伤或康复状况如何,所有运动员都应考虑执行积极休息的训练计划,包括一些抗阻训练。这种训练应该解决可能增加运动员受伤的风险的肌肉稳定系统和薄弱环节,所以这一时相,加强运动员的核心稳定性训练及双侧肢体的对称性训练是非常合适的。

在出现一个竞技状态的大周期训练计划中,耐力素质形成的周期分为三个时相:有氧耐力时相、无氧(专项)耐力时相,然后是专项耐力时相。有氧耐力的发展贯穿于过渡期和准备期早期(1~3个月)。虽然每一项运动对于有氧耐力要求都有不同,但是有氧耐力可以通过统一和稳定的方法来训练,即采用中等强度(如长距离、慢走)的持续运动和高强度间歇运动。有氧耐力的发展增强心肺功能和肌肉骨骼系统功能,提高健康水平,而这些适应性发展是由负荷量的刺激造成的。有氧和无氧(专项)耐力时相是耐力训练的组成部分。在这一阶段的早期,重点是有氧耐力,而在后期,重点转移到专项耐力的发展,使用高强度间歇训练或基于专项动作的间歇训练方法。向专项耐力发展的转变同时伴随着训练效果的转移,从而在大周期训练计划的比赛期提高运动成绩。专项耐力训练时相,专项耐力训练的发展与大周期训练计划的赛前和比赛期相一致。适当的训练方法取决于专项的供能特点和运动员个人的需要。教练必须强调训练的强度,应该使其经常超过比赛的强度。

对于速度发展周期,速度的发展取决于专项的特点,包括竞技状态的形成和比赛日程。集体性项目运动员的速度发展与短跑运动员有很大的不同。集体性项目运动员通常遵循一个单周期的年度计划,而短跑运动员由于参加了室内和室外的锦标赛,通常要经历一个双周期的年度训练计划。无论个人或集体性项目,速度训练的周期可以遵循几个不同的子阶段:有氧和无氧供能速度时相;最大速度与速度耐力时相;专项速度和灵敏性、反应速度、速度耐力结合时相。有氧和无氧耐力时相是年度训练计划一般准备阶段的典型训练,旨在提高有氧、无氧和一般耐力。随着训练从一般的准备阶段进展到专门的准备阶段,包括各种强度的速度训练在内的其他本专项的其他专门练习也被纳入。最大速度和无氧耐力的时相,随着竞赛期的临近,训练强度变得更大,针对专项更加精细化和专门化。训练将包括旨在最大限度地提高速度和继续发展速度耐力的练习。比如可以通过高强度(90%~100%)的短距离冲刺(20~80米)来提高,在重复(3~5分钟)之间有更长的休息时间间隔(6~8分钟)。这种类型的训练将强调无氧系统,特别是磷酸原系统。速度耐力训练使用不同的距离和休息间隔。这些不同的间隔结构可用于不同专项的目标生理适应。专项速度时相可以结合一些或所有的速度组成部分和各种专项供能训练方法(磷酸原和糖酵解),这取决于专项的具体情况。这一时相是使用专项训练手段的理想阶段,如小型比赛或结合技能的体能训练。这个阶段应该包含提高灵敏性和反应时间训练,特别是集体性运动项目、武术和格斗项目。此时,计划应该包含灵敏性和反应训练。专项速度和灵敏性、反应速度、速度耐力结合时相,这一时相的训练使用各种方法和手段来发展速度和加强相关的能力,如灵敏性和反应时间。速度开发对于灵敏性的开发至关重要。然而,单纯的直线速度训练并不能使运动员的敏捷最大化,还必须发展涉及灵敏性的技术。如果训练时相的计划是正确的,那么前几个时相的速度将转化为灵敏性,这将提高运动表现。灵敏性的另一个组成部分是知觉决策,它与反应时间或视觉扫描、预期、模式识别和情景知识相关。这被称为反应灵敏性,其特征是对不同情况做出快速反应的能力,这可以在不同的运动中区分出不同水平的运动员。开发这种灵敏性需要专项手段训练,例如,有人提出反应性灵敏训练可以增加心理处理过程的训练,以减少对刺激的反应时间。如果正确地实施,这种训练应该能提高运动员在赛场上对事件做出反应的能力。

为了体现青少年体能各因素在年度大周期中的安排特点,以下列举了2021年上海市某区少体校(网球项目)在备战上海市市运动会的年度体能训练计划(表4-2),以及处于青春期前(表4-3)和青春期后(表4-4)不同年龄阶段的运动员的年度大周期体能训练具体内容的安排。

表 4-2 少体校年度体能训练计划示例

上海市某区少体校体能测试年度计划表　　　年份：2021

月	11	12	1	2	3	4	5	6	7	8	9	10
周数	1 2 3 4	5 6 7 8 9	1 2 3 4	5 6 7 8 9	1 2 3 4	5 6 7 8 9	0 1 2 3	4 5 6 7	8 9 0 1	2 3 4 5	6 7 8 9	0 1 2 3	4 5 6 7	8 9 0 1	2 3 4 5
比赛												√ √
训练阶段	动作储备期	基础训练期 1	转换期	基础训练期 2	转换期	专项准备期	转换期	赛前期
测试	√			√			√		√		√	
关注点	动作技术/肌肉耐力	肌肉肥大	肌肉最大力量	肌肉耐力	肌肉爆发力	肌肉肥大	最大速度/肌肉爆发力

（下半部分：力量素质）

关注点	肌肉耐力	L L L L	L L L L L	L L L L	M M M	M		M M M	M M M	H H H H	H H H	M M M	M M M	
	高负荷力量训练	L L L L	L L L L L	L L L L	L L L L M	M M M	M	M M M	M M M M	H H H H	M M M M	M M M		
	肌肉爆发力				L L L L L	M M M	M	M M M	H H H H	L L L L	L L L L	M M M	L L L L	
	动作技术力	L L L L	L L L L L	L L L L	L L L L L	L L L L	L	L L L L	L L L L	L L L L	L L L L	L L L L	
	RPE 分数	3 3 3 3	3 3 3 3 3	4 4 4 4	4 4 4 4 5	5 5 5 5	6	5 5 5 5	6 6 6 7	7 7 7 7	6 7 7 8	8 8 8 8	4 5 4

（有氧、无氧、速度、敏捷、超等长）

关注点	有氧耐力	L L L L	L L L L L	L L L L	L L L L L	L L L L		M M M	M M M	M M M	M M M	M M M	
	无氧耐力									H	M		
	速度与灵敏训练				L L L L L			M M M	M M M	L L L L	M M M	M M M	
	超等长训练				L L L L L			M M M	M M M	L L L L	M M M	H H H	

（续表）

100
90
80
70
60
50
40
30
20
10
0

训练潜能

注：L＝低关注；M＝中关注；H＝高关注。

表4-3　少体校年度（单周期）体能训练计划示例（青春期前）

		准备期			比赛期			过渡期
		一般准备阶段	专门准备阶段		赛前阶段	比赛阶段		
		1 2 3 4 5 6	7 8 9 10 …… 34 35 36 37		38 39 …… 44 45	46 …… 50		51 ……
力量		解剖适应 1. 功能性测试与纠正 纠正方法教授给运动员，让运动员进行纠正 在每次训练开始时，拉伸和整理活动时进行练习 2. 动作技术与运动模式培养 髋主导 膝主导 拉 推 脊柱旋转 抗旋 滚，滚翻 变向 ……	最大力量 1. 选择克服自身体重的手段和静力性手段进行最大力量练习 平板支撑（极限时间）（组间间歇充分） 引体向上（极限次数）（组间间歇充分） 深蹲跳（极限次数）（组间间歇充分） 负重提踵（极限次数）（组间间歇充分） 俄罗斯转体30次（极限时间） 躯干抗旋转练习（极限时间） …… 2. 运动模式复习巩固 拆分专项技术，以专项运动模式为主要手段，进行力量训练		转换 1. 爆发力（离心向心收缩练习） 纵向跳深 水平跳跃 连续跳跃 …… 2. 结合专项的速度力量和爆发力训练 3. 肌肉耐力 多次数跳跃练习 …… 4. 共同提高	停止，保持 1. 最大力量（量小强度大） 2. 结合专项爆发力（接近比赛强度）		补偿 1. 恢复 2. 伤病康复 3. 营养
耐力		有氧耐力 1. 持续低强度身体活动，提高反映健康水平的心肺功能 2. 结合专项技战术能力的耐力训练（如带球跑、运球跑等），强度低，次数多，时间长	无氧耐力：以重复训练法结合小量间歇训练法发展无氧耐力 有氧耐力：以持续训练法发展有氧耐力		专项耐力 专项运动模式＋专项主要供能系统（RPE）（比上一阶段量较小，强度逐渐增大至比赛强度）			有氧耐力/活动性游戏
速度		有氧和无氧供能速度 速度 1. 保持有氧供能（乳酸阈下）的移动速度 2. 无氧供能的动作频率训练：学习步法、步速训练、格跑、折返跑动作学习，逐步提高速度	最大速度，速度耐力 1. 动作频率训练 步法、步速练习 格跑 折返跑 ……		专项速度和灵敏性，反应速度，速度耐力与结合动作速度 移动速度（计时） 1. 动作频率训练 步法、步速练习 格跑 折返跑			

（续表）

素质	准备期		比赛期		过渡期
	一般准备阶段	专门准备阶段	赛前阶段	比赛阶段	
	1 2 3 4 5 6	7 8 9 10 …… 34 35 36 37	38 39 …… 44 45	46 …… 50	51 ……
速度		2. 移动速度 结合专项动作的移动速度（重复法练习，计时）	2. 变向，反应变向 3. 专项速度 结合专项技术的移动速度练习，动作速度练习，结合专项技术的反应速度练习		
协调灵敏	准备活动中的协调性游戏	1. 打破原有习惯的动作练习 2. 影子跑、跟随教练员口令练习，往返跑练习 3. 结合专项比赛，采用部分的变换训练的游戏	结合专项技术的灵敏性练习		
柔韧	1. 关节活动度测试 2. 髋关节活动度练习 3. 肩关节活动度练习 4. 踝关节活动度练习	1. 关节活动度练习 2. 结合专项的 PNF 拉伸动作	1. 关节活动度练习 2. 结合专项的 PNF 拉伸动作		

表 4-4 少体校年度（单周期）体能训练计划示例（青春期后）

	准备期		比赛期		过渡期
	一般准备阶段	专门准备阶段	赛前阶段	比赛阶段	
	1 2 3 4 5 6	7 8 9 10 …… 34 35 36 37	38 39 …… 44 45	46 …… 50	51 ……
力量	解剖适应 1. 功能性测试与纠正 纠正方法从教授给运动员，让运动员在每次训练开始，拉伸和整理活动时进行练习 2. 动作技术与运动模式培养 髋主导 膝主导 拉 推 脊柱旋转 抗旋 滚、滚翻 变向 ……	最大力量 1. 肌肥大 硬拉 8~12 RM 前蹲 8~12 RM 卧推 8~12 RM …… 2. 克服自身体重的手段和力性静力手段进行最大力量练习 平板支撑（极限时间） 引体向上（极限次数）（组间间歇充分） 深蹲起（极限次数）（组间间歇充分） 负重提踵（极限次数）（组间间歇充分） 俄罗斯转体 30 次（组间间歇充分） 躯干抗旋转练习（极限时间） …… 3. 运动模式复习巩固 拆分专项技术，以专项运动模式为主要手段，进行力量训练	转换 1. 爆发力 硬拉 3~5 RM 前蹲 3~5 RM 卧推 3~5 RM …… 2. 离心向心收缩练习 纵向跳深 水平跳深 连续跳跃 …… 3. 结合专项的速度力量和爆发力训练 4. 多次数跳跃练习 5. 共同提高	停止、保持 1. 最大力量（量小强度大） 2. 结合专项爆发力（接近比赛强度）	补偿 1. 恢复 2. 伤病康复 3. 营养
耐力	有氧耐力 1. 持续低强度身体活动，提高反映健康水平的心肺功能 2. 结合专项技术能力的耐力训练（如带球跑，运球跑等），强度低，次数多，时间长	无氧耐力：以重复训练法结合较大强度间歇训练法（HIIT，TABATA）发展无氧耐力 有氧耐力：以持续、间歇训练法发展有氧耐力	专项耐力 专项运动模式 + 专项主要供能系统（RPE8）（比上一阶段量较小、强度逐渐增大至比赛强度）		有氧耐力/活动性游戏

	准备期		比赛期		过渡期
	一般准备阶段 1 2 3 4 5 6	专门准备阶段 7 8 9 10 …… 34 35 36 37	赛前阶段 38 39 …… 44 45	比赛阶段 46 …… 50	51 ……
速度	有氧和无氧供能速度 1. 保持有氧供能（乳酸阈下）的移动速度 2. 无氧供能的动作频率训练：学习步法、步速训练手段；格跑、折返跑动作学习，逐步提高速度	最大速度、速度耐力 1. 动作频率训练 　步法、步速练习 　格跑 　折返跑 　…… 2. 移动速度 　结合专项动作的移动速度（重复法练习，计时） 　结合专项动作的动作速度（重复法练习，计时） 3. 速度耐力 　快速多次（组）动作或动作组合；移动速度（间歇法练习，计时）	专项速度和灵敏性，反应速度，速度耐力结合动作速度，移动速度（计时） 1. 动作频率训练 　步法、步速练习 　格跑 　折返跑 2. 变向，反应速度 3. 专项速度，反应速度，结合专项技术的移动速度练习、动作速度练习 4. 专项速度耐力 　结合专项技术的，高于比赛次数的，多组数移动速度练习，动作速度练习（间歇法）		
协调灵敏	准备活动中的协调性游戏	1. 打破原有习惯的动作练习 2. 影子跑、跟随练习员口令变向，往返跑练习 3. 结合专项比赛，采用部分比赛规则的变换训练的游戏	结合专项技术的灵敏性练习		
柔韧	1. 关节活动测试 2. 髋关节活动度练习 3. 肩关节活动度练习 4. 跟关节活动度练习	1. 关节活动度练习 2. 结合专项的 PNF 拉伸动作	1. 关节活动度练习 2. 结合专项的 PNF 拉伸动作		

二、青少年运动员体能训练的中周期计划安排

训练大周期由若干个训练中周期组成，中周期由若干个小周期组成，而小周期则由若干个训练日和训练课组成。中周期既是一个相对独立的周期，也是大周期与不同小周期训练的一个重要中间环节。中周期持续时间为3～6周，一般为4周。按中周期来安排训练过程，可使训练过程在符合训练时期或者阶段主要任务的前提下系统化，保证负荷的最佳动态变化，使各种训练方法合理搭配、前后统一地发展各种素质和能力。青少年运动员的体能训练应包含丰富多彩的训练内容，在各个中周期都应考虑全面发展的问题，所以内容和负荷安排就显得尤为重要。

青少年运动员体能训练的目的是不断提高运动员的身体健康水平和供能水平，每个阶段逐渐增加训练负荷必不可少，因为当运动员持续以同样的负荷训练时，成绩很可能会停滞不前。青少年时期体能训练中周期计划中增加负荷的最好方法是使用"阶梯法"。这种方法要求当负荷增加两到三周后，再进行一周的减负荷训练，让身体恢复。如图4-2的阶梯式负荷安排可以推荐给正常训练的青春期前的运动员，图4-3的模式更适合于14岁以后（青春期后）的运动员。两者都适用于正常的训练课程而不是游戏。

如图4-2所示，训练负荷应逐渐增加。在前两个步骤中，每个步骤代表一个训练周，增量负荷挑战少年运动员适应更大训练负荷的能力。随着运动员出现疲劳症状，训练负荷从第三周开始略有下降，让体能在训练负荷进一步增加之前恢复。图4-3表明，14岁以后的

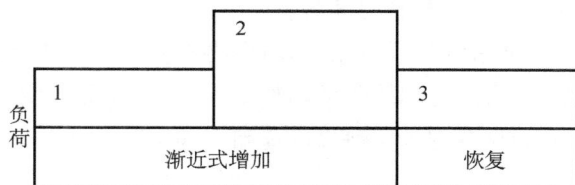

图4-2　适合于青春期前运动员的阶梯负荷递增模型

运动员，以及高水平的青年运动员，面临着更具挑战性的训练计划。在前三周的训练中，训练负荷逐周增加，从而提高适应水平，在第三步结束时，疲劳症状处于最高水平，因此从第四步开始，负荷开始小幅下降以满足恢复要求。如果第三周后训练负荷仍然增加，就会导致疲劳进一步积累，处于疲劳水平的临界点，容易成为过度训练。如果不将恢复周纳入训练计划，运动员不仅会感到疲劳，还可能受伤，甚至可能对继续训练失去兴趣，最终退出。

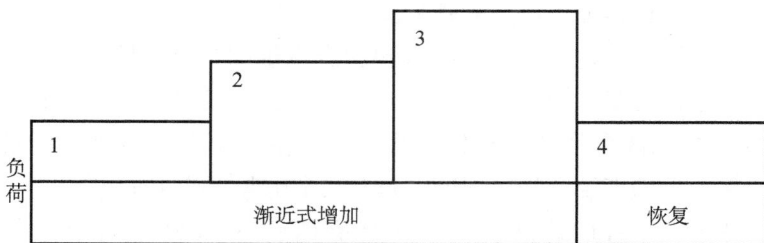

图4-3　适合于青春期后运动员的阶梯负荷递增模型

如表4-5表示，在四周的训练周期中，可以通过以下练习逐渐增加训练负荷或减少

"恢复周"的负荷。当然,表 4-5 并没有列出所有的训练要素,距离、速度、重复次数等其他训练要素也必须以同样的方式增加。

表 4-5 "阶梯法"中各训练要素的增加方式

训练要素	第一级	第二级	第三级	第四级
训练课次数/周	2～3	3	4	3
训练课时长(分钟)	75	90	90～120	75～90
每项练习的组间休息	标准	标准	较短	标准

需要注意的是,训练次数在第三级达到每周 4 次训练的高峰。如果青春期前使用三周阶梯(图 4-2),第一步包括每周 2 次课程,第二步包括每周 3 次课程。训练课程的长度以同样的方式增加。在间隔栏中(组间休息),"标准"表示教练使用的正常时间,即在图 4-3 的第三步或图 4-2 的第二步之后,教练可以用更短的休息时间来进一步刺激运动员的身体水平。

恢复是阶梯法的关键。当疲劳开始时,在最高阶段结束时继续以相同的训练负荷进行训练是错误的。为了年轻运动员的健康,在恢复周期间应该减少训练要求。这将有助于消除疲劳、放松和补充能量。在恢复周结束时,运动员得到足够的休息,为下一周或两周增加的负荷做好准备。

随着恢复周的结束,可以再次使用阶梯法,但训练负荷要略有增加。在准备期训练开始时,可以将训练负荷增加 5%～10%。随着运动员对训练负荷的适应,在准备期训练的第二阶段,训练负荷可以逐渐增加 10%～20%。

三、青少年运动员体能训练的周计划安排

从生物适应的角度来看,人通过长期的自然选择,逐渐形成了与环境相适应的生理和心理状态周期,如人类机体以 7 天为一个单位形成了自身运动的节奏。从能量恢复的方面来看,一次负荷后的超量恢复阶段再次施予同一类型负荷,可以获得最佳的训练效益。一般在一次特定的负荷之后,运动员须经过 48～72 小时体能才能得到有效恢复。但是,在优秀运动员的训练中,不可能在一次大负荷后休息两三天再进行下一次训练,而是每天坚持训练,甚至每天两训或三训。这主要归功于在周训练计划安排中不同的训练内容和不同负荷的交替安排,体能训练更是要遵循这样的规律。

人体运动时依赖无氧磷酸原、无氧糖酵解和有氧供能三个系统分别提供完成肌肉工作所需要的能量,运动负荷下肌肉收缩时人体三个供能系统的参与是非同步的。在大多数情况下,只有一个或两个系统同时发生作用。以哪一个系统供给的能量为主来还原ATP,则取决于练习的强度及其持续时间。例如,耐力性练习以有氧供能为主,10 000 米跑中有氧供能达 97.6%;而速度性练习却恰恰相反,在 100 米跑中无氧代谢供能占95.8%。速度耐力性的练习对无氧糖酵解供能的依赖性较大,在 200 米和 400 米跑中分别占 60% 和 54.8%。运动员在进行不同性质的体能训练时,三个供能系统都不同程度地参与工作,并出现不同程度的疲劳。运动员在完成速度性负荷时,机体的磷酸盐供能系统消

耗最大、恢复最慢,无氧能力(无氧糖酵解系统)次之,有氧能力(有氧氧化系统)消耗最少、恢复也最快。在完成无氧负荷时,无氧糖酵解供能系统消耗最大、恢复最慢;同样地,在完成有氧负荷时,则有氧供能系统的消耗最大、恢复最慢。显然,运动员与三种供能系统相对应的三种运动能力,在负荷后恢复的过程是非同步的,与负荷的主要性质相应的运动能力恢复得最慢,需要2~3天时间才能获得充分恢复,但其他运动能力,则可以在短得多的时间内获得充分的恢复。这就使得我们可以在一次负荷的次日,接着安排另一种性质的负荷。2~3天后,当运动员与前一次主要负荷相应的运动能力处于超量恢复状态时,则可以再次安排同一性质的负荷(图4-4)。

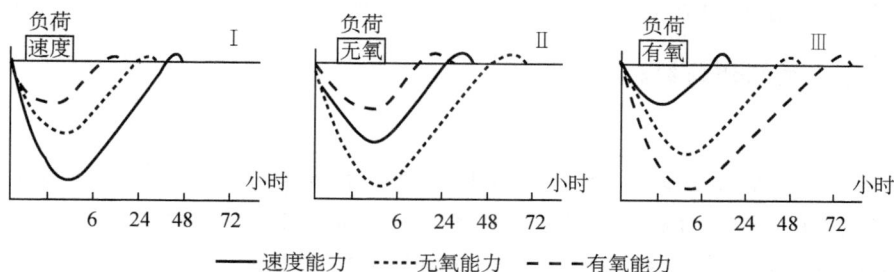

图4-4 不同代谢特点的大负荷课后三个供能系统的恢复时间比较

　　儿童在基础训练阶段初期,每周训练3~4次即可。随着年龄的增长及竞技水平的提高,特别是运动员承受负荷能力的提高,周训练次数与课训练时间都有所增加。当然,我们建议逐渐增加训练频率。训练开始时,时间表可以从每周2次、每次60分钟增加到每周2次、每次75分钟,再到每周2次、每次90分钟。然后,每周训练的频率可以从每周2次增加到3次。在潜能开发的后期,训练频率可高达每周4~5次(或在某些运动中更高)。有关各训练课次的负荷,对于青少年运动员来说,在一周的训练中,安排2~3次高强度课,既可以实施必要的训练刺激,建立一定的适应性水平,也有利于青少年运动员的生长发育。

　　由于大多数训练负荷后的充分恢复都需要24~72小时,即1~3天的时间。所以,在训练实践中,常常把一周的训练分为两半。上半周的训练之后,在一周的中间(即周三或周四)安排较小的负荷或其他形式的休息作为调整。在下半周的训练中,从负荷的内容及形式上,常与上半周的某些方面是相似的。这种结构叫作周训练计划的两段式结构(图4-5)。

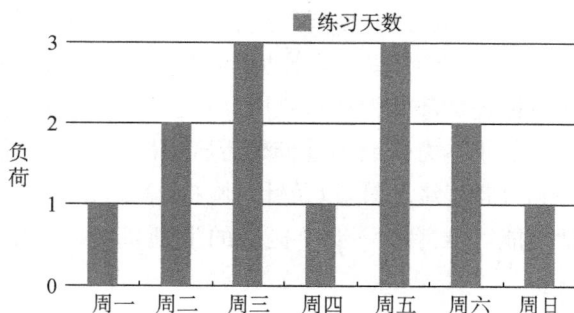

图4-5 周训练计划的两段式结构

　　在连续多个基本体能训练周的训练过程中,常常通过运动负荷的加大,引起机体更深刻的变化,产生新的生物适应。加大负荷的途径有3条:①增加负荷量,同时负荷强度保持不变或相应地下降;②提高负荷强度,负荷量保持不变或相应地减少;

③负荷量和负荷强度保持不变,通过负荷的累加效应给予机体以更深的刺激。

四、青少年运动员体能训练的课计划安排

训练课是运动训练活动最基本的组织形式,体能训练课或结合专项技战术的综合训练课是提高运动员体能基础和竞技能力水平的主要途径。体能训练课的课时训练计划包括训练课的内容的选择与安排、课的结构组成、训练手段与方法的实施程序、训练负荷的大小及恢复手段等方面。青少年运动员的体能训练课主要是通过多种多样的训练方法和手段,促进青少年的健康成长,发展一般和专项身体素质,提高和保持体能训练水平。

(一)体能训练课的结构

1. 准备部分

准备部分是为了调整运动员各种生理和心理机能,准备承受基本部分训练负荷及完成所安排的训练内容,以获得理想的训练效益的训练课的第一个环节。

体能训练课的准备活动可分为热身、拉伸和激活三个部分。

热身:主要任务是提高一系列生理机能,例如提高心率、血流速度、体温、关节润滑液分泌和呼吸速度等。通常,热身活动以有氧活动开始,逐步提高工作强度,可使心率达到130～140 次/分。热身活动所采用的练习较广泛,所用时间也因人或基本部分内容而异,通常采用慢跑、自行车、徒手操,或其他强度不高的练习。

拉伸:依据被拉伸肌肉受控制的对象分为主动拉伸和被动拉伸。主动拉伸是指通过被拉伸肌肉的拮抗肌肉收缩,将目标肌肉进行牵拉。被动拉伸是指通过外力或者自己提供的阻力,协助运动员的目标肌肉在同伴,或者运动员自己的自重下在活动范围内进行牵拉。还可依据拉伸时的运动形式分为动态拉伸与静态拉伸。动态拉伸是以运动的速度、动力在肌肉区制造伸展,其牵拉的目标肌群是围绕运动模式及动力链条的,以增加关节的动态活动度,更适合热身环节使用。

动态拉伸时应注意:动作应处于受控制状态,用力不应过猛;动作幅度是由小到大的;动作的目标肌肉是由局部到整体的;动作速度是由慢到快的;每个动作5～10 次。

激活:针对基本部分动作涉及的肌肉、动力链和动作模式进行专项性热身,目的是激活目标训练部位神经－肌肉联系。如练深蹲硬拉前高抬腿跑、后踢腿跑、徒手蹲起等,练卧推前用弹力带或小重量激活肩袖肌群(冈上肌、冈下肌、肩胛下肌和小圆肌)、慢速俯卧撑和直臂肩绕环等,以及针对胸椎、髋关节、肩关节活动度的动态拉伸,都属于这一步。激活还能够维持第一步中提高的生理机能,因此这也是准备活动中防止受伤的最重要的一步。

2. 基本部分

基本部分是体能训练课的主要训练内容。基本部分的结构和持续时间依训练目的任务而不同,即使是同一项目的训练,在不同的训练时期内,这种差别有时也是很大的。因为每次训练课都必须纳入总体的训练计划,必须使每次课的训练效果能承上启下,使前次课的效果得以延续,本课的效果得到累积。课的内容、练习手段和负荷等各项指标必须符

合训练过程的发展趋势,这就必须根据运动员身体技能训练水平发展的需要而决定本课基本部分的训练安排。

　　一节体能训练课常常会安排两种以上身体素质的训练。正确安排练习顺序有助于提高训练的效果。一般来说,快速力量练习、速度练习应安排在课的前半部分进行,以保证练习的质量,取得较理想的效果,当运动员感到有一定程度的疲劳时,再安排发展耐力素质或力量耐力素质的练习。

　　在课训练计划中训练方法的选择,可依据练习中负荷与间歇的不同关系来进行,包括持续训练法、重复训练法和间歇训练法(图 4-6)。

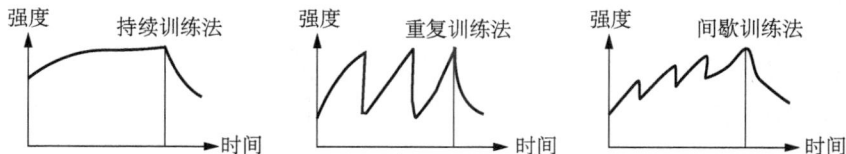

图 4-6　持续训练法、重复训练法和间歇训练法模式图

　　持续训练法是负荷强度较低、负荷时间较长、无间断地连续进行练习的训练方法。一般维持心率 130～170 次/分之间。持续训练主要用于发展一般耐力素质,可使机体运动机能在较长时间的负荷刺激下产生稳定的适应,内脏器官产生适应性的变化;提高有氧代谢系统供能能力以及供能状态下有氧运动的强度;为进一步提高无氧代谢能力及无氧工作强度奠定基础。

　　重复训练法是多次重复同一练习,两次(组)练习之间安排相对充分的休息的训练方法。其作用机制是强化条件反射和痕迹积累效应。重复训练法每次重复练习的动作和负荷要求不变;每次重复练习的强度较大,通常采用接近比赛和比赛的强度,在周期性项目中可用运动员本人最大强度的 90%～100% 的强度。每次(组)练习之间的间歇时间,以使运动员机体达到基本恢复为准,休息相对比较充分,以保证下次或下组练习完成既定的负荷强度和保证体能训练动作的准确性。

　　间歇训练法是对多次练习时的间歇时间做出严格规定,使机体处于不完全恢复状态下,反复进行练习的训练方法。间歇训练法要求每次练习后的间歇都在运动员机体未完全恢复的状态下,就开始下一次练习;每次练习的负荷强度、距离、重复次数和组数可以根据训练的目的、任务进行安排。但是,采用间歇训练法进行体能训练时,运动员要有一定的训练基础,熟练掌握训练动作。在青少年运动员的训练中,一开始使用间歇训练法时,量和强度都不宜太大,并谨慎增加。

　　在一节体能训练课中,教练员也可以采用简单的循环训练法来进行。循环训练法是指根据训练的具体任务,将练习手段设置为若干个练习站,运动员按照既定顺序和路线,依次完成每站练习任务的训练方法。循环训练法通常每组由 6～10 个练习组成,每个练习分别发展身体不同部位肌群的力量或力量耐力。在一组之中,一个接一个地连续完成不同的练习,运动员交替训练不同肌群的力量、耐力素质,同时,心血管系统则持续工作。做完一组各个练习之后,才有一定时间的休息。

　　表 4-6 和表 4-7 显示了青春期前、后两个循环训练示例。后者难度较大,包括更多的

力量练习和一些简单的离心向心力量练习(障碍跳跃、垂直跳跃和原地空中换腿跳)。在实际应用中,应灵活使用表中建议的负荷和重复次数。对一些运动员来说可能很困难,而对另一些运动员来说则相对容易,应根据个人情况调整训练计划。青春期后期循环训练较青春期前期的练习难度更大、负荷更大、练习之间的间隔更短。

表4-6　青春期前期的循环训练示例

练习	重复次数/时间	间歇时间(秒)
引体向上	4~8 次	30
坐姿腿部推蹬器械练习或深蹲哑铃负重	10~12 次	30
仰卧实心球转体	8~10 次	30
器械高拉	8~10 次	30
对角线跳跃	30 秒	60
坐姿肘部屈伸哑铃练习	6~8(10)次	30
实心球躯干抬升	6~8 次	60
俯卧撑	6~8(10)次	30
障碍跳跃	30 秒	120

表4-7　青春期后期的循环训练示例

练习	重复次数/时间	间歇时间(秒)
坐姿腿部推蹬器械练习	12~15 次	20
引体向上	4~6 次	30
坐姿 V 字持实心球转体	4~6(8)次	30
垂直跳跃	30 秒	30
杠铃或哑铃胸前推举	30 秒	20
俯卧两头起	6~8(10)次	20
原地空中换腿跳	30 秒	30
俯卧撑	6~8(10)次	20
障碍跳跃	30 秒	120

在进行循环训练时,应注意以下几点:①训练应持续 15~20 分钟,在青春期后可增加到 30 分钟。②安排好每个训练站点的内容,确保四肢、身体部位和肌肉群在训练过程中交替使用,建议按照参与顺序:腿、手臂、腹部和背部。③训练计划应该包含 6~9 种练习。④对于新的练习,应该教授正确的技术动作。动作的正确执行应该先于动作重复的次数。⑤不要命令孩子尽快完成练习或循环。在启蒙时期,速度不是训练的重点。如果教练员们想让孩子享受循环练习,应该让他们按照自己的节奏去做。⑥尽可能将练习融入充满乐趣的循环训练中,让孩子们感兴趣。⑦使用易于使用的设备和器材进行练习,例如实心球、阻力带和哑铃。如果可能,安排户外循环训练并使用游乐场设备进行同伴支持练习。

3. 结束部分

训练课结束部分的任务主要是解除训练课基本部分所造成的心理、生理上的紧张状态。因此,有组织地进行课的结束部分对恢复过程的积极进行有着重要的作用。结束部分可以通过拉伸和放松逐渐使运动员的机体恢复。

与准备部分中的拉伸不同,结束部分的拉伸主要采用的是静态拉伸。静态拉伸是静止地、没有运动地、孤立地牵拉目标肌肉,适合放松环节或单独柔韧训练中使用。静态拉伸可以是主动拉伸也可以是被动拉伸。

被动拉伸应注意:拉伸者应当动作缓慢,有所控制;拉伸者与被拉伸者应当及时交流,保证拉伸安全;拉伸时应给予被拉伸者肌肉微微拉紧的感觉,而非疼痛感。

主动拉伸应注意:保证自己拉伸动作处于可控可调整的范围;保持互相平稳,与拉伸动作相结合;保证自己的拉伸止于不会感到疼痛的临界点;注意左右对称拉伸,重点在稍紧张的一侧;注意拉伸的先后顺序,应先拉伸大肌群而后拉伸其协同肌;拉伸时间不宜过久,每组控制在 30～60 秒。

放松训练是指使有机体从紧张状态松弛下来的一种练习过程。放松包括肌肉松弛和消除紧张两层任务。放松训练的直接目的是使肌肉放松,最终目的是使整个机体活动水平降低,达到心理上的松弛,从而使机体保持内环境平衡与稳定。青少年运动员的体能训练课的放松训练可以以下列形式进行。

(1)游戏放松

这是比较常见的一种放松形式。选择一些新颖、有针对性、缓和的游戏,让青少年运动员在玩耍的过程中达到放松身心的目的。这一放松形式普遍比较受欢迎。

(2)韵律放松

韵律放松指利用各种节拍、节奏、旋律所进行的各种形式的放松练习。通常采用音乐伴奏的放松练习,如节奏舒柔的舞蹈、舞步和放松韵律操等。音乐在放松过程中的作用很大,即使不用音乐,仅用由快到慢的节拍来进行放松,运动员的心率调整也比正常情况下快。

(3)呼吸意念放松

教练员可以指导运动员根据口令和提示进行各种呼吸的调整练习和控制呼吸节奏的练习,通过自我意识的引导和自我心理调整,使兴奋情绪平静下来,使紧张的肌体松弛下来,达到心静身舒的目的。

(4)按摩放松

可以进行单人或双人的各种按摩放松,如叩打、抖动、挤压等等。同时,也可以结合相应的穴位按摩,达到清脑安神和缓解身体局部疲劳的目的。教练员必须阐述清楚按摩的手法和部位,使练习达到应有的效果。

(5)语言放松

语言放松是指教练员利用提示性或暗示性的语言,使运动员在精神上先松弛下来,从而达到放松肌体的目的。这个练习也可以让运动员通过语言表达进行参与。教练员可以在进行提示时提一些问题,让运动员回答,让他们跟着教练员的思路走。用这样的形式进行练习,运动员的思想情绪进入松弛阶段时,身体的疲劳也就得到了缓解。

(二)体能训练课的负荷

1. 体能训练课负荷量度的把握和训练节奏

确定和安排好体能训练课的负荷量度是组织好课的训练过程的重要工作,训练课中安排一定的负荷量度不是目的,而是为了完成某一训练任务而服务。

训练负荷量度的确定应该服从于训练任务的完成。课的训练任务决定着应该安排何种量度的训练负荷。教练员不应追求负荷量度的高绝对值,能够保证训练任务完成的负荷量度就是适宜的负荷量度。每一堂课在不同时间跨度的训练过程结构中都占有适当的位置,明确了训练课及负荷安排的结构属性,合理安排负荷量度就有了明确的依据。

任何训练负荷都作用于不同的机能系统,而各个机能系统在一定的时间段内,对于训练负荷具有一定的承受能力,但不可能承受无限度的负荷。某一机能系统在一定时间段内所能承受的最大值,应是我们训练安排中的最大负荷。过度或极度地超越这一最大负荷的界限,必然会使机体产生非正常的生理现象,甚至导致严重的病理变化。

对每个运动员适宜的训练负荷是各不相同的,这一个体属性是安排训练课负荷量度时必须予以考虑的重要因素。只有针对个体的特点、个体所能承受的能力安排训练课的负荷,才能使训练过程顺利进行,使运动员健康地参加训练,不断提高其竞技水平。

每个运动专项都有着自身独特的规律,对于本项目优秀选手所必须承受的训练负荷也都有着不同的要求,在安排运动员训练课负荷量度时必须认真考虑这些特点。

负荷量度的把握和训练节奏的安排对体能训练课训练的效果有着重要的影响。对于青少年运动员来说,随着体能训练水平的提高,应逐步加大训练的负荷,以给运动员机体更为深刻的刺激,引起运动员体能更为明显的适应性变化。同样,这时负荷的增加也要从量的增加开始,每次训练的持续时间可以从赛季开始到结束逐渐增加。比如从 1 小时逐渐增加到 1.5 小时,如表 4-8 所示。

表 4-8 青少年足球运动队训练课时长的渐增式计划

月份	训练课时长(分钟)	月份	训练课时长(分钟)
四月	60	七月	90
五月	75	八月	休息
六月	90		

当青春期青少年运动员的训练频率达到最高时(例如每天 1 次 90 分钟的训练),应增加每次训练的练习和训练次数。具体可以通过以下两种方式来实现:①增加休息前的练习次数(例如,从一组 8 次传球或练习到一组 10 次、12 次甚至 14 次);②减少练习之间的间隔(例如,从 2 分钟到 1.5 分钟再到 1 分钟)。

随着训练时间增加到 1.5 小时,通过选择各种运动和活动来保持孩子的兴趣尤为重要,以确保孩子们能够更轻松地应对疲劳。在训练时一定要注意训练负荷并不是越大越好,超过运动员所能承受的限度就会引致劣变性反应。因此,要注意把握好负荷量度,需要注意的是,在高温和潮湿条件下的训练时间应该总是比常规训练时间短,因为孩子们更容易感到疲倦。

2. 体能训练课负荷量度等级的划分和评定

(1) 根据主要训练手段的训练量确定训练课负荷量度

在一次预定时间界限的训练课中,完成主要训练手段的最大训练量可作为大负荷训练课的判定标准,运动员所能承受最大负荷的 80% 以上为大负荷,50%～80% 为中等负荷,50% 以下为小负荷。例如,假如在 2 小时的训练课中,运动员用极限强度跑 100 米,即保证处于磷酸肌酸供能的范围内的 100 米跑,其最大可能只能跑 20 次,那么这 20 次就是这个运动员一堂课中发展速度能力的大负荷;与其相应 10～16 次为中负荷,10 次以下为小负荷。

(2) 根据训练课后恢复的状态确定训练课负荷量度

有机体在训练负荷刺激下产生疲劳,负荷越大,疲劳越深,需要恢复的时间也就越长。据此,可从恢复时间的长短推断出负荷的大小。恢复时间短,则负荷小;恢复时间越长,则负荷越大。比较同一时间长度的训练课结束后,有机体疲劳后恢复时间的长短,即可判断训练课负荷的大、小等级。例如,俄国学者对周期性项目运动健将的跟踪检测表明,各种性质的大负荷课后,需要经过 2～3 天的恢复过程。

由此,可以以大负荷课中完成的量作为上限标准,划分出不同等级负荷的训练课。大负荷课:运动员达到原来水平的恢复时间为 2～3 天;较大负荷课:恢复时间为大负荷课的 1/2,即 1～1.5 天,此时负荷量为大负荷课的 70%～85%;中等负荷课:恢复通常在 10～12 小时以内就可完成,此时负荷量为大负荷课的 50%～80%;小负荷课:恢复则是几十分钟或几个小时就可完成,负荷量为大负荷课的 20%～25%。

3. 体能训练课的评价指标

主观体力感觉等级(RPE)源自于 20 世纪 50 年代,由瑞典著名生理学家 Borg 提出,用于以个人主观感觉来评量运动负荷强度。RPE 是介于心理学与生理学之间的一种指标,是有效推测运动强度和医务监督的重要方法。运动时,肌肉、呼吸和心血管受到的刺激都会传到大脑皮层,引起感觉系统应激,因而通过主观感觉判断疲劳。Borg 清晰地解释了运动强度影响身体供能系统的变化,能够用科学化方法去量度,然后从客观性的指标反映出来,包括能量消耗、速率、效能、摄氧量及心率等,并指出:①当人体以最大能力做肌肉收缩时,人与人之间存有不同的主观刺激感觉;②主观体力感觉与负荷的范围存在显著性相关;③运动的负荷强度是受个人疲劳感觉的程度所操控的。因此对前期量表的分析制定中,Borg 发现某些生理素质的变化未必产生线性的关系,特别是运动时乳酸产生量和呼吸的气量。于是 1973 年 Borg 尝试建立一套分类别的评级机制,原则以评级表序数值的 25%,定为"轻松",把余下的 75% 分级排列成"有点吃力"至"筋疲力尽",并用较简单数字再分类,结果制成了简易的 10 级量表,依据这个量表,在体能训练课时,我们可以使用表 4-9 来进行训练负荷的评定。

表 4-9 训练课 RPE(Foster's 0～10)得分

等级	主观感觉程度
0	安静
1	非常非常轻松
2	很轻松
3	尚且轻松
4	有些吃力
5	吃力
6	
7	非常吃力
8	
9	
10	筋疲力尽

　　1975 年，Banister 等人基于 24 周的周期性耐力实验提出了训练冲量（training impulse，TRIMP）的概念。负荷量、负荷强度是影响负荷的两个因素，对其充分把握和理解，并合理安排可以使运动训练的效果达到最佳。负荷量比较容易控制，但运动强度较难把握。运动强度不仅是教练在训练课中施加的外部负荷，更为重要的是这些外部负荷在作用于运动员有机体后所产生的真实反应，这也被称为内部负荷。因此，教练员可以把训练冲量看作是运动员在练习中所承受的全部训练负荷。

　　训练冲量可以区分为三种：基础训练冲量法、训练区间冲量法和主观体力感觉等级冲量法。在青少年运动员的体能训练中，我们通常采用基于心率的基础训练冲量法来评价一堂课的训练负荷。

　　基础训练冲量算法是基于训练时，心率会随着运动强度和时间的变化而变化。计算时需要测量运动员在训练中的持续时间（duration）、最大心率（HR_{max}），运动中平均心率（HR_{ex}）和安静心率（HR_{rest}）。计算方法如下：

$$TRIMP = D \times (\triangle heart\ rate\ ratio) \times e(b \times \triangle heart\ rate\ ratio)$$

其中 D 为训练课的持续时间，常数 e = 2.718，权重因子 b = 1.67（女）、1.92（男），比率 = $(HR_{ex} - HR_{rest})/(HR_{max} - HR_{rest})$。

　　我们在一堂训练课中，测得运动员的最大心率：180 bmp；平均心率：145 bmp；时长：125 分钟，就可以得出这个运动员这堂课的训练冲量为：327（测试样本为男，结果保留整数）（表 4-10）。

表 4-10　上海市某区少体校体能训练课程计划（第 4 周）

教练	刘某		时间	2021.12.31
目标	加强上下肢以及核心的力量			
器材	标志桶		地点	某区少体校田径场

	训练内容	训练负荷 次数×组数；间歇时间	训练组织	备注
	1. 集合整队 2. 自我介绍 3. 介绍本堂课训练内容	无	两横队	
准备部分	1. 慢跑	热身 5 min		
	1. 踮脚走 2. 脚后跟走 3. 股四拉伸 4. 提膝外展 5. 最伟大拉伸	拉伸 15 m×2 组	四路纵队 精讲多练	以学习动作、纠正动作为主，注意动作细节
	1. 早安式 2. 神经激活 3. 小步跑 4. 高抬腿 5. 后踢腿	激活 + 专门练习 15 m×2 组		

训练内容	训练负荷 次数×组数;间歇时间	训练组织	备注
基本部分 1. 上肢基础力量练习（上肢与下肢搭配进行练习） • 宽距跪姿俯卧撑 • 窄距跪姿俯卧撑 • 抬脚俯卧撑 • 单腿抬脚俯卧撑	12次/组 2组	集合练习 上肢搭配下肢 分开进行练习	体会上肢、下肢及核心发力,保持躯干的稳定性,体会屈髋技术要领,保证动作质量
2. 下肢基础力量练习 • 深蹲 • 左右跨步跳 • 单腿深蹲（双人配合） • 扶墙单腿硬拉	12次×2组		
3. 整合 + 心肺训练 • 正向猫爬 + 开合跳 • 侧向猫爬 + 高抬腿 • 反向猫爬 + 弓箭步 • 同手同脚爬 + 摸脚跳 • 异侧猫爬 + 波比跳	15 m×2组 20次		在整合练习中强调上肢肩带稳定、核心收紧
结束部分 1. 放松跑	5 min	分散练习	不追求速度,跑起来就可以
2. 拉伸放松	10 min	分散练习	讲解运动损伤的预防
实际负荷 最大心率:180 bpm 平均心率:145 时长:125 min	RPE:8	训练冲量:327	
小结	本节课主要练习上下肢及核心力量 + 心肺功能		

第四节　体能训练计划安排的注意事项

本书中介绍的训练计划主要基于典型的青少年运动员的身体生长和发育的平均速率。虽然训练指导大纲中所建议的训练计划都是依据实际年龄,但在实际应用时,应当根据每名青少年运动员的个人特点进行调整。也就是说,为一组青少年制订训练计划时,应该根据他们对各类训练的适配能力,相应地调整训练与比赛计划,而非仅根据他们的实际年龄。熟悉运动员在基础训练阶段、专项提高阶段的生理、心理和社交特点,将有助于建立一套可以促进运动员发展、获得高水平表现的训练计划。

一、过早专项化训练问题

一直以来在青少年运动训练中都存一个现象,即在运动员儿童期间就进行专项化体能训练,不仅过早对运动员进行符合项目特点的供能系统以及专项动作技能训练,同时过早让运动员接受大运动量以及高强度的训练,使运动员在青少年期间就达到成年运动员的训练量以及专项训练比例。虽然过早进行专项化训练可以在短时间内显著提高运动员的运动成绩,使运动员较早获得高水平的赛场表现,但长期来看这种高水平通常并不具有持久性,且可能会导致以下问题。

(一)影响青少年的心理健康

青少年由于神经系统发育特点,兴奋和抑制发展不均衡致使情绪波动起伏较大、注意力不易长时间集中、意志力相对薄弱、精确分化能力较差,过早的专项化体能训练可能会导致运动员无法正确应对专项体能、技能训练中出现的困难,产生畏惧心理,从而放弃该项运动。长期枯燥的大运动量训练和比赛还极易使青少年心理压力增大,影响其心理健康。

(二)影响青少年的生理健康

过早的专项化体能训练会导致青少年疲劳的积累,影响身体的正常发育,增加运动损伤风险出现概率,对其生理健康产生负面影响,无法维持较长时间的高水平赛场表现。

(三)造成运动员运动技术的单一

缺乏基本动作技能的培养,过早地进行专项化训练,较早地规划运动员未来发展方向,可能会导致运动员运动技术的单一,限制其未来发展。

(四)限制青少年的全面发展

过早的专项化训练占用了青少年的较多时间及精力,影响其在学习、社交等方面的正常发展,进一步限制了青少年全面发展的可能。

(五)影响运动员选材

过早地进行专项化训练,透支孩子的潜力,使其具有优于同龄人的赛场表现,极大地干扰了教练员对于运动员选拔,极易淘汰具有真正潜力的同龄运动员。

二、个性化问题

青少年运动员不管是在身体素质还是在性格特点等方面,都存在着很大的差异,统一的训练手段无法满足所有运动员的训练需求,只有通过针对性的训练计划,才能够达到最优的训练效果,使运动员的运动水平得到普遍提高,因此青少年运动员体能训练计划必须要考虑到不同个体之间的差异性以及自身的可训练性。同样年龄的运动员可能由于成长速度的不同表现出较大的差异,教练员只有在充分了解训练对象的个体特征后,制订个性化的体能训练计划才符合科学体能训练的要求。为此,对于以下几个因素我们应加以充分重视。

(一)生物学年龄与实际年龄

青少年运动员在不同阶段生理特征具有较大差异,对于训练负荷的把控须严格按照运动员的当前发育状况进行,尤其值得注意的是:制订训练负荷时生理学年龄比实际年龄更相关,生物学年龄是根据人体发育状态所推断出来的年龄,显示人体的组织结构和生理功能的实际状态,是完成训练任务能力以及及时恢复的重要保障。生物学年龄比实际年龄更有助于反映出运动员的实际运动潜力,也是制订个性化训练计划的重要依据。

(二)遗传因素

由于运动员生理构成方面的遗传差异,其体能有所不同,为了使所有青少年运动员都能充分发展一般体能,有些需在力量训练加强训练比重,而有些需要加强耐力与柔韧素质训练。训练量的个体耐受性也受遗传因素影响。

(三)生活方式

尽管很多儿童生长模式都是相同的,但差异较大的生活方式导致同一小组的运动员可能由于生活方式的不同显示出不同的体能优势方向,例如长期生活在高纬度地区的儿童比低纬度儿童有着更高效的氧利用率,从而表现出更好的耐力项目运动潜能。同时生活方式还影响着儿童心理发育情况。

(四)性别差异

性别差异会影响运动员的训练水平和训练计划的适应性。青春期前男女在身高、体重、围度、宽度和长度等指标方面差距不大,但进入青春期之后,男女的身体特点会开始出现分化,具体表现在体重和运动能力方面。因此,在制订训练计划时要充分考虑运动员性别的差异。

三、动作技能和体能协同发展的问题

动作技能的发展从婴儿期就已经开始,经过基础训练阶段、专项提高阶段和最佳竞技阶段,动作技能的发展逐步增强。动作技能的发展会促进所有体能要素之间高度协调,包括速度、力量、耐力、柔韧、灵敏和协调素质的发展。一个简单动作的完成是一个由不同肌群和神经模式共同参与下实现的,实质上是一系列复杂动作的协调熟练过程,如投掷、挥拍、跳跃等。往往看似轻而易举完成的动作,实际上离不开长期动作技能的学习和练习。教练员往往过度强调身体局部的训练,而忽视正确动作模式的练习。例如,在投掷类项目中,表面上看推掷铅球和投掷铁饼需要较强的手臂力量。但事实上,这类专项技术是以沿纵轴旋转的运动模式为主的,如果想要有效稳定地将物体推掷至较远距离,就需要腿部、髋关节以及腰腹等多个身体肌群协同脊柱旋转发力,并且要求动作涉及的所有肌群可以精准地收缩和放松,而这种高度协调的动作技能,需要长期的运动模式学习和体能训练。

从婴儿期到青春期阶段的体适能发展和竞技体能提高的过程中,儿童青少年动作技能的学习和发展,是以后健康成长,完成复杂练习、提高动作流畅性和效率,以及防止受伤的基础。儿童青少年应该同时发展粗大动作技能(gross motor skills)和精细动作技能(fine motor skills)。粗大动作技能是指在身体大肌肉群协调工作下完成的大幅度动作。例如跑、跳、攀爬和抛接等动作都属于粗大动作技能,这些技能一般在儿童早期得到发展并随着年龄的增长逐步完善。精细动作技能包括非常细小且更加精准的动作,例如使用拇指和食指拾起玉米粒。这类动作会随着粗大动作技能的发展得到完善,并且在学校和日常生活中获得学习和实践。动作技能的学习和训练十分重要。在基础训练阶段,应该鼓励青少年去跑动、追逐、投掷和接抛球以及参与到各类运动项目之中,同时加强粗大动作技能和精细动作技能的发展。同时,在学习动作技能的过程中,培养儿童青少年的形态、机能和身体素质水平。

力量、速度、耐力以及柔韧性构成了高水平运动表现的体能基础,而良好的身体协调能力则是动作技能学习和发展的必要条件。具备良好协调性的青少年不仅可以快速地掌握一项技术,而且与完成动作僵硬且存在一定困难的青少年相比,协调性良好的青少年运动员在完成相同动作时的能量消耗更低。

平衡能力则是运动员执行某项运动技术动作时,维持并控制身体姿势或保持稳定的能力。体操运动对平衡能力要求较高,同时平衡能力在绝大多数集体类项目中也至关重要,因为在集体项目中,想要成功摆脱防守和盯防对手需要保持身体与四肢的平衡。虽然遗传因素是影响基本动作技能主要因素,但是可训练性依然很高。通过一段时间的重复练习和训练,青少年运动员提高了动作精准性和时机把握能力,从而提升整体运动表现。

在幼年阶段可以通过训练来提高协调性,运动员在这个年纪能够很快地掌握每项技能。在基础训练阶段和专项提高阶段加入设计合理的全方面训练计划,可以帮助青少年运动员提高协调性、平衡能力和灵敏性。与专项化训练有所不同,多技能训练计划能够丰富运动员的各项技术能力,最终实现卓越的竞技表现。

教练员和运动员应充分认识到力量、速度、耐力、协调性以及灵敏性之间的密切联系,从而理解运动员全面发展的过程。运动员发展并提升力量、速度以及耐力素质,对于其协调性和灵敏性的提升也会有所帮助。例如,运动员力量素质的增强有助于快速移动或改变方向,腿部力量或腿部对地面施加作用力的能力加强就会强化速度。身体达到良好的力量水平有助于青少年运动员在体育运动中更好地学习运动技能,运动员的力量越大,在击球、投球、抛球时就越迅速。大多数运动员能得益于后天的力量、协调性和灵敏性的训练。

思考题

1. 结合一个专项运动,叙述青少年体能训练的起始状态诊断可以包括哪些指标?

2. 青少年运动员安排训练时,如何尽量做到内部负荷和外部负荷的统一?

3. 力量素质的发展在一个大周期内可分为哪些时相,这些时相如何与运动训练大周期的安排相结合?

4. 青少年运动员体能训练课的准备活动如何安排?

第四章思考题

第五章

青少年运动员一般体能训练方法与手段

体能训练方法即指运动训练活动中,以发展运动员体能为主要途径促进竞技能力和运动表现全面提高的措施与办法。体能训练手段是为了完成某项体能训练任务而采用的身体练习。

运动训练活动具有高度的挑战性,充满着奋斗与竞争。为了提高比赛场上的竞争力,教练员和运动员不仅努力学习和选用行之有效的传统训练方法,同时也不断地研究和创造新的训练方法。新的训练方法的产生既是科学训练原理的具体体现,也是科学训练实践的高度总结。运动训练方法的不断创新和科学运用对推动竞技运动水平的提高有着积极的作用。

必须明确的是训练方法和训练手段是两个不同的概念。训练方法是教练员在运动训练过程中,为完成训练任务、提高专项成绩而采取的途径和办法。训练手段是具体的身体活动,是运动员在运动训练过程中,为提高某一竞技能力、完成某一具体的训练任务,所采用的身体练习。例如:用杠铃深蹲跳来发展运动员的下肢力量,则杠铃深蹲跳就是训练手段。如果在采用杠铃深蹲跳进行训练时,严格控制运动员的组间休息时间,不让其有充分的休息,采用的就是间歇训练法;如果让运动员在组间充分休息,以保证下一组的练习质量,则采用的就是重复训练法;如果将杠铃深蹲跳结合其他手段依次进行练习,采用的则是循环训练法。因此,训练手段是指一些具体的身体活动方式,其可以根据不同的训练目的、按照不同训练方法进行组合。

第一节　体态、姿势培养与调整

人体的基本框架是由骨骼、关节、肌肉和韧带等各组织器官构成,它们的正常运作才能确保人体正常的生长发育及新陈代谢。由于人体是一个复杂的整体,当身体的某些部位出现功能性问题和骨骼的偏移,人体会发生由其他部位为出现问题的部位进行代偿的现象,来弥补这些部位功能的不足。如果人体一直保持着错误的姿态,代偿现象会更加严重,各个肌肉、关节或者组织器官的负荷就会不断增大,引发局部疼痛或身体的不适,严重的可能造成难以挽回的病变,严重影响人体的生理健康。

不良的姿态还与神经输出能力下降有关,许多儿童青少年不能通过激活自己的姿势肌以维持正确的体态,当他们想坐在椅子上保持正直的姿势时,需要动员随意肌来维持姿势,而且,在这种情况下我们可以观察到,大约一分钟之后,他们又回到了原始姿势。人体不可能过长时间利用随意肌收缩维持正直姿势,这是因为随意肌是Ⅱ型肌纤维(快速收缩型肌肉),这些肌肉的主要功能是进行爆发性和快速的运动。轴向排列的姿势肌肉恰恰相反,它们是Ⅰ型肌纤维(慢速收缩型肌肉),它们的主要功能是长时间工作和保持稳定。由于Ⅱ型肌纤维缺乏耐力,这就是为什么当运动员想用随意肌调整身体姿势时,却往往无法长时间保持下去的原因。

一、基本站立姿势的稳定与调整

基本站立姿势是人体的始发姿势:身体直立,面向前,双目平视,双足并立,足尖向前,双手自然下垂于身体两侧,掌心贴于体侧(解剖学要求掌心向前)。从传统中国武术的站桩要诀"虚领顶劲,气沉丹田""对拉拔长曲中求直"到现代体能训练中"垂直轴稳定"的基本要求,都强调了基本站立姿势要把脊柱调整到正确姿势,收紧腹部,以及稳定髋部的重要性。但是,即使是世界顶级的运动员,也存在着基本站立姿势的错误和弱点,导致稳定度缺失、动力链传递力量和爆发力不畅、疼痛和伤病频繁发生。在日常训练中,教练员虽不厌其烦地提示运动员注意基本站姿,却很少将如何调整基本姿势作为单独的技术技能教授给运动员。

作为儿童青少年运动员,基本站立姿势的培养和调整尤为重要,应作为所有动作的起始并将其应用到运动和生活中的所有姿势和动作中。启用标准的基本站立姿势应成为儿童青少年运动员的一种本能,其主要要求如下(图5-1):①放松面部,舌尖抵住口腔上腭、牙齿后侧,嘴巴闭合。②双脚保持平行。通过双脚向地面旋转发力的方式使髋关节外旋,反射性地形成臀部收紧、髋关节稳定的状态。注意,这里不是双脚向外展,而是双脚向外侧发力。③继续保持臀部收紧,然后通过收缩横隔膜(腹部)来深吸一口气,呼气时绷紧腹部。④肱骨头后展,肩关节外旋、手掌朝上的同时伸展锁骨。⑤双臂落回身体两侧,拇指指向前方,双肩外旋。注意要让耳朵位于肩部正上方,胸廓位于骨盆正上方,臀部位于膝盖和脚踝正上方。

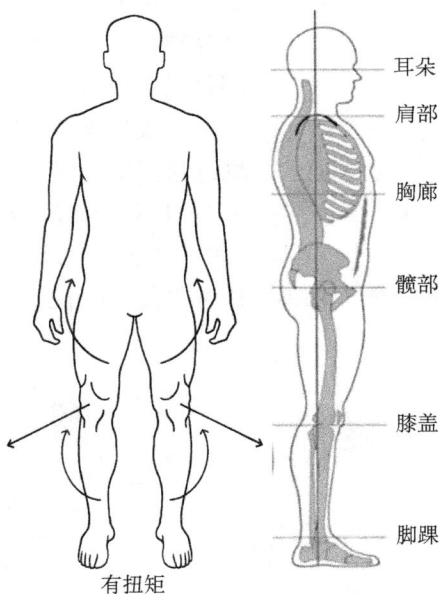

有扭矩

图5-1 基本站立姿势

(图右侧标注:耳朵、肩部、胸廓、髋部、膝盖、脚踝)

但是,青少年由于其不良的生活、学习习惯或青少年运动员长期进行单一的专项训练,造成基本姿势不良,总称为体态问题。不良体态的产生通常是由于当基本姿势出现问题时,偏移的身体使得身体的某些部分朝异常方向偏移,违反了身体平衡排列的规律,而身体的代偿机制为使身体保持平衡,使得部分肌肉紧张、部分肌肉松弛,如不及时纠正,长期以来就极易导致体态问题。

二、不良体态的调整

体态不仅影响人体的健康,也对儿童青少年的心理和成人后的社交产生较大的影响,因此要从小培养良好的习惯性体态。

针对因肌肉失衡而造成的体态扭曲模式,如上、下交叉综合征,其疼痛的原因在于,体态链的变化导致了肌肉出现失衡,引发神经肌肉控制紊乱和软组织出现炎症。解决由体态变化而出现的颈肩或腰臀疼痛需要采取以矫正体态和解决肌肉失衡为重点的治疗和康复,使用不同的手法或治疗方法来缓解和松弛僵硬的肌肉,同时还要通过抗阻练习来增强松软的肌肉,这样才能取得良好的康复效果。

在青少年运动员的体能训练中,应有目的地依靠运动手段对不良体态进行干预。其实,由于几乎所有的体态问题都是肌肉问题,所以都可以通过基本姿势训练加以纠正,如果较为严重的话,可以按照以下的思路进行专门的训练,即:松解—激活—牵拉—强化。以下为常见的几种不良体态的纠正方法。

(一)圆肩、驼背

根据本书前面章节的评价方法,可发现圆肩一般伴随着驼背。在实际操作中,溜肩膀、圆肩、驼背的矫正都是同时进行的;其主要诱因是因为胸小肌过紧,背部肌肉太弱;所以,针对圆肩、驼背的主要策略是肩胛骨激活训练并松解胸小肌。

一般步骤为①松解:泡沫筒松解肩背部、枕后,手法松解胸乳突肌,网球松解胸小肌(图 5-2)等。②激活:菱形肌激活,包括俯卧位上肢 Y、T、W、L 菱形肌激活练习,基础姿态上肢 Y、T、W、L 菱形肌激活练习(图 5-3)等。③牵拉:前臂贴墙牵拉胸大肌(图 5-4)。④强化:后张肩、俯卧飞鸟等(图 5-5)。

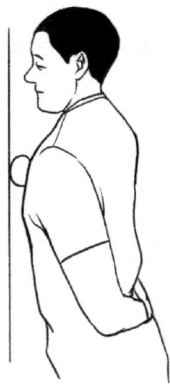

图 5-2 松解胸小肌

图 5-3 基础姿态上肢 Y、T、W、L 菱形肌激活练习

图 5-4　牵拉胸大肌　　　　**图 5-5**　俯卧飞鸟

（二）脊柱侧弯、高低肩和长短腿

背部肌肉力量失衡和长期的不良生活姿势是青少年特发性脊柱侧弯的主要病因,故在平时除培养良好的坐、立、行等正确姿势外,还须特别注意发展全身力量,尤其是伸肌力量。脊柱侧弯早期并没有多大影响,但如果不尽早进行矫正,会连带影响到肩胛肌群,最终造成脊柱的变形、侧弯、高低肩、长短腿等。

脊柱侧弯及其导致的高低肩和长短腿,应根据具体情况分析。最基本的原理主要采用脊柱纠正的手段,把最重的骨盆向下推,使脊椎之间的空间变大,在变宽的脊椎间矫正扭曲的脊椎,使椎间盘压力减少(图 5-6),所以,多采用悬吊结合强化弱侧、松解强侧的手段。

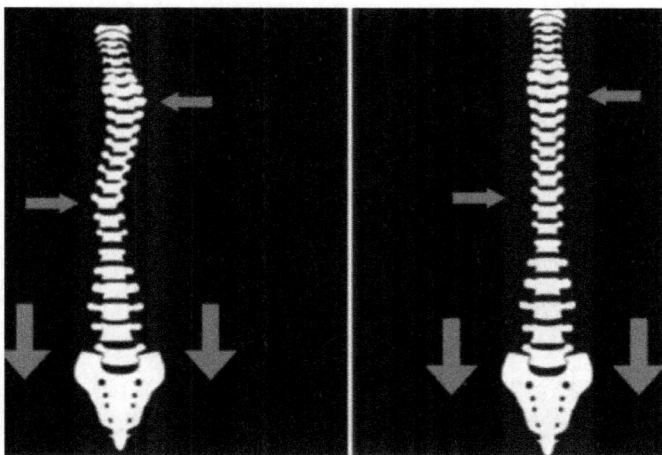

图 5-6　脊柱侧弯矫正的策略

高低肩训练建议为①松解:泡沫筒松解腰背部、前锯肌底端(图 5-7)、臀部、髂胫束。②激活:提肩练习,低的一侧反向体侧屈、平躺伸臂举腿摇摆。③牵拉:一侧单手悬垂、另一侧单手举哑铃。④强化:双臂悬垂。

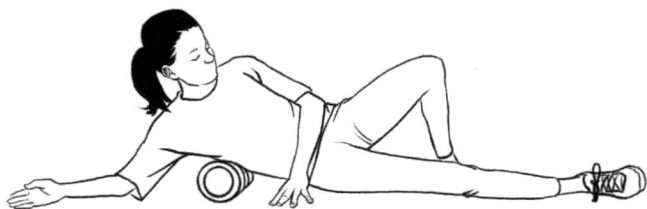

图 5-7 泡沫筒松解前锯肌底端

依次性扭曲造成的高低肩与长短腿,是由于运动链的完整性被损害,使运动链的功能效率降低并出现神经肌肉的代偿、体态改变和身体疼痛等现象。如图 5-8 所示,当一个人的左脚出现足弓塌陷或有比右脚更严重的扁平足时,也称下肢不对称或对侧不平衡,就会发生左侧踝、膝关节内旋,从而造成左侧骨盆下降。为了维持身体的相对平衡,患者的脊柱向左侧弯曲,右肩部下沉,出现脊柱侧弯和高低肩症状。同样,一个左腿受伤的人,为了保护左腿的受伤部位,伤者的右腿就会承担更多的支撑体重的任务,出现右腿比左腿短的现象,也会自然地改变和调整体姿,造成骨盆向右倾斜,左肩下沉,随之患者的右边臀腰部出现疼痛。这些都是典型的依次性扭曲的动作模式症状。因此,关节链中体姿链的变化又会影响到肌肉和神经链的功能,从而导致整个运动链在结构和功能上产生相应的变化,也就是出现明显的代偿性动作和关节疼痛,并且影响该患者的身体运动功能。

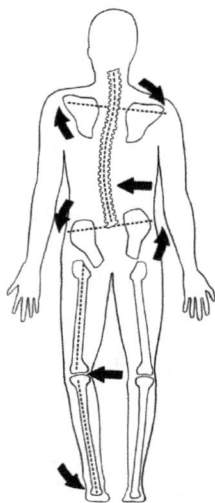

图 5-8 依次性扭曲示意图

(三)骨盆前倾后倾

骨盆前倾后倾都是由于不良的基本姿势形成的代偿,首先要加强基本站姿的训练,注意两脚外旋,旋开地板的感觉和呼气时收腹的习惯培养。也可以动用一些身体练习手段加以矫正。

纠正骨盆前倾步骤为①松解:腰方肌、腰背部肌群的松解;②激活:腹部肌群激活(各种卷腹);③牵拉:拉伸髂腰肌(弓步压髋)、拉伸骨直肌(后拉脚);④强化:卧姿臀桥起(臀部、股后肌群)、跪地俯身伸展。

纠正骨盆后倾步骤为①松解:手法松解腹部肌群;②激活:臀部激活(直腿后抬等)、俯身两头起(图 5-9);③牵拉:俯身上抬上体拉伸腹直肌(图 5-10);④强化:正确姿势强化练习。

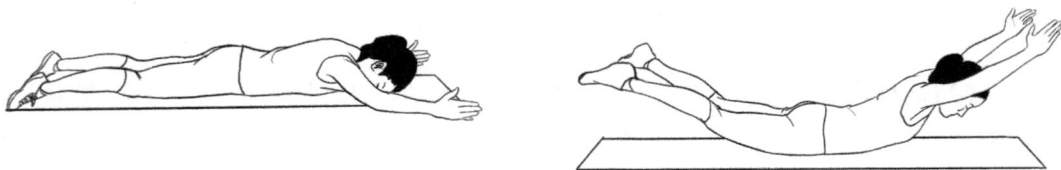

图 5-9 俯身两头起

图 5-10 俯身上抬

（四）X 形腿和 O 形腿

一般来说，X 形腿的人走路时多呈外"八"字形（膝外翻），O 形腿的人走路多呈内"八"字形（膝内翻）（图 5-11）。不存在骨头畸形时一般可以纠正。

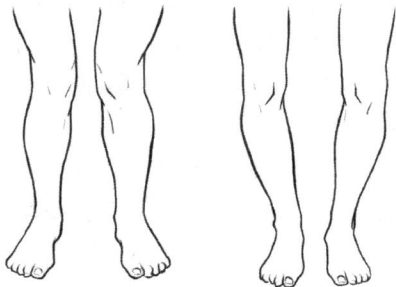

图 5-11 X 形腿和 O 形腿

纠正 X 形腿步骤为①松解：网球松解脚底肌肉筋膜（图 5-12）、泡沫筒放松大腿外侧肌肉髂胫束等；②激活：侧卧膝关节外展练习；③牵拉：盘腿脚掌相对拉伸、屈膝旋内拉伸；④强化：脚内侧踢毽子藤球、坐姿夹球练习。

纠正 O 形腿步骤为①松解：网球松解脚底肌肉筋膜、泡沫筒放松大腿外侧肌肉髂胫束等；②激活：侧卧膝关节外展练习；③牵拉：弓步压膝、屈膝旋内拉伸；④强化：坐姿，可使用迷你带进行膝关节外展。

为了彻底矫正姿势不稳定，应该更多地让姿势肌完成伸展而不是屈曲动作；使姿势系统更好地进行神经输出，矫正训练中肌肉收缩时需要保持更长的时间，而不是进行过多重复。通过等长训练来建立稳定的身体姿势，需要多进行向后伸展的动作，这样更易于身体对抗重力，保持姿势稳定。针对依次性扭曲的动作模式所带来的症状，康复人员需要找出薄弱或功能出现障碍的关节或链接（如踝关节），对产生薄弱链的原因进行分析（如扁平足或损伤），然

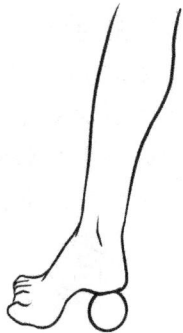

图 5-12 网球松解脚底肌肉筋膜

后对薄弱或功能出现障碍的关节链接部分进行相应的肌肉力量、神经肌肉控制等矫正训练。

由此可见，在运动链系里的任何一个链接薄弱都会影响到整个运动链系和运动系统的功能和效率，使用运动链的理念来找出造成身体功能障碍和疼痛的根源是教练员帮助运动员解决问题的关键。

第二节 关节活动度与稳定度训练方法与手段

青少年运动员要加强关节活动度与稳定度训练,平时要避免影响关节稳定度的被动系统受到伤害,特别是慢性损伤,同时注意激活和加强其主动系统的功能。比如,运动前要做好充分的准备活动,激活体内的神经和肌肉系统,以调动关节功能,应对运动中可能突发的问题。如果已发现关节不稳,或有陈旧性关节损伤,可以考虑事先戴好关节护具。在运动中,要保持正确的姿态,减少运动对关节韧带长时间的拉伸受力;还要注意提高身体的耐力和注意力的恢复能力,保持旺盛的体力和精力,减少疲劳状态时的运动受伤风险。

青少年运动员为了加强关节的稳定度,预防关节受伤,平时要多做关节力量的训练,尤其是小肌群的练习;还可多进行关节平衡性练习,让神经系统对肌肉的反应保持正常,掌控协调,从而使关节在动静态中都能保持稳定状态。这些手段被大量实例证明是非常有效的。比如一些运动员曾在空中落地后,前交叉韧带、踝关节韧带突然断裂,均是由于关节的被动系统——韧带出了严重的问题,但他们都没有选择手术,而是坚持做关节主动系统的训练——强化肌肉力量和神经的协调性,最终成功地保持并增强了受伤关节的稳定度,从而使自己的竞技水平得到恢复和提高。

青少年运动员应当聚焦于髋关节、肩关节和踝关节的活动度发展。踝关节的活动度对跑步和跳跃要求的所有技术至关重要,运动员必须尽量屈伸踝关节使脚趾接近或远离小腿。虽然我们建议使用静态拉伸方法,但是也必须注意不要超出不适阈值而造成过度拉伸。无论是肌肉和结缔组织拉伸的被动柔韧性,还是关节活动的主动能力都是影响我们人体运动及活动范围的组成部分。青少年运动员如果不从小注重关节活动度的培养,随着年龄的增长,肌肉力量和结缔组织弹性增加,从而会逐渐失去柔韧性和活动度,更容易导致运动时受伤或疼痛。如果在热身和整理活动中加入一些练习,就可以增强关节的整体活动度及肌肉和结缔组织的柔韧性。主要的练习应该针对与身体肌肉过度使用及容易紧绷的几个关键部分,主要有脚踝、臀部、胸椎、背部及肩部。

下面推荐几个练习,可以放在准备活动中,以增强关节的活动度和稳定度。

图 5-13 踝关节活动度练习

一、关节活动度练习

(一)踝关节活动度练习

这个动作可以增加脚踝的活动范围,帮助运动员更好地完成下蹲和弓步蹲的动作。开始时,单膝跪在地面上,另一只脚踏在前方,起始动作时形成 90°,接着慢慢向前倾,专注于将膝盖超过脚趾(图 5-13)。保持 10～30 秒,然后回到起始位置,换另一条腿重复。也可以如图 5-14 和图 5-15 所示，借助台阶伸展小腿三头肌，或跪姿脚背屈，增加踝关节活动度，动作保持 20 秒，做 3 组。

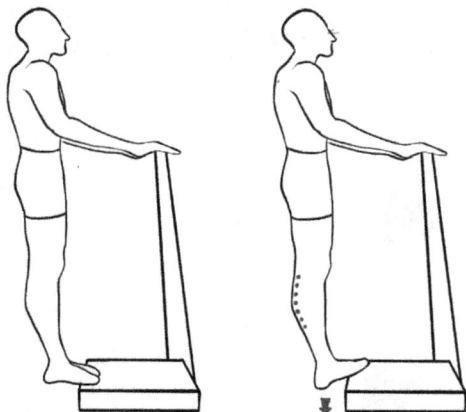

图 5-14　踝关节活动度练习 1

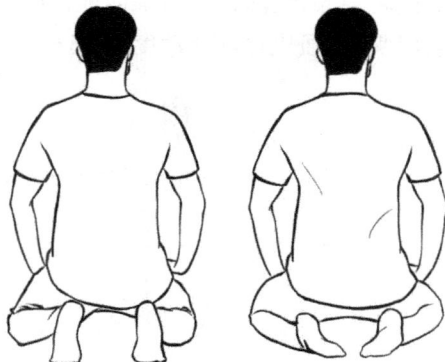

图 5-15　踝关节活动度练习 2

（二）腕关节活动度练习

跪姿两手撑地，一只手反撑，肘窝朝前，同时肩尽量前移，拉伸腕部，动作保持 20 秒，做 3 组（图 5-16）。

（三）髋关节活动度练习

坐于瑜伽垫中间，双手支撑于身体后两侧，双腿打开与肩同宽，脚跟着地于前。从髋部开始启动扭转，将双腿倒向一侧，前方的腿大腿外侧着地，将前后腿倒向一侧后，在保持上半身脊柱正直的条件下，加入上半身的旋转至前腿位置，保持胸口朝向前方（图 5-17）。

图 5-16　腕关节活动度练习

图 5-17　髋关节活动度练习

（四）胸椎活动度练习

侧躺，双腿并拢屈膝，手臂伸到体前重叠（像合上书本），接着旋转上臂到身体的另一侧，瞄准上臂触碰到另一侧的地板（像书本被打开一样）。打开时保持动作 20 秒，换另一边重复，做 3 组（图 5-18）。

（五）腰椎活动度练习

从四肢着地开始向上背部（就像猫在害怕的时候做的那样），尽量让肩部弯曲，然后向下拱起腰部，试图把肚脐推向地面（图 5-19）。还可以以坐姿转体的手段来拉伸上身核心区域肌肉，强化脊椎活动度（图 5-20）。

图 5-18　胸椎活动度练习

图 5-19　腰椎活动度练习

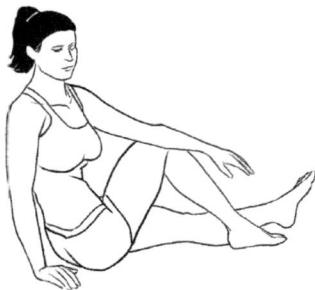

图 5-20　坐姿转体

（六）肩关节活动度练习

1. 拉肘侧屈

两脚开立，身体保持正直，右臂伸直向前伸直，抬至右耳侧方，手臂屈肘，右手前臂内侧紧贴头部后方，左手上举轻轻向下压右手肘关节；另一侧，动作方向相反。可多组进行。应尽力而为，注意力度不要过大（图 5-21）。

2. 持棒转肩

两脚开立，直立站好，双手抓住一根笔直的木棍水平放于胸前，双手的位置根据实际情况调整，然后抓住木棍向身

图 5-21　拉肘侧屈

体后翻转。在翻转的过程中,双手必须同时抓紧木棍,逐步缩小双手间的距离(图5-22)。

二、关节稳定度练习

关节的稳定度取决于关节机械性刺激感受器与肌肉周围关节间的反射环的敏感程度,因为机体是依靠肌肉反射性运动来使关节稳定,无意识反应和收缩速度是保持功能稳定的最重要因素(而不是肌力)。

(一)膝关节稳定练习

1. 波速球单脚支撑

面对波速球,一只脚踩上去,把重心由后侧的支撑腿转移到前侧,保持单脚支撑。接着后侧脚踩上波速球,另一脚悬空,两脚依次循环。加大难度时,支撑腿膝部上方由弹力带向外侧牵拉(图5-23)。

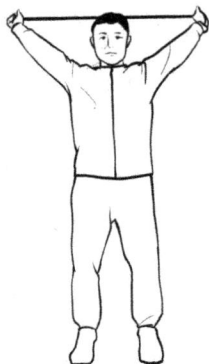

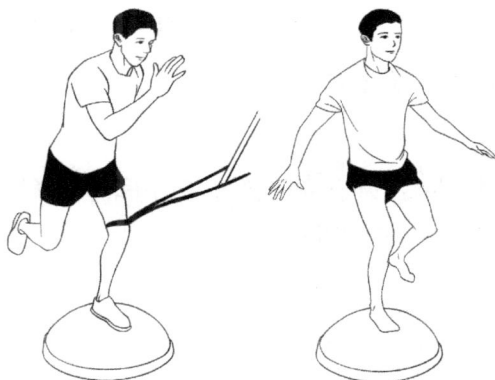

图 5-22　持棒转肩　　　　　图 5-23　波速球单脚支撑

2. 两脚跳落

两腿分开约与肩同宽,以半蹲姿势面向平衡垫站立,两臂位于体侧。两脚蹬地发力向前起跳,同时两臂快速上摆,然后平稳落在平衡垫上,两臂摆至体后。重复动作至规定次数(图5-24)。

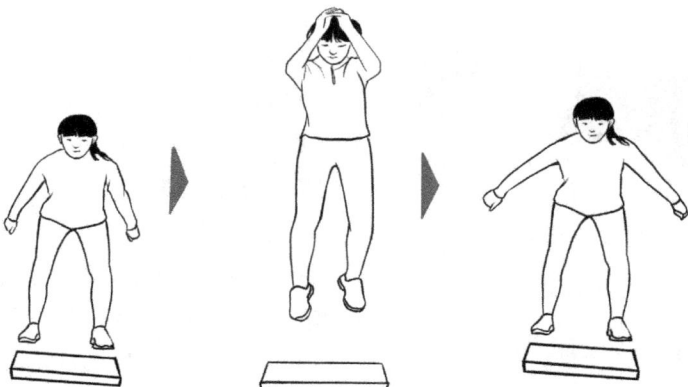

图 5-24　两脚跳落

3. 双跳单落

屈髋屈膝面向栏架站立,两脚分开约与肩同宽,躯干前倾,两臂位于体侧,背部挺直。两臂快速上摆,以手臂带动身体快速伸髋伸膝,两脚蹬离地面,向前跳过栏架。单脚落地,同时,屈髋屈膝,两臂摆至体后。保持落地姿势 1~2 秒(图 5-25)。

图 5-25 双跳单落

(二)肩关节稳定度

1. 下犬式

吸气,臀部抬起.伸直双腿膝盖,手掌和脚掌紧贴地面。将重心移至上肢稳定极限,而后向后拉伸至背阔柔韧极限如此反复(图 5-26)。

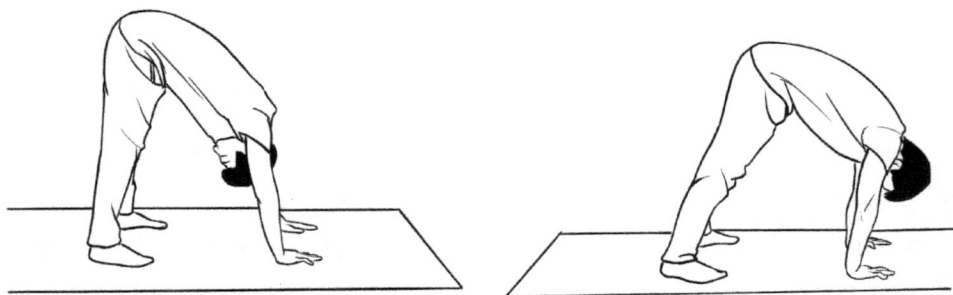

图 5-26 下犬式

图 5-27 马式平板支撑

2. 马式平板支撑

两脚并拢,以两手掌和两脚尖撑地,两肩稍前冲,肩关节固定,大腿和小腿呈 90°,保持动作至规定时间(图 5-27)。

3. 壶铃风车

单手将壶铃举过头顶,肘关节朝向正前方,双脚站距比肩略宽,弯腰并旋转胸椎,另一只手撑地,同时保持负重的手臂始终指向天花板,然后回到起始位置(图 5-28)。

图 5-28 壶铃风车

（三）脊柱稳定度

1. 团身滚动

蹲立时，双手抱小腿，低头，团身向后倒，后侧链依次着地，当头部着地时双手立即压腿向前回滚，恢复成蹲立姿势，全程紧缩背部，保持脊柱稳定（图5-29）。

2. 单腿臀桥

平躺在瑜伽垫上，双腿弯曲，双脚放在地上，然后抬起一条腿并屈曲90°。这是动作的起始位置。脚部发力，挺直臀部并离开地面，将臀部抬到尽可能高的位置并保持，全程注意脚尖勾起，可以加强腰椎的稳定度（图5-30）。

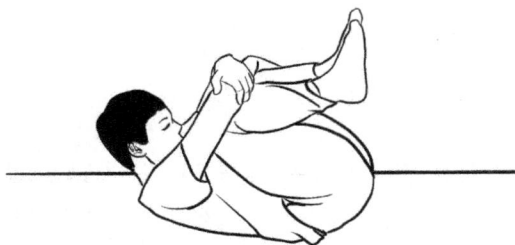

图 5-29 团身滚动

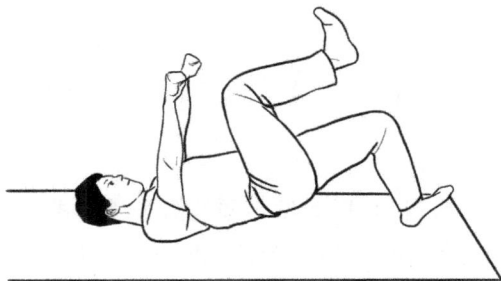

图 5-30 单腿臀桥

（四）髋关节稳定度

1. 传统箭步蹲

前脚脚尖朝向前方或略微向外迈出，膝关节保持与脚尖朝向一致，不宜太大/太小。下蹲到底部时，两腿的膝关节均呈90°，前腿膝关节可以略微超过脚尖。后腿膝关节接近地面/轻轻触地为佳，保持控制，不要让膝关节撞在地上。上肢稳定于骨盆上方，保持中立，不要前倾或后仰（图5-31）。

图 5-31　传统箭步蹲

2. 侧弓步蹲

维持自然站立姿势,挺胸缩腹,双脚距离约为 2 倍肩宽,脚掌朝前。若蹲往右边的话,要先进行髋关节铰链动作(意为臀部往后推到底),保持稳定,臀部往斜右方坐下去,然后回到预备姿势,接着向另一侧重复动作。维持躯干稳定,脊柱中立,避免弯腰驼背的不良姿势,下蹲时膝关节不要过度前移(图 5-32)。

图 5-32　侧弓步蹲

此外,可以尝试不同的箭步蹲变式:箭步走、后撤步箭步蹲、侧弓箭步蹲。箭步蹲变式也能够不同程度地激活股四头肌、股二头肌和臀大肌,保持髋关节稳定,还可选择杠铃、哑铃、壶铃或沙袋等不同负重方式。

第三节　心肺适能(有氧耐力)训练方法与手段

心肺适能(CRF)是指人体将氧气从大气中输送到骨骼肌,并在体力活动中利用氧气产生所需能量的能力。简单地说,心肺健康显示了一个人的有氧运动能力,以及循环系统如何有效地将氧气输送到全身。无论是普通儿童还是要进行运动训练的儿童青少年运动员,测量和发展心肺适能水平都可以全面评估他们的整体健康状况。

合适的有氧运动可以有效地改善儿童青少年的心肺适能,要让儿童青少年动起来,凡是有节奏、全身性、长时间且强度不是太高的运动都是理想的有氧运动,如游泳、自行车、慢跑、快走、各种球类运动、健身操等。最好的手段是儿童喜欢的活动,对于年龄较小的儿童,可选择趣味性较强的运动项目,如轮滑、各类体适能游戏等。最重要的是运动负荷的安排要针对儿童青少年的特点。

一、负荷强度

能够有效提高儿童青少年心肺适能的运动强度一般为 50%～85% VO_{2max}。具体的强度可根据儿童青少年的年龄、性别和体适能水平进行制定,3～5 岁的学前儿童可选择 50%～55% VO_{2max} 的强度,体适能水平较高的青少年则可以选择 60%～85% VO_{2max} 的强度。同时,训练的运动强度必须与运动的持续时间相对应,这样才能达到每次运动量的总目标。如果运动强度过大,而儿童青少年运动员未能保持相应的持续时间,也不能达到较好的训练效果。在一些大肌肉群参与的持续性的和整体性的活动中,如步行、跑步、游泳、自行车运动和健身操等,可以通过靶心率(target heart rate,THR)来评定其运动强度。但是,如果在一些小肌肉群参与的或对抗阻力的活动中,使用靶心率就可能不会达到同样的效果,因为这些活动完成同样代谢负荷时的心率反应较高。对于较小年龄的儿童应该采用靶心率阈值的下限部分作为运动强度;而对于青春发育期的青少年则要以靶心率阈值的上限作为运动强度。采用靶心率设定运动强度的优点在于简便易行,有一个自我增进的过程(即当运动员要增强体适能水平时,就必须努力去达到靶心率),考虑了环境因素对运动反应的影响(例如,在热环境中训练,达到靶心率时个体的运动强度实际上会相对降低)。

二、负荷量

最佳的运动持续时间是由运动强度来决定的。当达到最小强度阈值时,运动的总工作量就是决定心肺功能效应的重要因素。一般情况下改善儿童青少年心肺适能的训练时间为 20～50 分钟。年龄越小或强度越大则训练时间应相应减少,年龄越大或强度越小则训练时间应相应增加。如果以较大的强度(70%～80% VO_{2max})进行超过半个小时的持续运动,则可能会产生一些不利因素,如过度疲劳或者运动损伤等危险性的增加。

三、运动频率

一般情况下,心肺适能的提高会随着运动频率的增加而增加,但在运动频率超过每周 4 天时,心肺适能的提高便呈现平稳状态。以隔天的频率进行运动训练会明显改善心肺适能,而且可以减少损伤的发生和保持体重。

第四节　力量素质训练方法与手段

力量就是运用自身的力去对抗内外阻力的能力。力量可以增进运动表现,有助于运动技术运作的执行。运动员所表现出的所有技能都是在对抗阻力的情况下完成的,因此力量的提升无疑将有助于这些任务的达成。儿童的力量训练一直都是充满争议的话题。在过去,由于担心受伤或造成生长发育停滞等问题,儿童不会被鼓励参加力量练习。其实,儿童进行力量训练的年龄可以从 7 或 8 岁开始。但是训练应当保证最小的强度,并且要注重全方面发展。

克服自身体重练习(自重练习)应当成为儿童青少年力量训练的基础练习。根据训练水平,青少年运动员可以通过自由负重练习、抗阻带、实心球、力量训练器械等进行训练。青少年应当进行一些多关节练习,对大肌肉群进行训练。如果需要,可以在青少年时期的末期训练中加入奥林匹克举练习(如挺举和高翻)。

随着年龄的增长绝对力量和相对力量逐渐增大,儿童青少年运动员在不同的年龄阶段肌肉的增长速度不同。男生和女生之间也会出现力量增长的年龄和性别差异。所以在对儿童青少年运动员开展力量训练时需要注重力量增长的年龄、性别特点,在力量增长速度加快时,加强力量训练;在力量增长速度减慢时,注重屈肌与伸肌的协调发展。尤其应考虑青春发育后期力量增长的性别差异,女生伸肌力量增长减缓,训练中应掌握伸肌与屈肌练习的均衡性,增大伸肌的强度和适宜的运动量,要特别注重发展肩带肌、背肌、腹肌和盆底肌的力量。

运动过程中的绝大多数损伤发生在韧带和肌腱等部位,而合理的力量训练进阶能够加强韧带和肌腱的力量,力量训练不仅可以预防损伤,还可以为儿童青少年高水平运动阶段的后期表现奠定坚实的基础。尽管骨骺板损伤在一些重复进行的离心向心收缩练习中较为常见,可青少年在力量训练中出现的大多数损伤并非由于训练本身存在问题,而是在于器材设备的错误使用、重量过大或动作过快、缺乏详细的说明和指导以及技术不佳。总之,儿童青少年运动员力量训练最主要的任务是让训练计划聚焦于运动员的全面发展,促进他们的身体发育。

用来发展儿童青少年最大力量、速度力量(包括爆发力)和力量耐力的肌肉用力方式主要是静力性练习和动力性练习。儿童青少年应遵循以动力性力量练习为主,静力性练习为辅的原则发展肌肉力量。

一、静力性练习

静力性力量练习是指人体采用相对静止的动作形式进行发展力量素质的练习,主要是指等长收缩练习,即肌肉收缩时的长度保持不变,这种形式的收缩肌肉神经的兴奋和抑制没有交替,容易产生疲劳。

静力练习在运动实践中常分成两类,一类是对抗静力练习,一类是负重静力练习。对抗静力是身体在某种姿势中保持静力紧张与固定物体进行对抗;由于对抗因而可以用力到最大程度。这种练习能引起大脑皮层指挥肌肉活动的神经细胞产生强烈的兴奋,动员更多的肌纤维参与工作,从而能有效地提高肌肉的绝对力量,而且对在动力性力量练习中不易得到锻炼的力量较弱的肌肉群,也会起到很好的训练效果;对抗静力练习方法应用十分广泛,例如为了发展跳远运动员的起跳力量,我们常采用半蹲顶杠练习,即让运动员把膝关节角度保持在固定角度,然后半蹲固定的杠铃做最大用力。运动员在做对抗性静力练习时,需要特别注意的是,在采用极限负荷或接近极限负荷时,必然会出现闭气动作,如果闭气时间过长,会使胸腔内压升高,肺的血液循环速度减慢,可能导致脑缺血,有发生休克的危险。所以在做对抗静力练习之前,要提醒运动员做深呼吸,在练习过程中,再做一次等深度的吸气。

静力性练习方法的主要优点是:能有效发展静力最大力量、静力耐力和提高肌肉的张力;可使肌肉相对保持较长时间的最大用力,从而可对任何肌群都产生训练作用,包括对本章前面所述的姿势肌;还可以有选择地训练某些肌群,当局部肌肉处于静力紧张状态时,可以准确地体会某个动作的技术;该方法省时、省地方,且所需器械及方法简单。

静力性练习方式的主要缺点是:力量增长只局限于训练所采用的角度上,不能使肌肉和关节达到最大幅度的伸展和收缩,对动作速度有所影响;对改善神经的协调性效果不明显;在大强度静力训练中,由于血液循环条件不良和憋气等,易引起血压升高,可能出现危险。所以低龄儿童的肌肉力量训练一般不宜采用静力性力量练习的方法。

用静力性方式发展儿童青少年运动员力量素质,可以采取以下手段。

(一)核心力量

1. 正平板

两肘撑于波速球或地面上,同时两脚撑于地面或波速球上,身体呈一条直线。全程保持背部挺直,身体稳定。保持动作至规定时间(图5-33)。

图 5-33 正平板

2. 侧平板

身体呈侧卧姿势。两腿屈曲或伸直,两脚并拢以侧面触地支撑(一只脚或膝侧面着地),触地侧手臂屈曲或伸直,支撑于肩部正下方,另一侧手扶髋部。保持背部挺直,腹部收紧,髋部离地,直至躯干与两腿呈一条直线。保持动作至规定时间,两侧交替亦然(图5-34)。

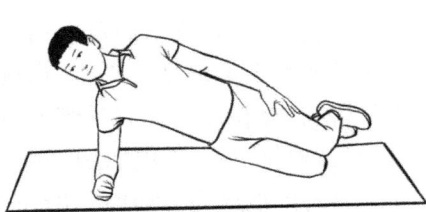

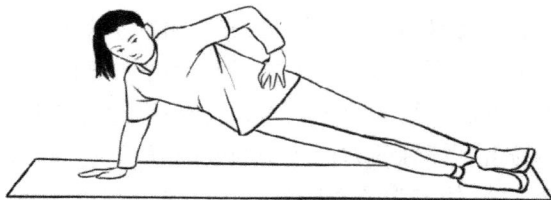

图 5-34　侧平板

图 5-35　背肌静力练习

3. 背肌静力练习

俯卧于瑜伽球上,两臂伸直置于身体两侧,向髋部外侧抬起,与躯干形成 30°夹角,两侧肩胛骨收紧,腹部贴球支撑,胸部不要贴住球面,背部平直,腹部收紧,两腿伸直,两脚前脚掌撑地。规定时间内保持姿势不变(图 5-35)。

4. 臀肌静力练习

俯卧于瑜伽球上,腹部贴球,屈膝双手双膝撑地,双肘伸直,双脚脚跟并拢,腹部和臀部收紧,保持背部平直,和头部呈一条直线。抬起一侧腿直至与地面平行,保持臀肌、核心收紧。规定时间内保持姿势不变,两侧交替亦然(图 5-36)。

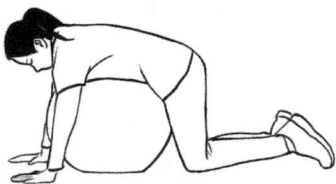

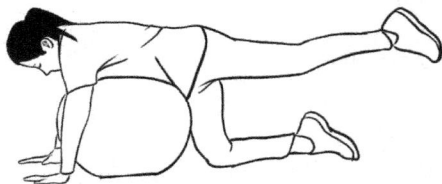

图 5-36　臀肌静力练习

5. 臀桥静力练习

身体呈仰卧姿势。双腿屈膝,双手放在身体两侧,自然摆放。腹部和臀部收紧,抬起髋部直至躯干与大腿在一条直线上。保持身体稳定,一侧腿直腿抬起或屈髋屈膝抬起至大腿接近与躯干垂直。保持动作至规定时间,两侧交替亦然(图 5-37)。

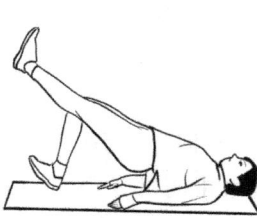

图 5-37　臀桥静力练习

（二）四肢静力练习

1. 马式平板支撑

两脚并拢，以两手两脚尖撑地，两肩稍前冲，肩关节固定，大腿和小腿呈 90°，保持动作至规定时间。

2. 乌鸦式

两膝分开，两手撑地，两肘关节外展抵住膝关节内侧，两肩固定，重心前移提起髋部使两脚离地，保持一定时间。主要综合调动起全身肌肉，强化肩颈稳定度（图 5-38）。

图 5-38 乌鸦式

3. 靠墙静蹲

保持背部紧靠在墙壁上，屈髋屈膝，大腿和墙壁保持 75°～90°，双脚站距与髋部同宽，脚尖朝前，保持小腿和地面垂直，坚持这个静态姿势尽可能久的时间，到腿部肌肉支撑不住开始发抖为止（图 5-39）。

二、动力性练习

动力性练习是指肌肉收缩的长度发生了变化，从而使全身或部分肢体发生运动。这种练习是提高最大力量、速度力量和力量耐力的有效手段。它的训练形式主要包括等张练习、等动练习、超等长练习。

图 5-39 靠墙静蹲

（一）等张练习

在等张练习中，通常包括固定轨迹的力量训练器材练习、自由负重练习和克服自身体重练习。青少年运动员的等张练习主要以克服自身体重的身体练习和小重量的自由负重练习为主要手段。

1. V 字举腿：核心肌群

双腿伸直坐在地面上，双脚并拢双臂自然放于身体两侧。保持腹部收紧，双臂向两侧平伸抬起，同时抬起双腿，使躯干与双腿呈"V"字形，回到起始，完成计划次数（图 5-40）。

图 5-40 V 字举腿

2. 瑜伽球俯卧屈膝：核心肌群

双手于肩部正下直臂撑地，双腿小腿前侧置于瑜伽球正上方，保持身体稳定，呈一条直线。屈髋、屈膝，尽量靠向胸部，带动瑜伽球向身体正前方滚动，直至双脚脚尖移动至瑜伽球顶部。双腿向后伸展，恢复至起始姿势。按训练计划重复若干次（图 5-41）。

图 5-41 瑜伽球俯卧屈膝

3. 抬腿屈肘卷腹：核心肌群

仰卧于垫上，背部紧贴地面，双臂屈肘，双手置于后脑或耳侧，瑜伽球置于足跟与大腿内侧。抬起头部和上身至肩胛骨离开地面，双手保持在后脑或耳侧位置，屈肘，核心收紧，腿部不动。恢复至起始姿势。按训练计划重复规定次数（图 5-42）。

图 5-42 抬腿屈肘卷腹

4. 仰卧蹬车：核心肌群

身体仰卧，双腿伸直，脚尖勾起，双臂伸直自然放于身体两侧，屈髋抬起双腿约与地面呈 45°，一侧腿屈髋屈膝使大腿靠向腹部，同时另一侧腿蹬直回到与地面呈 45°的位置。双腿交替进行，完成规定时间回到起始姿势（图 5-43）。

5. 瑜伽球仰卧两头起：核心力量

仰卧于垫上，背部紧贴地面，双臂于头侧伸直，双脚分开夹住置于地面上的瑜伽球。

图 5-43　仰卧蹬车

上身抬起,同时双腿伸直夹球抬起,手脚靠拢,双脚传球至双手。四肢回落至地面,双臂伸直置于头侧,双手抱球,双腿伸直。再次同时抬起上身和双腿,将球从双手传递至双脚之间,恢复至起始姿势。按训练计划重复若干次(图 5-44)。

图 5-44　瑜伽球仰卧两头起

6. 坐姿转体:核心肌群

盘腿坐在地面上,双手在胸前合掌,向左右两侧转动躯干。注意体会以脊柱为轴的旋转,完成规定的次数(图 5-45)。

图 5-45　坐姿转体

7. 弹力带旋转上提:核心肌群

双脚分开略宽于肩。将弹力带一端固定在身体右侧的低处,双手握住另一端。身体向右侧扭转,双臂向右侧斜下方伸直,保持弹力带有一定的张力,向左侧旋转躯干,同时双臂向对角线方向上提弹力带。恢复至初始位置,重复规定的次数。换对侧重复上述动作过程(图 5-46)。

8. 药球俄罗斯转体:核心肌群 + 三角肌 + 上臂肌群

坐于垫上,臀部着地。双膝屈曲,双脚离地。手持药球于腹部前方,双肘屈曲。利用腹肌的力量转动上半身,双肩带动双臂移动,将药球移至身体右侧,随后移至身体左侧。保持下背部挺直。重复计划次数(图 5-47)。

图 5-46 弹力带旋转上提

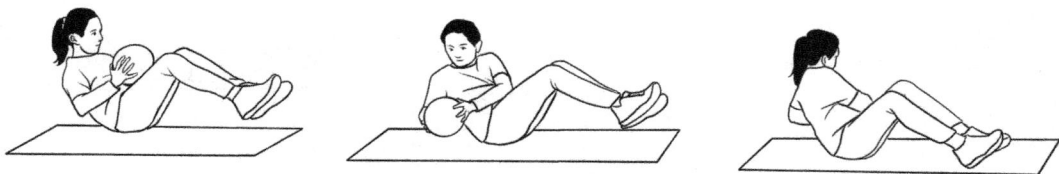

图 5-47 药球俄罗斯转体

9. 健身球钟摆式:核心肌群

仰卧,两腿夹健身球,两臂伸直外展,两手掌心向下,屈髋将健身球举起,左右摆动至最大幅度,保持两手触地(图 5-48)。

图 5-48 健身球钟摆式

10. 俯卧挺身:竖脊肌 + 臀肌

双腿伸直,双手抱头,髋部位于支撑垫上。上半身从髋骨位置向下弯曲,感觉腰背肌肉绷紧受力后停止;上半身向上挺至身体挺直,稍作停顿。动作中保持躯干伸直,不要抬或低头(图 5-49)。

图 5-49　俯卧挺身

11. 哑铃前平举：三角肌＋胸大肌

直立，两脚分开，与肩同宽。两手各握一只哑铃，垂在身体前侧，掌心向后。向上抬起一侧手臂，至与地面平行，双臂保持伸直。停留一下，放下该侧手臂，换另侧手臂重复该动作，然后两侧交替完成规定次数（图5-50）。

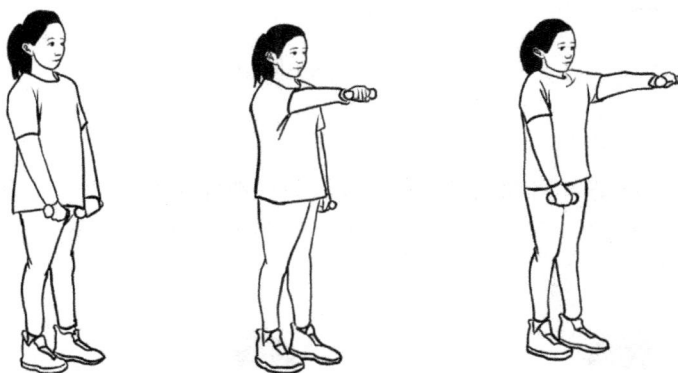

图 5-50　哑铃前平举

12. 哑铃侧平举：三角肌＋冈上肌

直立，两脚分开，与肩同宽。两手各握一只哑铃，垂在身体两侧，掌心相对。双臂同时向两侧抬起，至双臂呈一条直线，身体形成T字形。停留一下，回到起始位置，完成规定次数（图5-51）。

图 5-51　哑铃侧平举

13. 俯身侧平举:斜方肌 + 三角肌

两脚分开,与肩同宽。屈髋屈膝,使背部几乎与地面平行。双手各握一只哑铃,双臂自然下垂,掌心相对。双臂同时向两侧抬起,至双臂与身体形成"T"字形,即双臂呈一条直线。停留一下,回到起始位置,完成规定次数(图 5-52)。

图 5-52　俯身侧平举

14. 俯身后举:背阔肌 + 三角肌 + 肱三头肌

两脚分开,与肩同宽。屈髋屈膝,使背部几乎与地面平行。双手各握一只哑铃,双臂屈肘靠拢躯干,掌心相对。双臂同时向后抬起,双臂伸直。停留一下,回到起始位置,完成规定次数(图 5-53)。

图 5-53　俯身后举

图 5-54　对墙俯卧撑

15. 对墙俯卧撑:上臂肌群 + 胸大肌

双脚稍开立,面对墙壁站立,伸直双臂,保持与肩同宽,双手平放在墙上,手掌的位置保持与胸同高。前倒借体重弯曲肘部,至前额轻触墙面,然后推回直立位置,反复进行(图 5-54)。

16. 坐姿哑铃上举:三角肌 + 斜方肌

坐在凳上,两脚分开,与肩同宽,两脚平放在地面上。双手各握一只哑铃举在肩部上方掌心向前。向上举起哑铃过头顶,至双臂完全伸直。停留一下,回到起始位置,完成规定次数(图 5-55)。

图 5-55 坐姿哑铃上举

17. 跪姿前抛药球:上臂肌群 + 核心肌群

双膝跪于垫上,上半身与大腿垂直于地面。手持药球于头顶后方,双肘微屈。将药球移至头部后方,随后尽可能快速地将药球向前抛出。回到起始姿势。重复计划次数(图 5-56)。

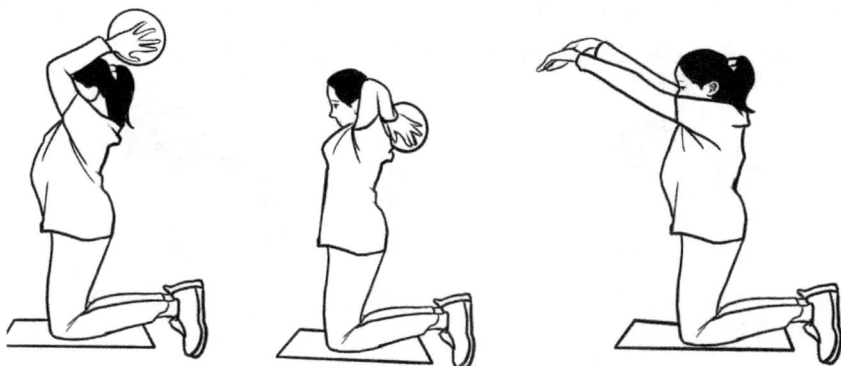

图 5-56 跪姿前抛药球

18. 单侧壶铃上举:三角肌 + 核心肌群

直立,两脚分开,距离比肩宽。右手握壶铃,右肘屈曲,将壶铃置于右肩前方。左臂侧平举。向下深蹲至大腿与地面接近平行,随后起身,同时将壶铃向上推举至右臂伸直。左臂始终侧平举,以保持平衡。停留一下,回到起始位置,完成规定的次数(图 5-57)。

图 5-57 单侧壶铃上举

19. 扶凳臂屈伸：三头肌

双手稳扶凳子两侧，保持抬头挺胸，核心收紧，身体缓缓下压，尽量确保双臂屈伸过程中，手肘始终贴近躯干，还原。完成规定次数（图 5-58）。

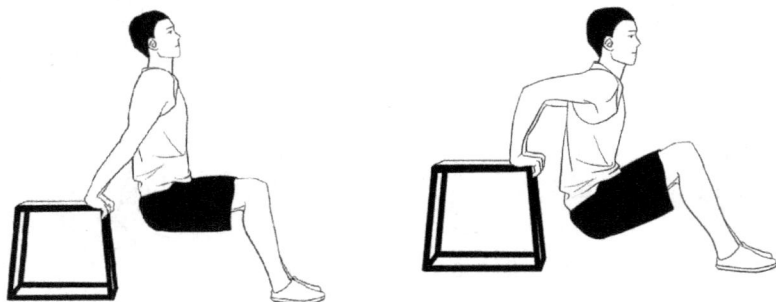

图 5-58 扶凳臂屈伸

20. 直腿熊爬：肩关节稳定肌群 + 核心肌群 + 上臂肌群

双膝和双脚与髋同宽，双手与肩同宽，绷紧核心，脊柱处于中立位，稳定住肩胛骨。臀肌用力，双膝离地，直膝，腿向两旁自然踢同时向前移动（图 5-59）。

图 5-59 直腿熊爬

21. 螃蟹步：肩关节稳定肌群 + 核心肌群 + 上臂肌群

仰撑，双膝和双脚与髋同宽，绷紧核心，让脊柱处于中立位，轻微地把肩膀往下往回收，双侧肘关节不要过度向外，稳定住肩胛骨。臀肌用力挺髋使得大腿与躯干呈现平板位，腿手交错向前移动（图 5-60）。

图 5-60 螃蟹步

22. 虫爬：肩关节稳定肌群 + 核心肌群 + 上臂肌群 + 踝关节活动度

双脚并拢，膝关节伸直，在保证膝关节不屈曲的情况下，双手尽量靠近脚尖，收腹，在保证核心平板结构的情况下尽量往前爬；然后用核心将下半身逐步上提往前挪动，直至后侧链被牵拉至最大，如此往复（图5-61）。

图 5-61　虫爬

23．鸭步走：股四头肌＋髂腰肌＋臀大肌

深蹲，一条腿由侧面展开，快速向前滑动，然后另外一条腿也快速展开滑向正前方，两腿交替前行（图5-62）。

图 5-62　鸭步走

24．相扑蹲：臀肌＋股四头肌

身体直立，两脚分开略大于肩宽，挺胸收腹，下颌微收，双手自然垂于身体前侧。保持背部挺直，腹部收紧，屈髋屈膝下蹲，至大腿约与地面平行快速站起，回到起始姿势，完成规定的次数（图5-63）。

25．波速球药球深蹲：核心肌群＋股四头肌＋臀部肌群＋小腿三头肌

波速球的非稳定面朝向下置于地面。站于波速球的稳定面上，两脚分开，与肩同宽。手持药球于胸前，双臂伸直。身体慢慢下蹲，膝盖尽量不要超过脚尖，保持稳定。完成规定的次数（图5-64）。

图 5-63　相扑蹲

26．弓步蹲：核心肌群＋股四头肌＋臀部肌群＋三角肌

直立，两手持实心球前平举，左腿向前迈出一步，前侧腿的大腿与地面平行，后侧腿膝部几乎触地。挺胸收腹，收回成直立，右腿重复。两腿交替完成规定次数（图5-65）。

图5-64　波速球药球深蹲　　　　　　　图5-65　弓步蹲

27．弓箭步交换跳：股四头肌＋臀部肌群

两腿呈弓步，前侧腿的大腿与地面平行，后侧腿膝部几乎触地。挺胸收腹，双手放在身体两侧，两脚蹬地用力向上跳起，双腿前后交换，同时双臂向上摆动。落地后，重复以上步骤，并完成规定的次数（图5-66）。

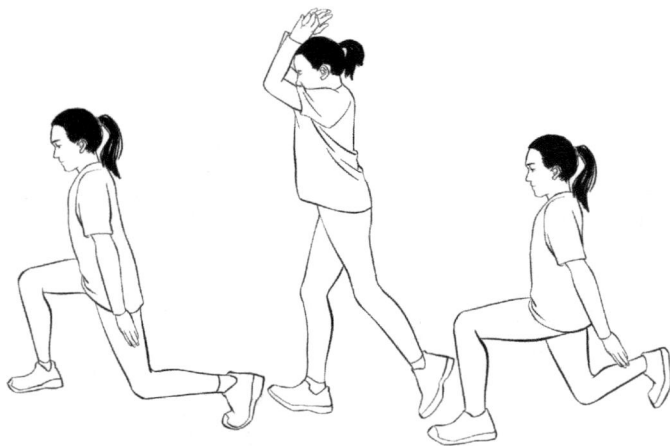

图5-66　弓箭步交换跳

28．药球侧弓步蹲：臀大肌＋股四头肌＋腘绳肌

两脚分开，大于肩宽。手持药球于胸前，双肘屈曲。右腿向右做侧弓步，重心右移，保持背部挺直，核心收紧，手臂姿势不变。随后右脚蹬地，重心左移。左腿向左做侧弓步，重复上述动作。重复规定的次数（图5-67）。

图 5-67　药球侧弓步蹲

29．俯卧后收小腿：腘绳肌

身体呈俯卧位，将弹力带中段固定在右脚脚踝处，两端固定在身体正后方与踝关节同高处。右腿大腿保持稳定，小腿屈膝后收至与地面垂直。恢复至初始位置，重复规定的次数。换对侧重复上述过程（图 5-68）。

图 5-68　俯卧后收小腿

30．弹力带外展髋：臀中肌＋臀小肌＋阔筋膜张肌和梨状肌

双脚站立，与髋同宽，双手自然叉腰。将弹力带一端固定在左脚下，另一端绑在右脚脚踝处。躯干保持稳定，右腿向外侧打开。动作过程中保持右腿伸直，恢复至初始位置，重复规定的次数。换对侧重复上述动作过程（图 5-69）。

31．侧卧抬腿：臀中肌＋大腿外侧肌群

右侧卧于瑜伽垫上，左手放在身体前侧支撑地面，双腿并拢，保持头颈、腰背部及双腿在同一水平面上。自然呼吸，绷直脚尖，臀部外侧发力，将左腿抬至最高点，然后缓慢下放至双腿并拢，重复动作。注意动作中髋部固定，不要前后移动，动作不可过快，左右互换，重复规定次数（图 5-70）。

32．弹力带腿后伸：臀大肌和腘绳肌

图 5-69　弹力带外展髋

双脚分开站立，将弹力带一端固定在身体正前方，与踝关节同高，另一端绑在右脚脚踝处，右腿向后伸。动作过程中保持右腿伸直，避免上身随之旋转。恢复至初始位置，重复规定的次数。换对侧重复上述动作过程（图 5-71）。

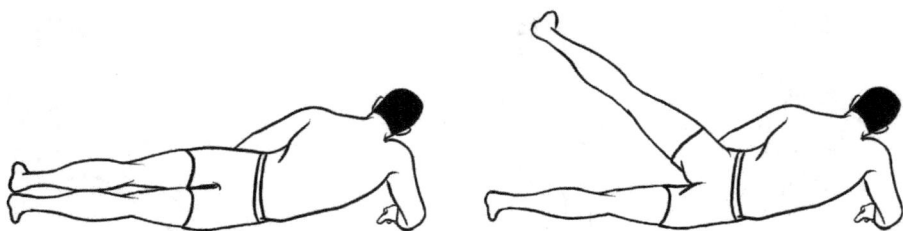

图 5-70　侧卧抬腿

图 5-71　弹力带腿后伸

33. 弹力带侧向走:股四头肌＋臀大肌＋臀中肌

双脚分开,略比肩宽,将弹力带中段固定在脚下,双手握住两端。双臂屈肘,双手置于胸前,同时身体向下半蹲,使弹力带绕过前臂且有一定的张力。上肢及躯干保持稳定,右腿向右迈步。上肢及躯干保持稳定,左腿向右迈步。重复规定的次数。换对侧重复上述动作过程(图 5-72)。

图 5-72　弹力带侧向走

34．跪姿旋转抛药球：核心肌群＋三角肌＋上臂肌群

双膝跪于垫上，上半身与大腿垂直于地面。手持药球于腹部前方，双肘微屈。上半身向左侧旋转，同时双膝屈曲至臀部触碰脚跟，双手持球移至髋部左侧。随后髋部发力，带动上半身转回至朝向前方，同时起身至大腿与地面垂直，双手尽可能快速地将药球向前抛出。回到起始姿势。对侧亦然，重复规定的次数（图5-73）。

图5-73 跪姿旋转抛药球

35．壶铃甩摆：腘绳肌＋臀大肌

直立，两脚分开，距离比肩宽。在身体前方地面距离合适（半蹲，向前俯身，双手可以握住壶铃把手）的位置放一只壶铃。屈髋屈膝俯身，双手握住壶铃把手在两腿之间向后甩摆壶铃。伸膝伸髋，起身站直，同时向前甩摆壶铃至双臂平行于地面。核心收紧，背部挺直。在运动过程中感受髋关节发力，动作快速。完成规定的次数（图5-74）。

图5-74 壶铃甩摆

（二）等动练习

等动练习即等速练习，是在特制的等动练习器上进行训练的方法。训练时，动作的速度不变（已被器械固定），器械所产生的阻力与练习者所用的力量成正比，因而能保证在动

作的整个过程中有最大的肌肉负荷强度。

肌肉用力大小与骨杠杆位置有密切关系，即受到肌肉群的牵拉角度、每个杠杆的阻力臂和力臂的相对长度的影响。因此，当人体任何一个环节活动时，在整个活动范围内，肌肉所表现的力量并不是均匀一致的。当我们做哑铃弯举时，总会明显地感觉到肘关节处于 90°左右时阻力最大。因此，在一般的动力性训练中，由于外加阻力是固定的，所以肌肉在屈肘关节的整个活动范围内，负荷是不同的，开始较小，90°左右负荷强度最大，然后又逐渐减小。当肘关节处于不同角度时，屈肘肌群所受到的刺激作用也就不同。用等动练习器进行训练时，当骨杠杆处于有利位置时，若肌肉用力比较大，器械产生的阻力也大；而当骨杠杆处于不当位置时，力量小，器械产生的阻力也就小。这样实际上就等于在肘关节的整个活动范围内，给予了屈肘肌群以不同的负荷（即不同的外加阻力），只要练习者尽力去拉，就能保证在整个活动范围内，肌肉均能受到最大负荷。这种方法的最大特点是：人体接受外部负荷刺激所产生的生理反应强度在人体动作的变化过程中始终保持恒定，并使关节各个角度的肌肉用力表现出最大用力或恒定用力，因此被一些学者认为是最佳的肌力训练法。

等动练习器械的种类很多，最常见的结构是在一个离心制动器上连一条绳索，拉动绳索时，由于离心制动作用，拉动绳的力量越大，器械产生的阻力也越大，器械所产生的阻力总是和用力大小相关（图 5-75）。

图 5-75 体能训练中的等动练习

等动练习要求每次都要尽力而熟练地完成，才能掌握并得到较大的功效，部分研究结果显示，快速训练（每秒 108°）获得的最大肌力要比慢速训练（每秒 36°）大。然而，另有研究结果显示，速度较低的训练要比速度较高的训练效果好。此外，还有研究结果显示，快速训练和慢速训练的效果没有太大差异。由于人们尚不清楚在等动练习中应采用的最佳速度是多少，因此在运动计划中通常建议采用每秒 24°～180°的速度进行练习。表 5-1 说明了增加肌肉力量和耐力的等动练习所应设定的训练强度、组数、重复次数和训练频率。

表 5-1 等动练习方案

训练目标	组数	强度	重复次数	收缩速度（度/秒）	训练频率
肌肉力量	3	最大收缩	2～15	24～180	每周 3～5 天
肌肉耐力	1	最大收缩	直到疲劳	≥180	每周 3～5 天

等动练习集中了等长和等张训练的优点，使肌肉在各个角度收缩都能受到最大的阻力，比等张训练花费时间少，且能以不同的速度完成动作。其最大优点是不必为变换器械重量、搬动器械而烦恼，也不会感到训练枯燥乏味。等动力量练习可以锻炼全身各个环节的肌肉，对不同的运动项目有着不同的影响。目前国际上在游泳、田径、球类、举重等运动项目中都有采用。但等动训练最大的缺点是和许多爆发用力的一些专项动作的肌肉发力特点不一致，只是适合于一般力量训练和游泳、划船等项目的专项体能训练。等动练习目前大量使用在康复体能的训练中，在国内外很多骨科医生、理疗师及运动医学与康复医学工作者发现，等动练习是一种在运动损伤、老年人肌力增长和骨关节外科康复方面，不同于等长、等张的高效的康复训练方法。

（三）超等长收缩练习

超等长收缩练习也是发展肌肉力量的一种抗阻力训练，它主要是要让肌肉在最短的时间内发挥最大的收缩力。该方法是利用肌肉的弹性、收缩性及牵张反射性来提高力量素质。即肌肉先被迫迅速进行离心收缩，紧接着瞬间转为向心收缩的练习。它的最大特点是利用神经肌肉的牵张反射，引起神经系统反射性产生更强烈的兴奋冲动，从而动员更多的运动单位参加收缩，以产生更大的肌肉收缩力，达到提高力量的目的。

在儿童青少年进行超等长训练时，要时刻注意他们处在生长发育期，选择手段应考虑他们的解剖、生理和心理特点以及身体的承受能力，进行适宜的超等长收缩练习可使青少年运动员肌肉的弹性、收缩与放松的能力得到较快的发展。

超等长训练跟其他力量练习相比，训练的形式更多样化也更动态化，十分接近我们在从事各项运动竞技项目时的运动形式，发力更突然快速，所以非常广泛地应用在运动员的体能训练之中。这种练习方法的手段主要有：各种快速跳跃练习；不同高度和形式的跳深练习以及利用专门训练器械进行的超等长练习。跳跃练习是儿童少年进行超等长力量训练的最佳练习手段，可进行各种方式的单足跳、双脚跳和跳越障碍等练习。要注意跳跃动作的正确性，较长距离或较多跳次的练习应在草地或体操垫上进行。由于超等长收缩练习的强度较大，一般多采用重复训练法而不是间歇训练法，在训练的过程中运动员要有相对充分的恢复时间，在次与次、组与组之间都要做到肌肉完全恢复。训练频率以每周 1～3 天为宜，每组训练持续 15～20 分钟。而且进行超等长收缩练习时容易使肌肉受伤，因此在运动计划中通常不建议初学者做此类练习，如果安排了此类练习，则要在动作熟练后并在监督下进行。

1. 单跳双落：臀部肌群 + 股四头肌 + 踝部肌群

身体呈单脚运动姿站立，双臂收于身体两侧。支撑脚蹬地，向上向前跳起，同时双臂上摆。双脚落地，双腿微屈，呈基本运动姿（图 5-76）。

图 5-76 单跳双落

2. 离心横向单脚跳：臀部肌群＋股四头肌＋腘绳肌＋腓肠肌＋胫骨前肌＋踝部肌群

身体直立双腿侧向栏架站立，靠近栏架一侧的腿抬离地面，双臂举过头顶。屈髋屈膝快速下蹲，双臂快速下摆至体侧。双臂快速上摆，下肢快速伸髋伸膝，起跳脚蹬离地面，侧向跳过栏架。起跳脚单脚落地，同时，屈髋屈膝，双臂下摆。保持落地姿势 1～2 秒，然后两脚站立，身体恢复直立（图 5-77）。

图 5-77 离心横向单脚跳

3．离心双脚跳旋转：臀部肌群＋股四头肌＋腘绳肌＋腓肠肌＋踝部肌群

身体直立侧向栏架站立，两脚分开约与肩同宽，双臂举过头顶。屈髋屈膝快速下蹲，双臂快速下摆至体侧。双臂快速上摆，下肢快速伸髋伸膝。两脚蹬离地面，身体旋转 90°跳过栏架。落地时，屈髋屈膝缓冲地面的反用力，同时双臂下摆至体侧。保持落地姿势1～2 秒，然后身体恢复直立（图 5-78）。

图 5-78 离心双脚跳旋转

4．分腿蹲跳：臀部肌群＋股四头肌＋腓肠肌＋胫骨前肌＋踝部肌群

双脚前后分开，左脚以前脚掌触地，头部和背部保持垂直。下蹲，直至大腿与地面平行，然后迅速垂直跳起。在空中换脚，使得后脚落在前面，前脚落在后面（图 5-79）。

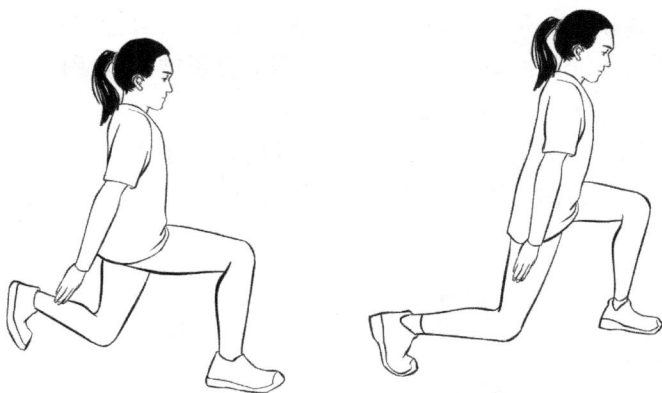

图 5-79 分腿蹲跳

5．跳深：臀部肌群＋股四头肌＋腘绳肌＋腓肠肌＋胫骨前肌＋踝部肌群

并排间隔放置跳箱与栏架，单腿直立站于跳箱边缘，另一侧腿悬空，面朝栏架，双臂自然下垂位于体侧。身体前倾，悬空的腿向前迈出，使身体自然下落于跳箱与栏架之间，双脚同时着地，屈髋屈膝同时双臂下摆至体侧。双臂快速上摆，下肢快速伸髋伸膝，双脚蹬离地面，向前跳过栏架。落地时，屈髋屈膝缓冲地面的反作用力，同时双臂下摆至体侧。保持落地姿势 1～2 秒（图 5-80）。

图 5-80 跳深

6. 连续抱膝跳：臀部肌群＋髂腰肌＋腘绳肌＋腓肠肌＋踝部肌群

双脚平行站立，与肩同宽，两臂从斜前向后顺序预摆，屈髋。起跳时身体直立，伸髋，双手向上带动身体跳起，大腿努力贴腹部，在空中用双手抱住膝盖，然后快速放开，使下落的身体回到屈膝缓冲阶段。每次落地都要轻盈有控制，当完全稳定住以后再开始下一次。动作稳定后，可以加强连贯性，每次十个左右，最多不要超过三组（图 5-81）。

7. 对墙快速俯卧撑：胸大肌＋肱三头肌

双脚并拢面对墙壁站立，伸直双臂，保持与肩同宽，双手平放在墙上，手掌的位置保持与胸同高。前倒借体重弯曲肘部，至前额轻触墙面，将自己快速推回至直立位置，反复进行（图 5-82）。

图 5-81 连续抱膝跳

图 5-82 对墙快速俯卧撑

8. 击掌俯卧撑:胸大肌＋肱三头肌

慢慢屈肘蓄力快速弹起,在身体下方进行一次击掌。紧接分开双手,双手碰地后,身体要顺势下降缓冲落在地面上,并快速进行下一次弹起,连续进行(图5-83)。

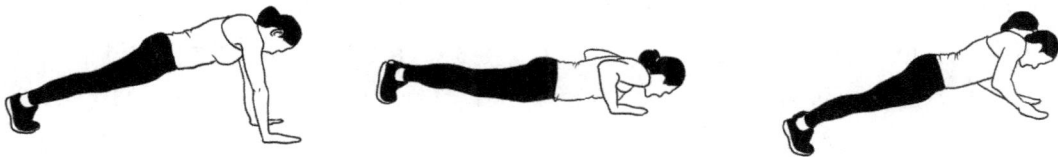

图 5-83　击掌俯卧撑

9. 健身球仰卧接抛球:腹直肌＋髂腰肌

平躺于健身球上,双手持实心球举过头顶,手臂伸直,双腿折叠90°。快速做仰卧起坐的同时,将球用力向正前方抛出。同伴接到球后,柔和地将球抛回给运动员。运动员接球后快速缓冲收腹将球抛回,反复练习(图5-84)。

图 5-84　健身球仰卧接抛球

(四) 力量训练的强度和量

运动员力量训练的负荷一般以 1RM 的百分比或个人可以承受的单次最大负荷进行计算。运动员只能完成一次动作练习的最大强度即为 1RM,或表示为 100%1RM。重复次数是指某项练习在一组当中重复的总次数。具体遵循以下原则:如果是最大负荷(1RM),运动员只能够重复 1 次;如果是最大负荷的 95%,运动员只能够重复 2～3 次;如果是最大负荷的 90%,运动员只能够重复 3～4 次;如果是最大负荷的 85%,运动员能够重复 5～6 次;如果是最大负荷的 80%,运动员能够重复 8～10 次;如果是最大负荷的 75%,运动员通常可以重复 12 次;如果是最大负荷的 70%,运动员能够重复 12～15 次;如果是最大负荷的 60%～70%,那么接受过训练的运动员能够容易地重复 18～20 次;如果是最大负荷的 50%,那么运动员每组可以重复 25 次以上。

表 5-2 可用于计算完成的多次重复次数来估计 1RM 值,如一名运动员以 160 磅的体重完成 8 次深蹲,估计 1RM 将是 200 磅;也可以用于辅助估计训练的强度百分,如已知一个运动员深蹲的 1RM 是 200 磅,查表可以发现他/她应该能够成功地完成 10 次 150 磅的负荷,或者称为 75%的最大强度。

表 5-2　力量训练重复次数和强度的计算表

最大重复次数（RM）	1	2	3	4	5	6	7	8	9	10	12
％RM	100%	95%	92%	90%	87%	85%	82%	80%	77%	75%	70%
负荷（磅）	10	9.5	9.2	9	8.7	8.5	8.2	8	7.7	7.5	7
	20	19	18.4	18	17.4	17	16.4	16	15.4	15	14
	30	28.5	27.6	27	26.1	25.5	24.6	24	23.1	22.5	21
	40	38	36.8	36	34.8	34	32.8	32	30.8	30	28
	50	47.5	46	45	43.5	42.5	41	40	38.5	37.5	35
	60	57	55.2	54	52.2	51	49.2	48	46.2	45	42
	70	66.5	64.4	63	60.9	59.5	57.4	56	53.9	52.5	49
	80	76	73.6	72	69.6	68	65.6	64	61.6	60	56
	90	85.5	82.8	81	78.3	76.5	73.8	72	69.3	67.5	63
	100	95	92	90	87	85	82	80	77	75	70
	110	104.5	101.2	99	95.7	93.5	90.2	88	84.7	82.5	77
	120	114	110.4	108	104.4	102	98.4	96	92.4	90	84
	130	123.5	119.6	117	113.1	110.5	106.6	104	100.1	97.5	91
	140	133	128.8	126	121.8	119	114.8	112	107.8	105	98
	150	142.5	138	135	130.5	127.5	123	120	115.5	112.5	105
	160	152	147.2	144	139.2	136	131.2	128	123.2	120	112
	170	161.5	156.4	153	147.9	144.5	139.4	136	130.9	127.5	119
	180	171	165.6	162	156.6	153	147.6	144	138.6	135	126
	190	180.5	174.8	171	165.3	161.5	155.8	152	146.3	142.5	133
	200	190	184	180	174	170	164	160	154	150	140
	210	199.5	193.2	189	182.7	178.5	172.2	168	161.7	157.5	147
	220	209	202.4	198	191.4	187	180.4	176	169.4	165	154
	230	218.5	211.6	207	200.1	195.5	188.6	184	177.1	172.5	161
	240	228	220.8	216	208.8	204	196.8	192	184.8	180	168
	250	237.5	230	225	217.5	212.5	205	200	192.5	187.5	175
	260	247	239.2	234	226.2	221	213.2	208	200.2	195	182
	270	256.5	248.4	243	234.9	229.5	221.4	216	207.9	202.5	189
	280	266	257.6	252	243.6	238	229.6	224	215.6	210	196
	290	275.5	266.8	261	252.3	246.5	237.8	232	223.3	217.5	203
	300	285	276	270	261	255	246	240	231	225	210
	310	294.5	285.2	279	269.7	263.5	254.2	248	238.7	232.5	217

最大重复次数（RM）	1	2	3	4	5	6	7	8	9	10	12
负荷（磅）	320	304	294.4	288	278.4	272	262.4	256	246.4	240	224
	330	313.5	303.6	297	287.1	280.5	270.6	264	254.1	247.5	231
	340	323	312.8	306	295.8	289	278.8	272	261.8	255	238
	350	332.5	322	315	304.5	297.5	287	280	269.5	262.5	245
	360	342	331.2	324	313.2	306	295.2	288	277.2	270	252
	370	351.5	340.4	333	321.9	314.5	303.4	296	284.9	277.5	259
	380	361	349.6	342	330.6	323	311.6	304	292.6	285	266
	390	370.5	358.8	351	339.3	331.5	319.8	312	300.3	292.5	273
	400	380	368	360	348	340	328	320	308	300	280
	410	389.5	377.2	369	356.7	348.5	336.2	328	315.7	307.5	287
	420	399	386.4	378	365.4	357	344.4	336	323.4	315	294
	430	408.5	395.6	387	374.1	365.5	352.6	344	331.1	322.5	301
	440	418	404.8	396	382.8	374	360.8	352	338.8	330	308
	450	427.5	414	405	391.5	382.5	369	360	346.5	337.5	315
	460	437	423.2	414	400.2	391	377.2	368	354.2	345	322
	470	446.5	432.4	423	408.9	399.5	385.4	376	361.9	352.5	329
	480	456	441.6	432	417.6	408	393.6	384	369.6	360	336
	490	465.5	450.8	441	426.3	416.5	401.8	392	377.3	367.5	343
	500	475	460	450	435	425	410	400	385	375	350

　　青少年运动员力量训练的每个手段不应超过 3 组。当训练的组数增加时，练习次数必须下降（即 5～6 次）。每组训练之间，运动员应该休息以缓和消耗的能量，在执行下一个练习之前使它复原，放松肌肉，应当保证 2～3 分钟的间歇时间。

第五节　速度素质训练方法与手段

　　速度素质是指人体快速运动的能力，也即指人体或人体某一部分快速移动、快速完成动作和对外界信号快速做出运动反应的能力。它是人体重要的运动素质之一，对于运动员整体竞技能力的提高有着重要意义。根据运动员在运动时速度素质表现特征的不同，速度素质可分为反应速度、动作速度（含动作频率）和周期性运动中的位移速度。

　　儿童青少年时期的肌肉尚未完全发展，在速度训练时最好避免过量训练，可采用趣味性的接力跑和追逐游戏的方式进行训练,循序渐进地发展速度能力。训练的负荷量较小,强度较大,在动作熟练的基础上,应以最快的速度训练,并以重复训练法反复练习所学的动作,间歇时间充分,应避免在疲劳状态下继续练习。

一、反应速度的训练

反应速度的快慢取决于运动员的感知觉能力(即接收信号的能力)、对于信号的选择性分析、信号沿反射弧传递的速度以及肌肉应答性收缩的速度和能力这四个方面。各个影响因素均与信号密切相关,而且必须由信号启动。因此,信号刺激法是提高反应速度的基本训练方法。

固定信号源单一信号的练习。如发令起跑(20～30)米×(6～10)次;乒乓球、羽毛球、排球等单一技术的多球训练;篮球、足球训练中常采用的(视、听信号)起动练习等等。

移动信号源单一信号的练习。如篮球选手听到不同部位传来要球的信号,立即将球传给同伴;拳击选手在神经反射练习板前见到任何一个方位出现信号时,立即用手触摸。

固定信号源选择信号的练习。如乒乓球多球训练中,教练员打过来转或不转的球,运动员做出瞬间反应,并打出适宜回球,

移动信号源选择信号练习。如从不同方位发出不同的信号,运动员迅速做出选择性回应。球类或技击类运动中,经常需要对变化的环境,如对手的动作、多变的球路做出反应。训练时,物体移动得越快,或物体出其不意地出现,或物体位置越接近眼睛,所需要的反应能力越高。训练时利用体积小而活动性强的物体,如网球或击剑运动训练,会比较有效。

在进行反应速度训练时,应注意:①集中注意力,专注于比赛对手或移动物体;②经常保持身心最佳状态,保持感受器、中枢和效应器适宜状态,随时以动态姿势,蓄势待发;③针对未来的刺激,事先思考如何反应,做好预案,以便随时迅速反应;④运动员对于可能出现的信号的类型、方向、强弱、表现形式等特征应有足够的了解和充分的心理准备,建立起熟练的应对反应的动力定型。进而预先将注意力高度集中于可能出现的信号上,在中枢神经系统和相应的感觉(听、视、触觉等)中枢形成高度敏感的警戒点,并主动对可能出现的信号进行搜索,一旦信号出现,迅速做出反应。

二、动作速度的训练

运动员机体任何部位动作速度的快慢,主要取决于中枢神经系统的功能以及引起该部位运动肌肉力量的大小,在训练中则需相应地采用不同手段提高运动员的动作速度。我们经常采用以下方法发展运动员的动作速度。①大强度的分解技术练习:乒乓球选手快速的徒手或持重物的挥臂练习;撑竿跳高运动员快速收腹举腿练习等。②助力练习:体

操选手在教练员帮助下做快速的摆腿振浪练习等。③减少负荷练习:投掷运动员用轻器械投掷,以体会更快的动作速度的感觉。④预先加难练习:加大难度、加大阻力进行练习后,突然将阻力取消,或将难度恢复到正常水平,利用前面的练习对神经系统及运动系统更高的要求,在短时间内产生的后续作用(痕迹作用),来有效提高动作速度。例如,跳高选手腿缚沙袋做摆腿练习,除去沙袋后接着再做若干次,以提高起跳瞬间摆动腿的速度。

在进行动作速度训练时,应注意:①必须快速地完成练习;②应选择专项动作或与专项动作结构、用力形式相似的练习;③应选择能熟练完成,最好是已处于自动化阶段的技能练习;④练习的次数或持续时间应以能保持最大动作速度为前提;⑤重复练习时每两次练习之间应充分恢复,以保证工作肌肉中消耗的 ATP 得到重新合成补充,同时神经系统仍保持必要的兴奋程度为标准;⑥练习前肌肉须做好准备活动。

三、位移速度的训练

位移速度是以单位时间里位移的距离作为衡量的指标,与物理学中速度的含义是一样的。周期性竞速项目与非周期性竞技项目对运动员移动速度有着不同的要求,训练的方法和手段也存在着不同的特点。我们经常采用以下方法发展运动员的移动速度:①径赛运动员的快速小步跑、原地快速交换踏脚、原地高抬腿跑等练习;②游泳运动员的快速打腿、快速划臂练习;③自行车运动员的快速踏蹬练习;④在外部有利条件下完成高频率练习,如下坡跑、顺风跑、缩短步长的高频率跑,陆上划臂练习等;⑤短距离折返跑练习。

在进行移动速度训练时,我们应注意:青少年运动员在进行移动速度训练时,应保持正确的移动技术,注意加强核心稳定和下肢稳定性训练,并且更加强调技术而非获胜。必须专注于逐步提升力量并按照年龄分阶段进行力量训练,力量是影响速度的重要因素。在发展速度素质中,发展快速力量对移动速度的提高起重要作用,同时,提高柔韧素质有利于动作速度的提高。因此,速度素质的提高离不开力量素质和柔韧素质的训练。

肌肉的协调放松能力也是速度素质提高的重要因素。肌肉的收缩与放松是在神经系统的支配下交替进行的,若主动肌收缩,则对抗肌放松,当对抗肌转化为主动肌收缩时,则主动肌变为对抗肌放松,肌肉如此交替转换便完成了一定的运动。肌肉放松能力的提高,不仅可以减少快速收缩时肌肉的阻力,而且有利于 ATP 的再合成,使肌肉收缩速度和力量增加。ATP 的完全消耗不仅使肌肉不能继续保持工作,同时妨碍肌肉的舒展,这时便会出现速度下降,要想保持较长时间的高速度、高强度的激烈运动,就必须在肌肉两次收缩之间,即在肌肉放松的时间内继续进行 ATP 再合成,肌肉放松的好坏对 ATP 的再合成是相当重要的。可以用正确的技术进行针对全身的跑步、跳跃训练以提高神经系统的反应速度和肌肉的协调性。

第六节　协调素质训练方法与手段

协调素质包括空间定向能力、本体感知能力、节奏能力、平衡能力,青少年运动员的协调素质可通过完成不习惯的动作和复杂动作来进行练习。

一、平衡能力训练

1. 山式平衡

直立站好,把重心转移到左脚上,左脚完全着地,脚心内侧向上提。右膝弯曲,右脚上提,贴在左腿的大腿内侧。右髋骨展开,尾骨向下沉并固定。双手打开成侧平举,然后合十上举,维持平衡,保持这一姿势呼吸 5～10 次(图 5-85)。

图 5-85 山式平衡

2. 勇士式平衡

直立站好,双臂上举。身体慢慢往前倾斜,右腿往后抬起至与地面平行,臀部到脚趾保持直线,脸部朝向地板,保持身体平衡,两腿交换重复(图 5-86)。

图 5-86 勇士式平衡

3. 单手支撑展腿

两腿前后分开,保持躯干挺直体前屈,前腿同侧手触地,后腿尽量直腿后抬至最高点,向正面转体,维持单腿平衡状态5～10秒,两侧交替(图5-87)。

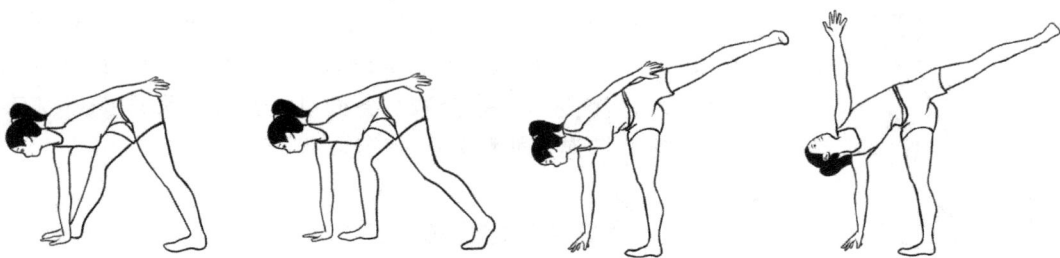

图5-87 单手支撑展腿

二、变向能力训练

1. 前后跳

面向标志物,双脚蹬地,向前跳过标志物,接着向后跳回。重复向前向后跳,完成规定的次数(图5-88)。

图5-88 前后跳

2. 六边形双腿跳

用胶带在地板上粘成一个六边形,每边长61厘米,夹角120°。双脚由六边形中央向边线外跳,双脚都必须落在线外,再跳回中心,每一条边连续来回跳三次,沿顺时针方向,最后回到六边形的中心,一共18次。在整个跳的过程中,脸始终朝向正前方(图5-89)。

图 5-89 六边形双腿跳

3. 绳梯练习

绳梯被认为是发展协调变向能力最实用的方法。绳梯训练既简单又灵活多样，也可以画线代替，训练手段可以灵活组合，除了训练下肢速度和协调能力，配上上肢传球等动作还可以同时训练上下肢的协调和反应能力，绳梯训练的主要方法有：①绳梯竖放，儿童高抬腿前进，注意落地时一脚踏一格；也可双脚向前跳进；②绳梯横放，各种单腿侧向移动练习；③加难动作，在跳和跑的过程中配合传接球。

三、完成复杂动作的能力

1. 大猩猩跳

俯身屈髋微屈膝呈双手和双脚触地支撑姿势。双臂伸直，双手触地支撑。双脚分开支撑。保持腹部收紧，双腿蹬地发力，向双手两侧跳起，双脚落地的同时双手向前方移动。双脚和双手重复交替向前移动，并完成规定的距离，回到起始姿势（图 5-90）。

图 5-90 大猩猩跳

2. 肘碰膝跳跃

身体呈直立姿站立。双腿伸直，双脚分开，双臂自然垂于身体两侧，保持腹部收紧，抬一侧腿屈髋屈膝，并用对侧手肘碰触抬起腿的膝部，同时另一侧腿原地垫步跳。抬起腿落地垫步跳的同时，换另侧腿抬起并用对侧手肘触碰膝部。双腿交替进行，完成规定的次数回到起始姿势（图 5-91）。

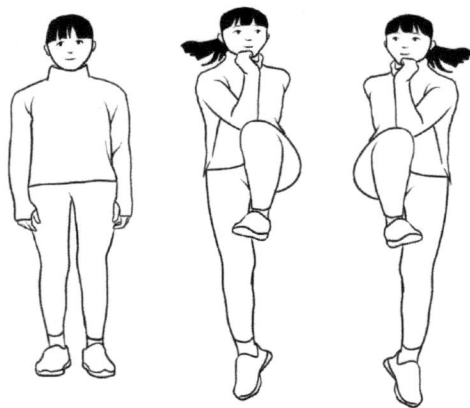

图 5-91 肘碰膝跳跃

3. 外展膝跳

身体呈直立姿站立。双腿伸直,双脚分开,双手扶髋。抬一侧腿屈髋屈膝并向外侧展髋的同时,另一侧腿原地垫步跳,接着抬起腿落地跳动的同时,换另一侧完成屈髋屈膝并向外侧展髋的动作。双腿交替进行,完成规定的次数,回到起始姿势(图 5-92)。

图 5-92 外展膝跳

4. 对侧手触脚跳

身体呈直立。双腿伸直,双脚分开,双臂自然垂于身体两侧,保持腹部收紧,抬一侧腿屈髋屈膝并用对侧手与脚触碰;接着换另一侧完成该动作。然后向后屈膝并用对侧手向后与脚触碰;接着换另一侧完成该动作。重复前后手碰脚动作,完成规定的时间,回到起始姿势(图 5-93)。

图 5-93 对侧手触脚跳

青少年运动员在进行协调性素质训练时,应注意:协调性素质练习可在高速度下进行,但在最初训练过程中,必须控制好练习速度。例如,围绕"之"字形或"T"字形等锥形物跑或穿梭跑等,以上这些练习都是按照已知的标准或程序来改变运动的方向,不存在对外界变化做出应答的主动自发性动作。一旦掌握了这些练习,并能正常完成,动作速度、爆发力、关节稳定度、活动度和身体控制能力会共同发展,从而使运动成绩提高。

除了专注于技能学习的协调性素质训练,绝大多数的协调性素质训练都要求在高强度下进行训练（强度应达到运动员最佳表现的80%～95%）。运动员在转换动作时，力量发生动态变化，为了能够从协调性素质训练中获得最大的收益。强度过低的训练通常不会使协调性素质发生明显的提升，更不会对运动表现产生正向迁移。为了能够给训练设定合理的强度，教练员必须定期通过测试以评价运动员完成练习的最大能力。

由于训练强度的提升主要依赖于神经肌肉系统，同时协调性素质训练的质量取决于神经反馈和神经肌肉系统的反应，因此协调性素质训练一般都会被视为神经肌肉系统训练。神经系统快速、有力且高频率地向参与协调性素质练习的快肌纤维发送神经冲动，从而影响着快肌纤维的收缩速率，并最终决定了协调性素质或快速步伐能力的强度和质量。

第七节　灵敏素质训练方法与手段

灵敏素质是在各种突然变换的条件下，人体能够迅速、准确、协调地改变身体运动方式的能力。灵敏素质分为一般灵敏素质和专项灵敏素质，7～9岁是发展一般灵敏素质的有利时期，主要提高反应判断能力。9～14岁是发展专项灵敏素质的阶段，主要发展与运动项目特点相结合的灵敏素质。按照其专项的需要，运用相对应的技能，加以持久的训练。儿童青少年运动员所处的训练阶段不同，灵敏素质训练内容的选择上也是不同的。

灵敏性素质训练更符合球类、对抗类、格斗类等运动项目的专项需求，教练员往往辅以视觉和听觉信号，使运动员根据不同的信号对运动形式做出瞬间判断，完成未知的运动形式和要求，灵敏素质训练使运动技巧水平更加接近实际比赛情景。

图5-94　粽子球抛接练习

灵敏素质练习主要有三类。第一类是躲闪、追逐练习，如把两个人用一根绳子拴住，然后进行躲闪练习。第二类是抛接练习，如不规则球的抛接练习（图5-94）。第三类是紧急改变体位的起跑与冲刺，如10～20米短距离不定时启动并冲刺对于发展儿童青少年的灵敏素质非常有效。起动姿势可以随便设计，比如俯卧撑准备、仰卧或者俯卧准备、绕圈准备背向高抬腿等。当听到起跑的口令后马上改变身体姿势，向前跑出，直至冲刺到终点。第四类是专门性灵敏练习，如与专项特征相结合的练习。

青少年运动员在进行灵敏素质训练时，应注意：高强度的灵敏训练应当在热身后迅速开始，因为此时神经系统仍然比较兴奋，还未疲劳，可以对不同的刺激做出迅速反应。当然，教练员同样可以在疲劳状态下，制订提高反应时间表现的灵敏训练。此时，灵敏训练可以放在训练课的最后阶段进行。虽然疲劳会干扰到中枢神经系统的反应能力，但运动员能够逐渐适应较高程度的疲劳,执行绝大多数项目所要求的快速反应动作。这类训练的目标是保持短时(4～12 秒)且以最快的动作频率完成练习内容。如果希望运动员在比赛的最后阶段依然可以像比赛之初一样动作犀利、敏捷且极具爆发力,那么就要进行上述的训练。

在灵敏素质训练中,随着快肌纤维神经中枢的反应性和牵张反射(肌梭的牵拉反射会引起肌肉的收缩)有效性的减弱,神经系统将最先感受到疲劳。疲劳通常会伴有明显的技术变形—运动员很难有效地进行灵敏性练习。运动员的动作看上去很挣扎、步伐凌乱、脚部触地时间增加。上述情况说明神经肌肉处于很高的疲劳程度。在这种情况下,教练员应当提供更长的休息时间(如 4～5 分钟)或终止该堂灵敏素质训练课。

第八节　柔韧素质训练方法与手段

一、改善青少年运动员柔韧素质训练方法

适时和合理地开展柔韧素质训练和伸展运动,对儿童青少年尤为重要。柔韧素质同年龄的关系非常密切。儿童青少年骨骼弹性好,可塑性大,关节韧带伸展性好,容易拉长,所以发展柔韧素质最好从幼年开始。柔韧素质消退较快,所以柔韧素质训练不能"三天打鱼两天晒网"。儿童青少年在练习时要做好准备活动,不可用力过猛,以防受伤,动作的幅度、速度、力量要逐步增加。发展柔韧素质的方法很多,儿童青少年在训练时应根据自己的身体特点,循序渐进。

柔韧素质的训练方法主要以拉伸为主,其中包括静力性拉伸和动力性拉伸、PNF 法等,其作用机制基本相同,都是通过各种拉伸方式并施加一定的负荷,以改变肌肉、韧带以及其他组织的某些属性来改善柔韧素质。

(一)静力性拉伸

静力性拉伸是人体利用自身力量或借助外力,对训练部位的肌肉、韧带等软组织进行拉长,到达一定程度时,保持拉伸动作一定时间,使人体各肌肉群得到充分伸展。静力性拉伸一般分为 3 个伸展阶段:轻柔拉伸、感受伸展与最终伸展。在轻柔拉伸阶段,通过缓慢动作进入拉伸,拉伸时只施加稳定而轻柔的力量;在感受伸展阶段,增加拉伸强度以感觉到肌肉被拉长的状态;在最终伸展阶段,进一步增加拉伸强度直到开始出现不舒服的感觉,并保持 10～30 秒。如果以维持柔韧性为目的,需要保持 10 秒,如果要提高柔韧性则至少需要维持 30 秒。

(二)动力性拉伸

动力性拉伸是一种有节奏的、多次重复同样动作的柔韧性练习,可分为不依靠外力的动力性拉伸与依靠他人的被动性动力拉伸。拉伸练习时,每次拉到有疼痛感时放松,以增

大震动的力度和幅度来拉长肌肉、韧带、肌腱等软组织。此方法的强度较大,对练习部位的刺激较大。研究表明,在准备活动后,正式运动前进行相关动作的动力性拉伸有助于提高运动能力。动力性拉伸不但具有动作专门性,而且具有速度专门性。因此在拉伸中应该包括低节奏动用关节活动度的伸展练习与高节奏动用关节活动度的伸展练习。在实际的拉伸练习中,要求在接近整个关节活动度的幅度内分为 3 个阶段进行肢体的伸展活动:开始时以慢而安全的速度进行;然后以中速进行;最后以实际运动中所能达到的高节奏进行。

(三)本体感觉神经肌肉促进法

本体感觉神经肌肉促进法(proprioceptive neurmuscular facilitation,PNF),最早是一种理疗师用来治疗各种神经肌肉麻痹疾病的方法,是一种利用运动觉、姿势感觉等刺激神经肌肉反应,促进相应肌肉收缩的训练方法。近十几年,PNF 拉伸法开始广泛用于体育运动领域,如改善肢体的柔韧性、预防及治疗运动损伤。

PNF 法应用了静态伸展中收缩肌因保护性抑制而放松的原理,还利用拮抗肌的交互抑制来放松肌肉,可以有效地避免牵张反射现象的发生,降低肌肉拉伤的发生率,是一种非常有效的肌肉伸展和柔韧性练习新方法。在 PNF 法中,首先是目标肌被动伸展至最大伸展位置,然后目标肌肉的拮抗肌进行向心收缩以产生保护性抑制,从而进一步放松肌肉。现在流行的 PNF 法,其分类主要有保持—放松法、收缩—放松法和收缩肌主动收缩的保持—放松法 3 种,针对儿童青少年的 PNF 拉伸需在成人的帮助下进行。

二、改善青少年运动员柔韧素质的手段

青少年运动员柔韧性训练的课程不应该枯燥乏味,而且不要在紧张竞争的环境下进行,否则会导致过度拉伸,甚至受伤。下面列举出的练习仅作为指导参考。当运动员能够按照渐进式的方式完成这些练习时,那么教练员就可以在训练中加入其他方法。本章的所有练习适合于运动能力发展的各个阶段。其中的一些练习可以作为运动员在专项化训练阶段,进行动态拉伸和 PNF 练习的选择。

1. 鱼挺式

仰卧在垫子上,双膝并拢,脚趾背屈,双臂微屈放至臀部两侧。上半身缓慢向后至半仰卧位,呼气并将胸腔缓慢向上推送至头顶着地,放松双肩,拉伸核心区域肌肉。保持顺畅呼吸,微收腹部,吸气还原,放松手脚(图 5-95)。

图 5-95 鱼挺式

2. 印度俯卧撑

四点支撑,即双手双脚撑住地面,躯干与双腿尽量呈 90°,逐渐弯曲手臂,从头部开始逐渐下潜至俯卧撑姿势,再向上潜至如图 5-96 所示状态。主要拉伸上肢肩颈、腹背肌肉,同时还能激活臀部肌肉。

图 5-96 印度俯卧撑

3. 举臂侧屈

双脚与髋同宽,脚尖向前,一侧手直臂上举贴近耳朵,手心朝躯干一侧,躯干向异侧屈曲拉伸侧腰(图 5-97)。主要拉伸核心区域肌肉,尤其是侧腰部位。

图 5-97 举臂侧屈

4. 猫狗式

跪姿支撑,双腿与髋同宽并垂直于地面,双臂位于肩关节正下方,头部保持中立位。吸气时,伸展肩部,用力拉长背部,呼气时,双手向下推,用力弓起背部(图 5-98)。主要拉伸、放松背部、核心区域肌肉。

图 5-98 猫狗式

5．椅式

身体保持直立。双脚并拢，双手向上伸展。呼气时，屈髋屈膝，推臀向后，吸气，手臂尽量向上伸展，手指向上延展拉长，肩膀放松，把重心放到脚跟上，保持顺畅呼吸，大腿内侧向内去夹。吸气，上身慢慢地向上移，呼气，手臂缓慢还原（图5-99）。主要拉伸、舒展躯干核心肌肉，强化脊柱活动度、稳定度。

图5-99 椅式

6．超人式

俯卧位于垫上，前额点地，核心收紧，手臂向前伸直，掌心朝向地面。吸气，上背部发力，抬头抬胸腔，上背持续发力，呼吸时将双腿抬起，头部保持在脊柱延长线上（图5-100）。主要拉伸、强化身体背侧肌肉。

图5-100 超人式

7．桥式拉伸

仰卧位于垫上，双腿弯曲，双脚开立与髋同宽，双手位于臀部两侧。吸气，依次抬起臀部、腰部、胸部，保持顺畅呼吸，再将双手向后延展，呼气，缓慢将身体落回垫上（图5-101）。主要拉伸、强化背部、臀部和双腿肌肉。

图5-101 桥式拉伸

8. 英雄坐式

跪姿,双手撑地,膝盖并拢。双脚向外打开,重心后移,将臀部坐到地面,核心收紧,旋双肩下沉(图 5-102)。主要拉伸双腿,尤其是大腿前侧肌肉。

图 5-102 英雄坐式

9. 一字马拉伸

坐姿,双腿尽可能地打开到最大限度,调整坐姿,上身体保持直立。双手在胸前合并,双手贴地并向前延伸到最大限度,注意背部不要弓起(图 5-103)。全面拉伸双腿、髋部肌肉。

图 5-103 一字马拉伸

10. 站姿前屈

站姿,双脚与髋同宽,双手自然下垂,吸气,将双手上举贴近双耳,手心相对。呼气,双手贴着身体缓慢向下直至抱住双脚脚尖(图 5-104)。全面延展、拉伸全身肌肉,尤其是双腿后侧肌肉。

图 5-104 站姿前屈

11. 躺姿单腿拉伸

仰卧位，身体自然放松，抬起一条腿，踝关节背屈，双手抱住踝关节，并施加压力，使腿靠近身体，保持臀部和另一条腿贴紧地面，放松后再次施加压力使腿部尽可能地靠近身体（图 5-105）。柔韧性较差可以使用弹力带辅助。

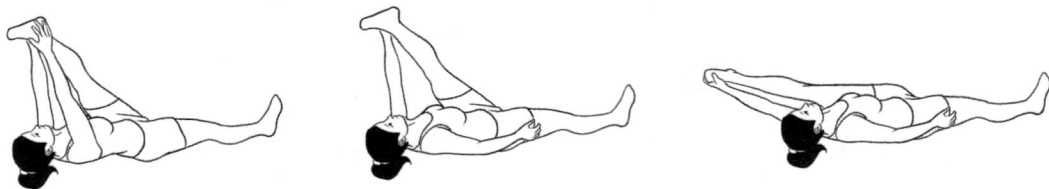

图 5-105 躺姿单腿拉伸

12. 开腿问候式

站立位，双手自然下垂。双腿分开，脚尖朝正前方，上身直立，双手于胸前合十。呼气，屈髋，注意保持脊柱中立位（图 5-106）。主要拉伸、强化双腿后侧肌肉。

图 5-106 开腿问候式

13. 弓步拉伸

双脚开立，上身转向一侧，同侧脚尖朝向同一方向，双侧手臂上举贴近双耳，手心相对，呼气，屈髋屈膝，使前大腿与地面平行（图 5-107）。全面拉伸全身肌肉，尤其是双腿部位。

图 5-107 弓步拉伸

14. 开腿前屈式

站姿，双脚开立，双手自然下垂。呼气，屈髋，双手撑地后保持顺畅呼吸，继续呼气向下屈髋至最大限度，双手抱住踝关节（图 5-108）。全面拉伸、强化四肢、躯干各部位肌肉。

图 5-108 开腿前屈式

15. 下犬式

跪姿，双手置于肩关节正下方。双腿并拢，脚趾背屈，臀部后移拉向脚后跟方向，手臂伸直，双臂撑地发力，臀部上移至膝关节完全伸直，保持双腿并拢（图 5-109）。全面放松、延展全身各区域肌肉。

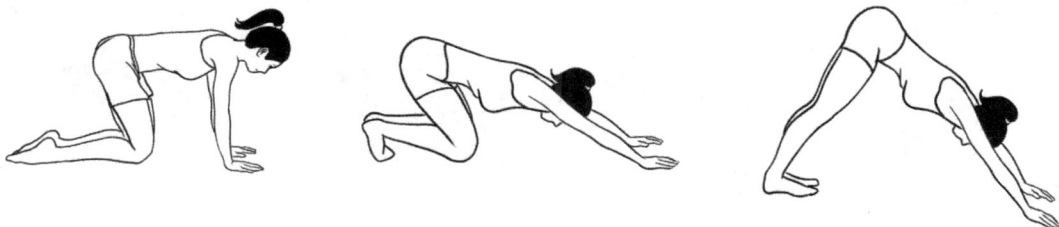

图 5-109 下犬式

16. 打坐式

坐姿，保持脊柱中立，双腿与躯干呈 90°，踝关节背屈。屈膝，将一侧腿置于另一侧大腿的正上方，另一侧同样，保持顺畅呼吸（图 5-110）。主要拉伸、强化双腿各区域肌肉。

图 5-110 打坐式

17. 三角式

四点支撑,躯干与双腿呈 90°,一侧腿向前方迈出并将同侧手置于踝关节内侧并使手臂垂直于地面,脊柱保持中立位,呼气,转体并将异侧手向上伸展(图 5-111)。全面延展四肢、躯干,拉伸全身上下各区域肌肉。

图 5-111 三角式

18. 反三角式

单侧腿落地,另一侧腿呈弓步,脊柱保持中立位,双手自然下垂。双手在胸前合十并,脊柱保持中立身体转向弓步腿一侧,将后腿伸直,异侧手触碰弓步侧腿外侧地,同侧手沿身体延长线向前上方延展(图 5-112)。全面延展、拉伸全身上下各部位肌肉。

图 5-112 反三角式

19. 交替后抬腿拉伸

俯卧式,双手肘撑地,脊柱保持中立位,踝关节背屈,依次抬起腿部至最大限度进行拉伸(图 5-113)。交替延展、拉伸两侧臀腿肌肉。

图 5-113 交替后抬腿拉伸

20. 前屈后展式

跪姿,前屈,双手位于肩关节正下方,双腿与髋同宽垂直于地面,踝关节跖屈;接着臀部坐在脚后跟上,双手撑在脚后跟处,指尖朝向身体。呼气向上伸展髋部、胸部(图 5-114)。全面延展、拉伸大腿前侧肌肉。

图 5-114　前屈后展式

21. 健身球转体

坐在健身球上,双腿打开略比肩宽,脚尖朝前,双手在头后交叉,脊柱保持中立位,屈髋前倾,向一侧做转体,保持臀部稳定在健身球上(图 5-115)。主要调动、延展核心区域肌肉,强化脊椎活动度、稳定度。

图 5-115　健身球转体

22. 下蹲婴儿式

下蹲,双脚与髋同宽,双手撑住地面,膝盖向两侧微微打开,身体前倾,双手向前延伸,保持双脚踩实地面,保持顺畅呼吸(图 5-116)。主要舒展放松全身肌肉,尤其是上身。

图 5-116　下蹲婴儿式

23. 跪姿婴儿式

跪姿,臀部坐在脚后跟上,脚尖靠拢,小腿向两侧打开,臀部向后拉。呼气,屈髋向下,手臂前伸,小臂可放于地面,将额头轻触地板,肩膀放松,手臂放松,将双臂收回环绕体侧,保持顺畅呼吸(图 5-117)。主要舒展放松全身肌肉,尤其是下身。

图 5-117 跪姿婴儿式

思考题

1. 如何调整儿童青少的基本站姿?
2. 举例说明儿童青少年不良体态干预的基本策略。
3. 如何通过运动负荷调控发展青少年运动员心肺适能?
4. 试列举一些发展儿童青少年最大力量的静力性练习手段。
5. 青少年运动员协调性素质和灵敏性素质训练的区别和联系?
6. 学习本章介绍的各种练习手段的操作方法,并示范。

第五章思考题

第六章

青少年运动员运动模式和专项体能训练方法与手段

有许多案例表明一般体能的增强不一定会促进专项运动表现的提高,比如健身房的力量训练对许多专项运动成绩的提高贡献率不大。于是,为了获得更好的转化效果,教练员往往采用专项动作作为训练的手段。但这种专项体能动作较少,会造成局部负荷过大,单侧发展过度、不平衡,容易导致疲劳和受伤。所以,如何解决一般体能训练对各专项贡献率不大以及专项体能训练动作过于单一的矛盾,在现代体能训练中是亟须回答的问题。

从动作上来说,将专项技术动作拆分成简单的运动模式,然后针对运动模式进行有步骤的、循序渐进的提高,继而过渡到结合专项技战术细节、专项供能的专门练习为主的专项体能训练,可以起到事半功倍的效果。

如第一章所述,运动模式和专项运动保持高度一致的基本力学结构,而不仅仅寻求外在动作形式相近。例如,短跑表面看起来需要水平方向腿的蹬伸的力量和速度,事实上,短跑运动员的途中跑技术的主要动力来源于以髋为轴的大腿前摆与后伸,所以以髋为主导或以髋为轴的运动模式是短跑运动员专项体能训练手段的主要方向,臀冲、罗马尼亚硬拉、高翻、壶铃甩摆等应是主要手段,这样的体能训练对短跑运动员的运动表现才能有直接的积极效果,而且手段选择也不是过于单一。对于儿童青少年运动员,在一般体能训练的基础上,在进行大强度专项体能训练之前,应加强和专项相关的运动模式的训练和培养。只有具备了标准的、稳定的基础运动模式能力,才能使体能训练逐步接近专项特征,使一般体能向专项体能转化的效率更高。所以,专项体能训练应首先将专项动作技术拆分为较简单的运动模式,逐一巩固,形成条件反射。

第一节　运　动　模　式

各专项运动的动作,从田径运动(跳高、跳远、投掷铁饼和铅球等)的技术动作到新兴的滑板、小轮车的各种花样技巧的动作,都不是天生的自然动作。从婴儿时期起,人体首先应该掌握的是自然的真实动作,然后才是后天演化出的动作。儿童青少年的体能训练应从一般体能中的身体形态、姿势、动作、运动模式再到专项技能的顺序进行,应在先天自然的动作基础上学习后天复杂的专项技术动作,并将这些后天的姿势、动作训练成自然的、反射性的习惯性行为。运动训练学称这种后天形成的专项技能为:复杂的、连锁的、本体感受性的条件反射。所以,在竞技运动的身体练习中,从复杂的专项技术动作中分解出基本运动模式是非常重要的,因为人的大脑使用这些模式,而不是孤立的肌肉和关节活动,来产生对于动作的实际感觉和行为。这些基本运动模式组合产生专项技术动作的实效性和经济性。人的大脑对于各种习惯动作具有一种本能的亲和力。当运动员在运动场上感觉紧张、手足无措或大脑一片空白时,其外在表现出来的都是一些本能的习惯性运动模式。当这些运动模式出现问题时,也难以改变它们,需要被重新设计和形成。当这些简单的运动模式形成习惯的自动化动作以后,将其按照专项比赛的动作结构、节奏和供能要求加以组合构成专项技术,就可以起到事半功倍的效果。格雷认为,基本运动模式在大多数情况下,应该优先于复杂动作活动或复杂技能训练;而专项体能动作的设计,应在与专项技能拆分后的基本运动模式相契合的基础上,强调发展和设计与专项技术在动作形式、动作结构和能量代谢方式上一致的身体练习手段,以使专项体能训练与技术、战术、心理等竞技能力发展高度结合。

如第一章所述,运动模式是建立在人体的 3 个运动轴和面的基础之上的,按照一定的时间、空间和顺序所进行的一系列协调组合的动作。针对如何划分和确定人类究竟有多少种基本运动模式的问题,虽然有不同的答案,但大多数人认为可以把人体基本动作模式归为以下 11 种。这些基本运动模式是人们学习和发展专项动作技能的基石,需要在儿童青少年阶段去重点学习,才能在以后的身体锻炼和竞技训练时更好地形成和掌握多种多样的专项运动技能。

(一) 髋主导的运动模式

髋主导的运动模式是指动作由髋关节开始或者发动的,这种运动模式也包括了以髋关节在矢状面做屈伸动作的髋关节的铰链运动,例如,虽然臀桥是髋主导的运动,但它并不是髋关节的铰链运动;跳箱上台阶训练也是髋主导的运动,而不是髋关节的铰链运动。所以,我们把髋关节的铰链运动也归为髋主导的运动模式。在实践中还要注意这种运动模式与膝主导运动模式的区别,比如深蹲时髋先屈曲(前蹲则是一个膝主导练习,执行动作时膝关节先屈曲)。

髋主导的运动模式是非常基础而且重要的运动模式,无论是在日常生活中还是进行各种运动时,都非常重要,如果儿童青少年不能很好地完成这一运动模式,可能连日常的鞠躬动作都做不好。髋屈功能受限,不仅会影响到日常的生活,而且还会影响硬拉、深蹲、壶铃甩摆、甩战绳、游泳、骑车等动作的准确性。髋屈受限很可能以膝主导和弓腰驼背来代偿,从而导致伤病。

训练培养髋主导的运动模式,可以循序渐进采用以下练习。

1. 早安式

以髋部为驱动点,屈髋俯身,臀部(屈髋)往后送,膝盖固定,像鞠躬姿势一样慢慢向下。感受到腿后侧被拉扯的感觉,过程中保持躯干稳定脊椎中立。直立时把注意力集中在髋部,臀肌发力向上伸展髋部,想象臀部往前推,挺至身体直立;然后夹紧屁股。慢慢重复以上过程,每组做 15～20 次,做三组(图 6-1)。

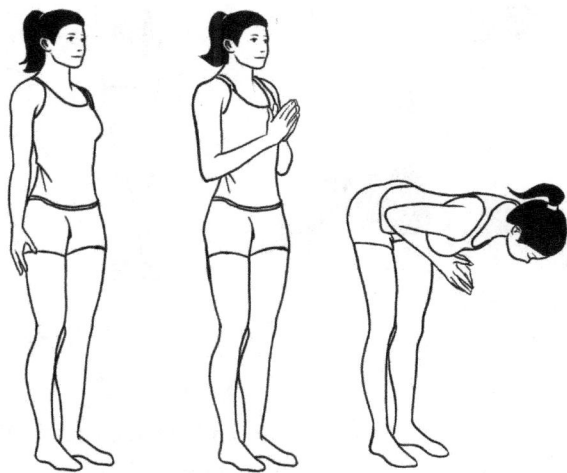

图 6-1 早安式

2. 跪撑屈髋

双手、双膝、双足尖六点支撑于垫子上,收缩核心肌群,保持骨盆和脊柱的中立位置,然后骨盆后移,即向后坐下去,直到感觉受限或腰椎开始出现弯曲,这时恢复到初始位置。慢慢重复以上过程,每组做 15～20 次,做三组(图 6-2)。

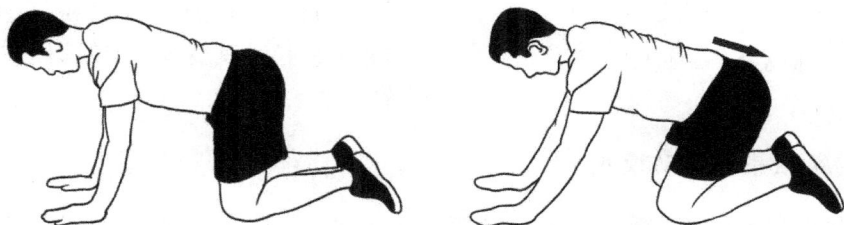

图 6-2 跪撑屈髋

3. 跪姿屈髋

使用一根木棍辅助练习,保持后脑、肩胛内侧和骶骨与木棍接触,收腹增加腹压,然后屈髋、臀部后移、上身前倾,注意维持脊柱和骨盆的中立位置,然后慢慢还原至初始位。整个动作过程中要避免以上三个部位离开木棍,始终保持接触,动作幅度可以逐渐增大,每组做 15～20 次,做三组(图 6-3)。

4. 立姿屈髋

双脚站姿,保持后脑、肩胛内侧和骶骨与木棍接触,收腹增加腹压,然后屈膝屈髋、上身前倾,注意维持脊柱和骨盆的位置,然后慢慢还原至直立位。整个动作过程中要避免以上三个部位离开木棍,始终保持接触,动作幅度可以逐渐增大,每组做 15～20 次,做三组(图 6-4)。

图 6-3 跪姿屈髋

图 6-4 立姿屈髋

图 6-5 单腿屈髋

5．单腿屈髋

同样的运动模式，我们采用单脚支撑完成。保持木棍与后脑、肩胛内侧和骶骨接触，收缩核心肌群稳定骨盆，避免骨盆旋转，然后屈膝屈髋上身前倾，然后慢慢还原至直立位。同样逐渐增加动作幅度来进阶，每组两腿各做15～20次，做三组（图 6-5）。

另外，在正确掌握髋主导运动模式的情况下，可以采用以下负重的手段对髋主导运动模式的专项技术进行加强，如臀桥、负重早安式、罗马尼亚硬拉及其变式（如单腿硬拉）、壶铃甩摆等。

（二）膝主导的运动模式

膝主导的运动模式主要体现在弓步等单腿运动的身体练习中，是走、跑、变向、急停、攀爬、摆腿等动作的基础。在这个运动模式中要区别两侧髋"屈曲"和"伸展"功能。在膝主导的运动模式中，两侧髋需要较佳活动度以及髋关节和腰椎区域的稳定能力。训练培养膝主导的运动模式，可以采用以下练习。

1．分腿蹲

分腿蹲是双腿位置和发力不对称的、独特的腿部训练动作，它可以较好地增强下肢力量和身体稳定度。分腿蹲训练时，应注意身体容易摇摆不平衡，要加强核心部位的肌肉来保持平衡。分腿蹲训练也可改善双腿的肌力不平衡。

双手徒手或各持一哑铃，自然站立，腰背挺直，核心收紧。单脚向前跨出一大步，同时重心下落，重心维持在中后方，至前面的小腿垂直地面，大腿与小腿垂直，感受大腿前侧股四头肌的发力紧张。后腿膝盖尽量不要着地，保持2～3秒；起立时身体保持正直；运动中双脚内侧在一条直线上。每组两腿各做15～20次，做三组（图 6-6）。

2. 单脚抬高箭步蹲

前脚抬高箭步蹲:双手各持一哑铃,置于身体两侧,前脚踩在踏板上,后脚撑地,双腿跨距不宜过窄,保持脊柱稳定中立。后脚稳住,前腿屈髋屈膝向下蹲,过程中躯干角度会随着前腿跨步下蹲而往前,直到大腿平行于地面。动作全程髋关节始终朝向正前方,保持上半身正直。前脚踩稳踏板,启动臀肌、股四头肌,向上向后推起身体,回到起始位置。后脚抬高箭步蹲:双手各持一哑铃,置于身体两侧,站于高平台前一两步远,屈后腿膝关节使后脚踩于高平台上。平台高度根据个人身高和腿长调整,一般不超过膝盖高度。保持躯干直立,有意识地控制下蹲速度,前腿膝关节弯曲使身体下降,直到后膝几乎触及地面。然后通过前腿发力,伸膝站直前腿,回到起始位置。始终保持核心肌群收紧,头部、脊柱和骨盆处于中立位。每组两腿各做 12 次,做三组(图6-7)。

图 6-6 分腿蹲

图 6-7 单脚抬高箭步蹲

另外,还可以采用低跳箱上台阶,弓步(向前、向后、侧向),单侧手枪蹲(图6-8)等方法进行训练。

图 6-8 单侧手枪蹲

（三）水平推的运动模式

俯卧撑和卧推都是典型的水平推的运动模式，并且针对相同的肌肉。但是，当涉及肩部的静态和动态稳定性时，它们是非常不同的。做俯卧撑时手和脚与地面等稳定的表面接触，属于闭链式运动，远端手部固定，近端肩胛骨能够自由地移动，从而更多地强调控制肩胛骨的肌肉组织的动态稳定性。卧推时手可自由移动，是开链式运动，必须控制肩部和上背部的稳定性。最后，还可进一步进行两端都不稳定的、接近专项运动（如推铅球）的水平推的练习手段。

1．站立推墙

双脚站立与肩同宽，脚尖指向正前方，双手间距离略比肩宽，指尖与肩同高，核心收紧。臀、背、头保持在一条直线上，肩关节内旋，手臂做屈伸动作推起，手肘不要外展（图 6-9）。

2．俯卧撑及其变式

俯卧于平地或矮凳上，双脚开立与肩同宽，双手间距离略比肩宽，指尖与肩齐平，感觉两手外旋撕裂地面。核心收紧，臀、背、头保持在一条直线上，手臂做屈伸动作，手肘不要外展，肩胛骨收紧（图 6-10）。

图 6-9 站立推墙

图 6-10 俯卧撑及其变式

3．卧推

手持哑铃或杠铃，平躺于卧推椅上，调整身体左右平衡，双脚踩实地面，双手握住哑铃或杠铃，略宽于肩，核心收紧，收腹沉肩，哑铃或杠铃下落时吸气，下落至胸前，注意不要落太深，推起时呼气。整个过程保持挺胸收腹，肩膀内旋，推举杠铃时两手可有掰断杠铃的感觉（图 6-11）。

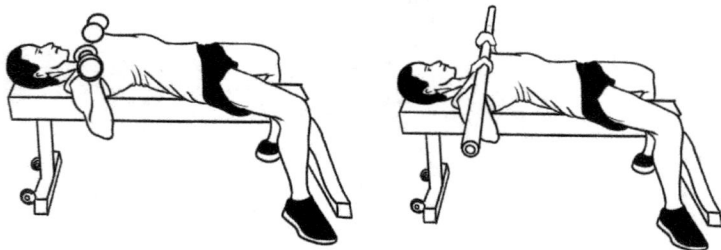

图 6-11 卧推

4．动态水平推

图 6-12 中动态水平推的练习，由于没有稳定的支撑面，更要保持核心收紧、肩关节内旋的前推模板的姿势。

图 6-12 动态水平推的练习手段

（四）水平拉的运动模式

引体向上是典型的"上肢拉类"的运动模式，但它是在垂直平面上的。为了通过上肢拉类动作在肩膀上产生全身稳定性，必须先掌握水平拉类（划船），然后才能学习更复杂的垂直拉类动作。

练习水平拉的运动模式，先从全身稳定性位置的练习开始，以此完善模式，也就是反向划船。在这个位置，腿部、臀部、骨盆和脊柱负责等长稳定性，而上肢在水平面上产生动态拉力。全身越稳定，这个动作的效率就越大。

1. 反向划船

起始位置，将杆调至腰部高度，仰卧躺在单杆下，脚跟支撑地面，双手略宽于肩，身体呈一条直线，双臂伸直握住横杆，正握反握均可。拉起时，核心收紧，背部肌肉发力，双臂辅助把身体朝前上方拉起，将身体拉向横杆，到最高点停顿 2～3 秒，缓缓落下，回到起始位（图 6-13）。

图 6-13 反向划船

以下是水平拉类运动模式的进阶动作。这些进阶动作是基于划船的姿势和静态稳定需求。从脊柱完全稳定的胸部支撑划船，到需要髋关节（后侧肌肉链）积极稳定的俯身划船。在练习中可以发现，绝大多数薄弱环节是在核心部位，所以要求首先收紧核心。

2. 胸部支撑划船

起始位置，俯身趴在凳子上，用胸部做支撑，双手抓握杠铃杆做划船动作，收紧腹肌，臀部发力。回拉时肘部夹紧不要外展，同时收紧肩胛，胸部不要离开支撑面，防止腰椎超伸（图 6-14）。

3. 俯身划船

双手正握杠铃杆，屈髋使上半身前倾至约与地面平行，微屈膝，双臂自然下垂，头、背、臀保持在一条直线上。回拉时，核心收紧，背阔肌发力，双臂辅助上拉至胸部，同时呼气，注意肘部贴近身体两侧,回落时,吸气,回到起始位(图 6-15)。

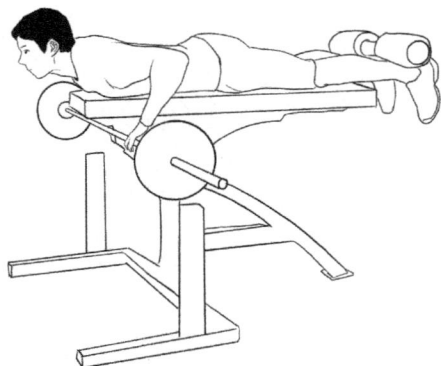

图 6-14 胸部支撑划船

图 6-15 俯身划船

(五)垂直推的运动模式

垂直推的运动模式可采用哑铃过顶推举—杠铃硬推—肩部推举—借力推举—单臂炮台推的进阶方式。在进行垂直推类练习时,不仅要注意肩胛和上半身的稳定控制,而且要注意整个身体,特别是核心和髋部的张力和控制能力。起始姿势可参照第三章过头举模板,外旋肩关节,腋窝朝前。

1. 硬推

起始位置,将杠铃放至胸锁连接处,双手握距略比肩宽,保持小臂垂直于地面,双脚踩实地面,脚尖向前,双脚与髋同宽,向上推举时,头可稍后倾,下落时还原。向上推举时保持杠铃杆在脊柱正上方,推举杠铃杆的路线是一条垂直于地面的直线,向上推举时有意识地将肩胛向下压,不要耸肩(图 6-16)。

图 6-16 硬推

2. 肩部借力推举

起始位置,做出四分之一深蹲,杠铃放在胸锁连接处,然后借力推动杠铃上移,肩部和手臂同时用力,向上推起时,杆应尽量靠近面部,在杠铃杆经过面部时使头部稍微后倾,等到杠铃杆经过面部之后,再使头部前移。将杠铃举过头顶,锁定,要注意核心收紧,稳定躯干,利用核心肌群使身体保持稳定。结束时手臂应该伸直,杠铃在头部上方锁定。头部处于双臂前方,使杠铃杆正对髋部。下蹲时,屈髋屈膝缓冲,将杠铃放在原处(图6-17)。

图 6-17 肩部借力推举

3. 炮台推举

站姿,双脚前后开立,单手抓住杠铃,手肘弯曲,将杠铃收在胸口前,核心收紧,维持躯干稳定,身体稍向前倾,下肢快速蹬地髋伸旋转至上肢伸直将杠铃上推,手臂与耳朵靠近,再缓缓放下,把杠铃收回至胸口(图6-18)。

图 6-18 炮台推举

（六）垂直拉的运动模式

改善垂直拉的运动模式,需要将整个动作拆解开来练习,首先需要重复做肩胛骨下压的动作,慢慢找到肩胛骨下压的感觉,然后从坐位下拉到辅助引体向上再过渡到正握的完整引体向上动作。

1. 悬垂肩胛骨下压

起始姿势和引体向上一样,双手抓住单杠,悬挂在单杠上,手臂伸直,肩胛自然上提,感觉肩膀快要碰到耳朵,然后启动背肌(背阔肌、斜方肌下部)让肩胛骨下回旋,下沉。利用肩胛的移动,去感受身体往上带的感觉(图6-19)。

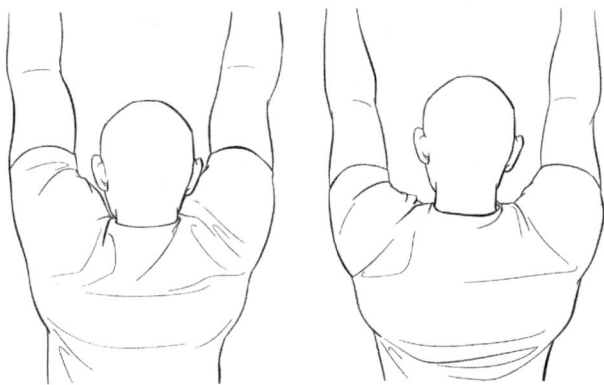

图6-19 悬垂肩胛骨下压

2. 跪姿高位下拉

跪姿,宽握距握住横杠,挺胸沉肩,身体微微后倾,下拉时吸气,背阔肌收紧,肩胛骨下沉,核心收紧,从头上方下拉横杠至胸前,稍作停留2～3秒,还原时呼气,有控制地还原,手臂不需要完全伸直(图6-20)。

图6-20 跪姿高位下拉

3. 辅助引体向上

先集中训练离心收缩，学习使用背阔肌。首先估计一下 10～12RM 的重量，然后使用辅助带用 1 秒的时间向上（向心收缩），在最高点停留 1 秒（等长收缩），再用 4～6 秒的时间落下（离心收缩）（图 6-21）。

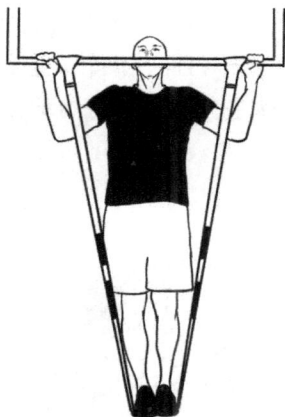

图 6-21 辅助引体向上

4. 正（反）手引体向上

使用正（反）手握法，双手握距的宽度应比肩宽稍宽一些，手臂完全伸展开。保持身体挺直，收缩背阔肌使身体尽可能地向上，使肘部向下，然而慢慢地放松使手臂完全伸展开。重复该动作至规定次数（图 6-22）。

图 6-22 反手引体向上

（七）旋转的运动模式

躯干的旋转模式是指躯干围绕脊柱的垂直轴在水平面内进行的活动，例如投掷项目的投掷动作、网球的正手击球技术动作、高尔夫球的旋转下杆击球动作等等，这些动作都是通过躯干的旋转增加做功距离产生更大的加速度，使投掷类的出手速度、击打类的击球速度更快。因此,旋转运动模式也是躯干的重要功能,可以循序渐进地采用以下练习培养青少年运动员的旋转运动模式。

1. 跪撑胸椎旋转

身体呈俯身跪姿,右臂伸直,右手撑地,指尖朝前;左臂屈肘,左手抬起置于左耳侧;背部挺直,与地面基本平行;目视地面。下肢与髋关节保持稳定,以胸椎为轴,头部与躯干向右旋转,直至左肘触及右臂;头部与躯干再向左旋转,直至躯干前部有中等程度的牵拉感,同时目视左上方,拉伸动作持续 2 秒左右。恢复初始动作,换至对侧,循环进行,直至完成规定次数(图 6-23)。

图 6-23 跪撑胸椎旋转

2. 站姿胸椎旋转

身体呈站姿,双脚间距略比肩宽,双膝微屈,膝盖不超过脚尖;屈髋,背部挺直,双手交叉放在脑后。保持下肢与髋关节的稳定,以胸椎为轴,头部及躯干向右旋转,直至目标肌肉有中等程度的牵拉感,拉伸动作持续 2 秒左右。恢复初始动作,换至对侧,循环进行,直至完成规定次数(图 6-24)。

图 6-24 站姿胸椎旋转

3. 俯卧瑜伽球胸椎旋转

俯卧于瑜伽球上,双臂屈肘,双手置于脑后,呈轻轻抱头姿态,腹部撑球,胸部离开球面,核心收紧,双腿伸直,双脚前脚掌撑地。挺胸直背,躯干向一侧转动至最大幅度。恢复至起始姿势,换边进行同一动作。重复完成至规定次数(图 6-25)。

图 6-25 俯卧瑜伽球胸椎旋转

4. 俄罗斯转体

坐于垫上,双腿屈膝抬起,脚离地,下背挺直,上背略微弓起。两手持重物转动,双肩来带动手臂的移动。手接触身体两侧地面,目光跟随双手移动。两侧交替做动作至推荐次数(图 6-26)。

5. 杠铃左右转体

将杠铃放在肩上,双手扶住杠铃保持平衡。腹斜肌用力使身体左右转动,转动幅度约为 45°,在动作最末端需要制动(图 6-27)。

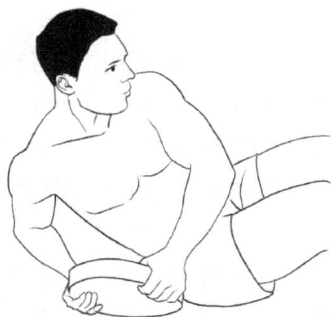

图 6-26 俄罗斯转体

图 6-27 杠铃左右转体

另外还有如绳索转体、伐木和横向药球投掷等练习手段。但如果使用弹力带或绳索为器材,一定要使用绳索而不是弹力带。因为绳索练习符合实际发力模式,即启动阻力最大,末端速度最大;而弹力带正好相反,启动轻而末端重,这必然导致加速度的丢失,而且,为了体现出助旋加速,这种练习的负重不要太大,要保证在 6～10 次之内动作速度不会降低。

(八)抗旋转的运动模式

对运动表现帮助比较大的核心训练必须让躯干在稳定状态下、脊椎在中立位置上抵抗外力,并尽可能地保持静止或最小幅度的活动,这些都是静力性支撑的核心稳定肌的作用。核心稳定肌的一个最重要的功能就是稳定我们的躯干,在运动过程中保持良好的身体姿势。因此训练的焦点集中在核心稳定肌的"稳定能力",或叫作"非活动能力(避免身体出现移动的能力)",因此这类训练可以称为"抗移动训练"。迈克·博伊尔(Mike

Boyle)认为"核心训练实际上是关于阻止运动的,而不是创造运动的"。

从外形上,在大多数体育项目中都很少发现身体的"抗移动能力",实质上运动中通常会依外力对脊椎和髋关节造成的活动形式,来分为抗屈曲(anti-flexion)、抗伸展(anti-extension)、抗侧屈(anti-lateral flexion)与抗旋转(anti-rotation)等运动模式。

旋转是生活和运动中出现最多的运动模式之一。要想旋转得有力,必须先能够对抗旋转。这样才能在旋转时产生力以及在旋转后减速力,这样的目的是预防损伤。抗旋转是指核心区发力方向与肢体发力向相反,起稳定效果。躯干的抗旋转能力也是指核心的稳定性。

抗旋以静力支撑练习和慢速的大负荷动态练习为主。静力支撑主要是使身体处在一个不平衡的姿态下,并形成一个对角支撑就可以了,如平板支撑的进阶练习。慢速动态练习中的单臂前推也是一个很好的例子,为了使下肢蹬伸的力量更好地传递到上肢来推起更大的重量,核心区的刚性支撑必不可少。

1. 平板支撑的进阶

四足跪姿,手脚做屈伸动作,躯干绷紧,尽力不产生旋转,不要挺腰,如果手脚同时动作有困难,可以先动脚(图6-28)。

图 6-28　平板支撑的进阶

2. 站姿拉力绳抗旋转

站姿,双脚比肩宽,抬头挺胸面向前方,双手握住把手,并且将拉力绳拉到腹前高度往侧面走几步,确保有适当的阻力,双脚与髋同宽,腹部收紧,慢慢将拉力绳向胸前推出,直到手肘伸直(图6-29)。

图 6-29　站姿拉力绳抗旋转

3．熊爬

头向上抬或向下看地面均可。双手双脚撑于地面，像是婴儿爬行姿势。但双膝不着地，前进时以侧边手脚做移动前进，力量主要放在双脚，推进时手指起平衡作用，不必太刻意出力，同时身体保持平板结构，核心收紧（图6-30）。

熊爬可以看做是动态的鸟狗式，爬行时膝盖离地，背挺直且身体不旋转。若觉得膝盖离地的熊爬难度太高，可以先用膝盖触地的方式练习。

图 6-30　熊爬

4．单臂前推举

大重量单臂前推举对核心抗旋最大能力有较大的提升。此练习的核心刚性支撑能力直接决定了推起的重量。由于是单臂前推举，所以它对核心施加的是抗旋的刺激（图6-31）。

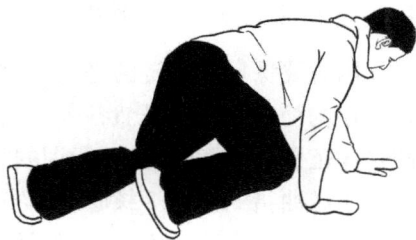

图 6-31　单臂前推举

如图6-32所示，无论是抗旋助旋、水平旋转还是对角旋转，腰椎和骨盆是主稳定的，胸椎是主运动的。抗旋与助旋并无优劣之分，可以说是同一肌群的两种能力，它们相辅相成，共同发展，所以决不能片面选择练习手段，要全面发展。

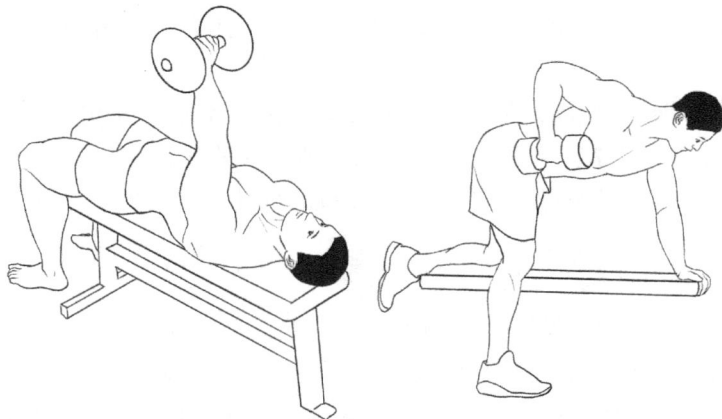

图 6-32　单侧抗旋练习

（九）抗屈曲的运动模式

因为要保持运动链的完整性、高效性和经济性，所以就需要骨盆乃至脊柱保持在一个最合理的稳定姿势。虽然各个项目之间有所差异，但一般都要求脊柱与骨盆保持在一个圆柱体范围内微微活动，即所谓的"刚性强直"，特别是腰椎。

抗屈曲指的是激活核心，以防止身体前倾。日常生活中，人类坐、立、走总是喜欢躬着身体。为了解决这个不良的习惯姿势，我们需要用强壮的脊柱伸肌或"抗屈肌"来平衡它。硬拉、下蹲和背部伸展等运动可以很好地做到这一点。

1. 俯身伸展

俯卧于斜板上，上体稍前屈，两足固定，两手抱头或肩负杠铃。腰背部必须始终挺直，不准松腰含胸弓背（图6-33）。

2. 臀桥静力练习

身体仰卧，双腿屈膝，双手放在身体两侧，自然摆放。腹部和臀部收紧，抬起髋部至躯干与大腿在一条直线上，保持身体稳定（图6-34）。

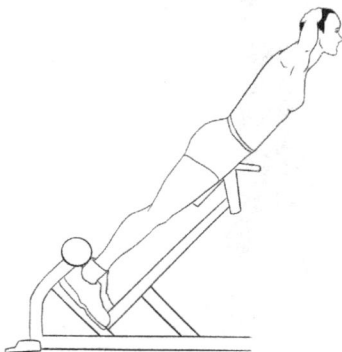

图6-33 俯身伸展   **图6-34** 臀桥静力练习

（十）抗伸展的运动模式

抗伸展是防止脊柱向后弯曲的运动模式。在常规的平板支撑中，我们的核心必须抗伸展防止髋部落地。俯卧撑也是如此，如果在这些练习中没有核心的稳定性，髋部就会下垂到地面。

抗伸展的训练动作，大部分都是从平板支撑所衍生出来的变化式，但如果可以完成30秒以上完美的平板支撑后继续延长时间，其实训练效果有限，这时就可以加入肢体动作或利用手边可得的器材来提高动作难度。最经典的抗伸展运动模式训练手段是死虫式和推健腹轮。

1. 死虫式

平躺在瑜伽垫上，背部紧贴地面，用力呼气。双臂打开伸直，指向天花板。双腿弯曲成 $90°$，旋转盆骨挤压臀大肌。这是动作的起始位置。然后将一条腿伸直平放，但是脚不要着地，同时吸气；接着用腹部的力量将伸直的腿抬回起始位置，同时呼气。换另一边重复以上动作,两边交替重复动作至推荐次数(图6-35)。死虫式能让骨盆前倾的训练者感受到将骨盆稍微后倾的状态(始终让下背部紧贴地面),能很好地帮助平衡身体前侧核心和腰-骨盆-髋部稳定肌群的协同发力。

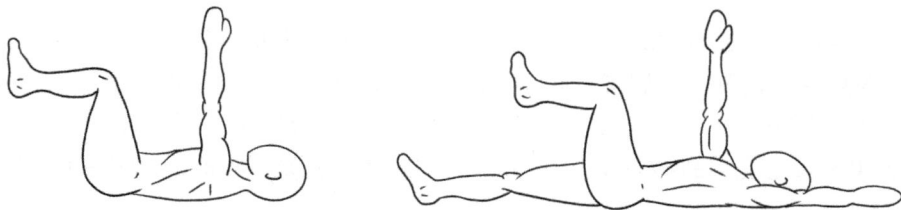

图 6-35　死虫式

2. 拉力绳后拉垂直推举

这个动作中,应收紧前侧核心和后侧腿的臀部,否则会被向后的阻力往后拉,造成腰椎超伸。练习时,一定保持始终成一条直线轨迹向上推举(图6-36)。

图 6-36　拉力绳后拉垂直推举

3. 平板支撑

双脚开立与肩同宽,双手间距与肩同宽,用肘部和前臂支撑,核心收紧。臀、背、头保持在一条直线上,保持骨盆中立位,臀部夹紧,手肘不要外展(图6-37)。

4. 推健腹轮

开始时采用跪姿,收紧臀部和腹肌,双手紧握健腹轮,在向前推动时呼气,收紧臀部,这样可以保持髋关节的伸展。头、背、臀保持在一条直线上(图6-38)。

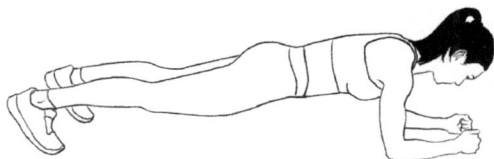

图 6-37　平板支撑

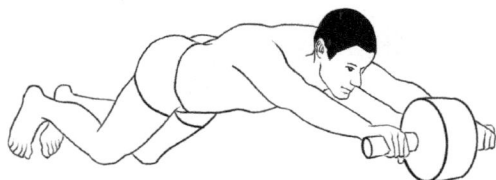

图 6-38　推健腹轮

一般用来锻炼腹肌的健腹轮，更适合训练核心抗伸展能力，但要注意练习时前侧核心要努力保持，不要让下背拱起来。若没有健腹轮，也可以直接将杠铃装上杠片来练习。

（十一）抗侧屈的运动模式

当我们身体的一边负重时，另一边必须收缩和固定，以防止脊柱向加重的一边塌陷。这在我们需要保持肩膀高于臀部的运动中很有用，比如改变方向，或者越野跑时在滑倒之前稳住自己。抗侧屈的训练动作，最先想到的通常是侧平板（side plank），跟正平板一样，如果能完成30秒以上完美的侧平板，应该要提高难度，而不只是一味地延长侧平板的时间。

1. 单侧负重行走

最好的抗侧屈运动是单侧负重行走，用一只手拿起一个重物，把它从 A 点移动到 B 点。练习时，保持脊柱中立位，挺胸，同时感觉肋骨下沉（图 6-39）。如若随着重量增加一侧斜方肌被拉伸感变得强烈，需要通过耸肩发力防止负重侧过多下沉，保持躯干从正面看时的挺直状态，同时有意识收紧臀部和腹外斜肌，防止腰椎侧弯和骨盆倾斜。

2. 垂直推举

站姿，双脚比肩宽，抬头挺胸面向前方，双手握住把手，并且将拉力绳拉到腹前高度往侧面走几步，确保有适当的阻力，双脚与髋同宽，腹部收紧，慢慢将拉力绳向上推出，直到手肘伸直，再还原至起始位（图 6-40）。

3. 单臂过头推举

双脚与肩同宽或略比肩宽，脚尖指向正前方，起始时哑铃或壶铃与肩同高，拇指碰到前三角肌，肘与躯干呈约 45°，一只手向上推哑铃或壶铃，使肩关节内旋，核心收紧，维持躯干稳定（图 6-41）。

图 6-39　单侧负重行走

图 6-40　垂直推举

图 6-41　单臂过头推举

　　弹力带是训练核心力量非常好的器材,而当阻力来自身体额状面时,训练的就是抗侧屈的能力。用单边负重的方式来训练核心抗侧屈能力,重点在于脊柱中立、肩膀后收,并尽量保持重心不偏移。

第二节　专项技术运动模式拆解与培养

　　任何专项的技术能力都离不开基础的运动模式,想要获得好的运动表现,必须具有标准的、稳定的以及条件反射式的运动模式能力。将针对与专项技术相似结构和功能的运动模式获得的训练效应,转移到实际专项训练所需的目标中去,可以提高一般体能向专项体能的迁移效果。在实践中,体能教练应首先确定某一专项是由哪些基本的运动模式构成的,然后根据这些运动模式设计出一系列的练习手段并加以实施。

　　下文结合一些具体专项,阐释把专项技术动作拆分为运动模式进行练习的过程:比如立定跳远就是以髋为轴的、以髋屈和髋伸为主进行发力的动作(图 6-42),主要是髋主导或以髋为轴的运动模式,所以在训练时,就要加强屈髋肌群和伸髋肌群的训练,如抱腿跳(图 6-43)、跳上高跳箱(图 6-44)等。

图 6-42　立定跳远的髋屈和髋伸

图 6-43　抱腿跳

图 6-44　跳上高跳箱

类似于棒垒球投手的出手动作、网球的发球技术等,除了注意上肢力量的发展,应主要加强以髋主导(髋为轴)、以手或器械为远端的开链式鞭打动作训练。所以,在这些项目的专项体能训练中,除了重点发展臀肌、腰腹肌的力量外,实心球抛远是最典型的训练手段(图 6-45)。

图 6-45 实心球抛远训练

许多短跨教练员看到世界优秀运动员的身体肌肉都很发达,就拼命加强运动员的力量训练,采用一些简单的力量训练手段,如用杠铃深蹲来增强腿部肌肉力量等,但杠铃深蹲主要发展的是股四头肌,而短跨项目对髋、臀部和腘绳肌等髋关节主导后链力量的要求很高,用深蹲增加腿部力量不符合短跨专项特点,致使一些运动员的下肢力量不错,但专项成绩不好。我国短跨教练员经过不断研究和总结,逐渐认识到跨栏栏上动作是以髋为轴的运动模式,因而选择了与短跑、跨栏动作结构和用力方式非常类似的专门练习,着重发展髋部屈伸力量,如以髋为轴的近端爆发用力的各种力量练习等(图 6-46)。

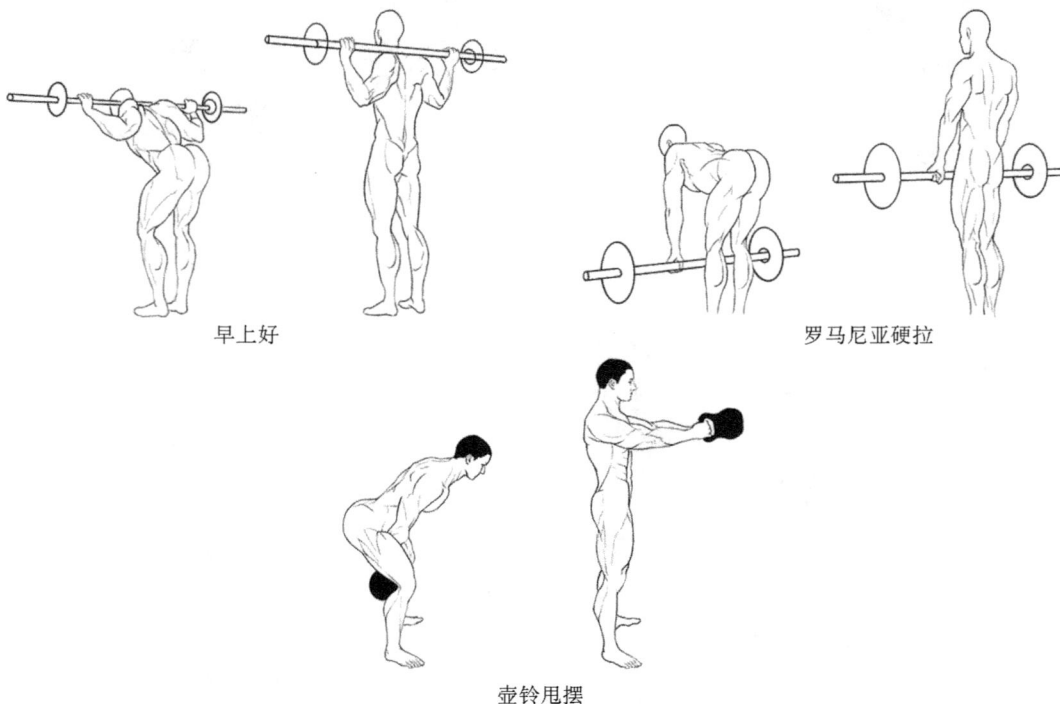

早上好   罗马尼亚硬拉

壶铃甩摆

图 6-46 发展髋主导运动模式的主要手段

高尔夫运动员的全挥杆动作可以分为沿脊柱旋转的转动模式和以髋关节为轴的屈伸模式[图 6-47a)]，所以，高尔夫运动员在一般体能训练的基础上，应重点进行旋转和对角的运动模式的练习[图 6-47b)]以及髋关节主导运动模式的练习[图 6-47c)]。

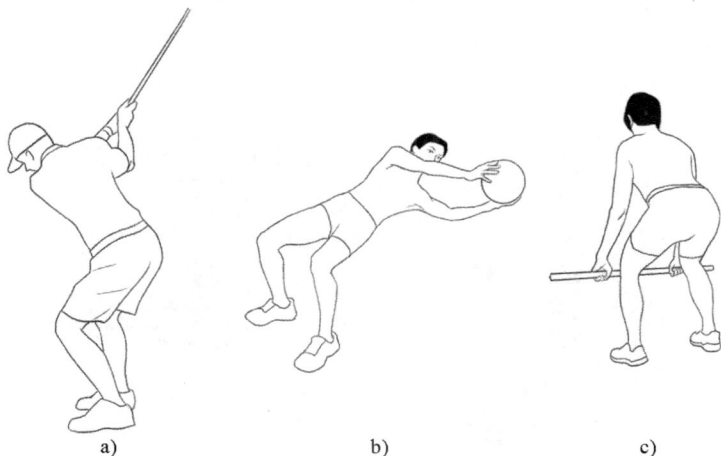

a)　　　　　　　　　b)　　　　　　　　　c)

图 6-47 高尔夫专项技术运动模式拆分并分别训练

羽毛球、网球、乒乓球等隔网对抗性项目中，其移动救球技术要求以弓箭步快速到位完成击球并迅速蹬起，对膝关节力量和稳定性要求很高，是典型的膝主导的运动模式。以往典型的训练手段是钟点跨步移动（可负重），现在明确其运动模式后，发展膝关节主导运动模式的身体练习都可以被选择，如前后脚抬高分腿蹲、单侧手枪蹲、双跳单落等。

拳击、棒球、三铁（铁饼、标枪、铅球）、网球和高尔夫项目一样，有很多关键技术环节是旋转或对角旋转的运动模式，铁饼、旋转式推铅球的运动员在准备旋转动作前提前预先旋转，都是要从旋转中获得器械的加速，是典型的旋转运动模式的项目，对于运动员的旋转和抗旋能力要求极高。

各种涉及躯干加速旋转的练习都可以看作是培养这种运动模式的手段。为了更接近实战，教练员着重选择站立位或者跪蹲位的不对称动作。而且专项技术动作越复杂，越会表现出动作的多元性和不对称性，所以越要重视旋转运动模式能力的培养。各种角度的斜砍和跪蹲转体都是助旋练习的经典动作。但是应该注意，助旋是在动力链中扮演辅助加速的角色或者放大力量传递的角色，并不是力的原动力。所以脊柱承重与不承重的核心旋转运动就完全不同。在站立位身体的动力链是最完善最经济的，力量从臀部产生，向两端传递，通过躯干的加速旋转效应使能量在肢体远端得以放大。

例如，斜砍这个对角助旋动作，从下肢蹬地发力，到转体加速到上肢以及到器械末端鞭打的整个动力链都充分表现了对角助旋作用。无论是慢速还是快速练习，对整个动力链的建立和肌肉协调加速的训练都有很好的效果。砍举有很多角度，高尔夫运动员最喜欢下斜砍举（图 6-48），因为下斜砍举可以和高尔夫击球的用力模式高度结合。

图 6-48 下斜砍举

187

但这类项目因为专项需求有可能造成单边旋转能力突出而反向能力薄弱的情况。在青少年阶段更要多考虑双侧旋转模式的均衡发展。

摔柔中某些对抗时刻。在仰卧位或俯卧位的时候，往往是两端固定的双闭链模式（图 6-49），所以核心区的加速助旋效果完全消失了，更多地表现出支撑和静力性发力的能力。这时核心区发力方向与肢体发力向相反，起稳定效果，这就是我们前面提到的"抗旋"运动模式。

图 6-49 柔道静力性抗旋

抗旋以静力支撑练习和慢速的大负荷动态练习为主，以发展核心刚性支撑的大部分练习都可以提高摔跤、柔道项目的这一关键技术的运动表现。

足球运动员在踢球摆腿时需要有良好的异侧腿单腿支撑能力，摆动腿和支撑腿要有足够的活动度才会避免骨盆转动，骨盆和腰椎需要有良好的稳定能力才能为支撑和摆动提供活动空间，篮球运动员在运球过程中不断地做双侧髋屈曲和伸展，既要保证跑动姿势稳定有效又要运球摆脱防守，对于弓步和单腿能力要求极高。所以，这类项目应以膝主导作为重要的运动模式，宜采用各种方向和形式的单腿蹲、变向移动的手段进行练习（图 6-50）。

图 6-50 球类运动员在以比赛时的膝主导运动模式

橄榄球运动员持球跑动动作,而他右手持球的方式实际上就是一种拉的模式,右侧手臂内收屈肘,将球夹紧在胸前(图6-51)。

橄榄球运动员抢球时用拉的方式对抗对方。他们都是将身体视为一个整体在完成拉的动作。此时对于拉的动作模式掌握得较好的运动员,其效率会更高(图6-52)。

图 6-51 橄榄球运动员的持球模式

图 6-52 橄榄球运动员的抢球动作

赛艇运动以水平拉的运动模式和髋关节屈伸动作为主,因此,"水平拉"和"髋主导"的运动模式的身体练习手段便成为赛艇运动员训练计划的重要内容。除了测功仪以外,各种水平拉等都是很好的专项训练手段(图6-53)。

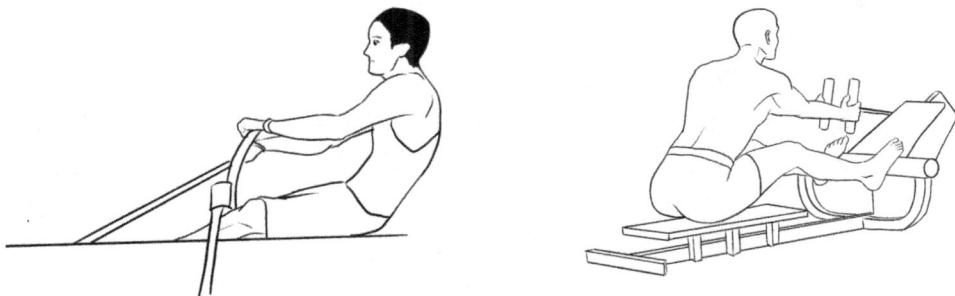

图 6-53 赛艇运动以水平拉的运动模式为主

对于专项技术的不同运动模式的理解,会较大地影响训练方法手段的选择。例如跑的技术中的手臂与躯干的配合,是抗旋维持平衡还是助旋帮助发力,是两种不同的训练思路。抗旋的运动模式提示跑步时身体不要晃动,此说法认为跑步中躯干的旋转是一个多余动作,需要消耗一定能量,而且跑步中躯干旋转晃动会造成核心不稳,影响下肢力量传送效率,从而影响跑步经济性。因此认为跑步中保持核心稳定,避免躯干旋转晃动,能够减少一定量的能量损失;而支持上肢助旋运动模式的思路认为,跑的过程中强调适当增加上半身的左右旋转,可以让上肢和下肢形成更有效的配合。上肢摆臂带动上半身适度旋转,可以利用鞭打效应将力量往下肢传导,增加摆动腿发力效果。以前我们认为跑步时摆臂是为了平衡,其实除了平衡,适度摆臂加上躯干旋转更有助于发力,所以,现在旋转的运动模式以及上肢力量训练也更多地出现在短跑运动员的训练计划中。

了解了一项运动关键技术环节的运动模式,就可以针对这些运动模式的提高选择训练手段,这些训练手段会将一般体能训练和专项体能训练较紧密地结合起来。例如,篮球运动员想要提高扣篮能力,而扣篮动作包含了髋关节主导的髋屈伸起跳动作和弓步、膝关节主导的下肢蹲;空中姿势和落地包含了以脊柱旋转和抗伸展以及髋关节主导缓冲及下肢稳定支撑等的运动模式。

因此,该运动员可按照以下训练计划进行训练。运动模式训练:熟练掌握以髋主导起跳、空中旋转、抗伸展及落地缓冲的运动模式。力量训练:髋主导(深蹲、硬拉、臀冲),膝关节主导(负重弓步走、分腿蹲),抗伸展(平板支撑、瑜伽球平板支撑),脊柱旋转(俄罗斯转体)等;速度力量训练:髋主导(高翻、跳箱跳、负重深蹲跳、壶铃摇摆),膝关节主导(弓步纵跳等);稳定度训练:核心稳定、抗旋、膝关节稳定等。

第三节　专　门　练　习

高水平运动员由于已经过多年系统训练,有着扎实的一般体能训练基础,在现代运动训练中,安排了更多的专门练习,以更直接地适合比赛的动作和供能需要进行训练。虽然青少年运动员的体能训练内容应以全面身体素质、基本运动模式、全身各部分协调、对称发展为主要目的。但也应随着年龄和训练阶段的增长,提高专门练习训练的比例,以促进体能和专项技能的统一。

专门练习是指为了帮助运动员学习和训练专项能力,而采取的技术结构和供能特点与所学专项结构相似、动作又比较简单的训练手段。专门练习的训练手段是教练员依据项目本质特征和运动员特点,有目的地设计出的身体练习或组合,有时直接选取技术环节的某一片段进行练习。这种练习多是通过调整专项技术的要素,降低所学专项动作的难度,从而有利于学生较快、较顺利地学习专项动作技术。

设计专门练习时,首先要了解项目的本质特征,即运动项目区别于其他项目性质的某一个或两个显著标志。依据不同标准,同一项目可以有一个以上的特征。认识和把握项目的本质特征时,主要从两方面入手:其一,完成合理技术时肌肉做功的形式和输出功率;其二,专项供能特点。

设计专门练习时,选择的身体练习在动作结构与比赛动作在肌肉做功的形式相似,如标枪鞭打动作的各种专门练习与标枪投掷最后出手的动作相似;排球扣球的各种专门练习与扣球动作在结构上是相似的;我国高水平短跨运动员刘翔的教练孙海平认为跨栏项目的体能和技能训练特性是神经系统和肌肉的协调用力,其对所有专门练习的选择和设计都围绕这一特点来进行。孙教练采用的专门练习包含多种训练因素,以起跨腿原地支撑向前提拉练习为例:从表面上看,这只是一个简单的技术模仿练习,但在完成过程中,当刘翔的腿向前提拉时,孙教练会给他一些向后的阻力,加入一些力量训练因素;而当动作快要结束时,孙教练会顺势向前推一下,给他一些助力,帮助他加快动作速度,融入速度因素。孙海平说:"速度不是在跑道上跑出来的,那只是个结果。"意指专项成绩取决于训练的过程,以及训练时所采用的手段是否具有针对性。

设计专门练习时,除了要考虑选择与专项动作相契合的专门练习之外,还要着重设计和利用能够与专项供能特点相一致的训练方法、手段。竞技能力主导因素和能量代谢往往起方向性的作用。比如：以前我们认为皮划艇项目是力量性项目，专门练习主要集中在运动员的力量训练上，造成我国皮划艇项目多年来未有突破。通过不断探索，确立了皮划艇项目的本质特征是以有氧供能为基础的速度力量耐力性项目，明确了训练指导思想——坚持以有氧耐力训练为核心，以发展个体能力为主体，以每桨效果为重点，其中，有氧训练居于基础和核心的地位。由于找准了项目特征，设计并采用了大运动量的有氧训练专门练习，运动员对运动负荷的承受能力大大增强，运动成绩大幅提高，在雅典奥运会上实现了金牌零的突破。

教练员和运动员要明白哪种能量系统在本专项中占主导地位，需要精心制订一个循序渐进的计划，要考虑如下有关专项供能的因素：专项比赛总时间、局数、总场次等；不同位置运动员在比赛中的特点；在场上是持续运动（如中长跑），还是间歇运动（如同场对抗的球类），还是每次都有充足的休息时间（田赛）。

这些比赛特点决定了专项的供能特点，然后针对专项的供能特点有目的地选择专项体能训练方法和手段。按照供能特点选择训练方法有持续训练法、重复训练法、间歇训练法（HIIT、TABATA 等）。可以用一般手段来发展专项供能，但大多数时候都是以专项手段来发展专项供能，同时，还要根据重要比赛的时间来调整发展有氧（心肺功能），无氧磷酸盐（最大力量、最大速度、爆发力），糖酵解（专项耐力）的训练计划。

此外，所有训练都需结合运动员的身体特点来进行。同样的专门练习，对一名运动员是提高成绩的主要原因，但对另一位运动员则可能不适用。运动员的形态、机能、素质、技术特点及训练基础的不同，决定其不能用完全相同的专门练习，这要求教练员在充分了解专门练习的动力特征、动作结构和动作过程的同时，还需结合每个运动员的特点，对专门练习加以改进。最后，必须清楚，任何一种专门练习都不是万能的，都难以解决训练过程中碰到的所有问题。教练员应在深刻掌握各种专门练习的特征和作用的基础上，创造性地选择最适合专项特征和运动员实际的专门练习，并加以综合运用，以发挥每种训练手段的最佳效果。

思考题

1. 为什么运动模式是一般体能向专项体能过渡的桥梁？

2. 如何在青少年日常生活和体能训练中发展髋主导的运动模式？

3. 以一个运动专项为例，说明如何拆解专项关键技术运动模式来提高专项运动表现。

4. 体能训练中的专门练习有什么特点？

第六章思考题

主要参考文献

［1］陈方灿,王术.论体能康复训练人才的培养［J］.首都体育学院学报,2012,24(4):303-305.

［2］陈方灿.运动伤病康复与预防管理系统［J］.中国体育教练员,2014,22(4):8-10.

［3］韩春远,王卫星.运动员体能概念之辨析［J］.中国学校体育(高等教育),2014,1(6):54-58.

［4］郝秀艳,陈玲.重视形体礼仪教学培养正确身体姿态［J］.黑龙江教育(综合版),2004,Z1:92.

［5］胡亦海.竞技运动训练理论与方法［M］.北京:人民体育出版社,2014:135.

［6］蒋玉梅,王健珍.身体姿势和形体练习文献综述［J］.西安体育学院学报,2000,1:31-33,50.

［7］李迪,孙贺,于海亮.普拉提运动对改善男大学生 O 型腿的效用研究［J］.沈阳体育学院学报,2013,32(1):143-144.

［8］李立,陈玉娟,贾富池,等.石家庄市小学生不良体态现状［J］.中国学校卫生,2018,39(9):1416-1418.

［9］李少丹.超越简单性范式,厘清体能训练思路［J］.北京体育大学学报,2009,32(11):103-106,113.

［10］列·巴·马特维耶夫.竞技运动理论［M］.姚颂平,译.上海:华东理工大学出版社,1997:158-174.

［11］刘蕾.浅谈普拉提运动的正确姿态及评价方法［J］.科技风,2015,14:203.

［12］刘瑞东,陈小平,陆亨伯.功能动作筛查在青少年动作与姿态测试中的应用及其与身体素质表现的相关性研究［J］.武汉体育学院学报,2015,49(8):82-86.

［13］刘威.运动疗法联合矫形器治疗青少年特发性脊柱侧弯的疗效分析［J］.名医,2018,9:104.

［14］吕海宏.新编内分泌代谢疾病实验室手册［M］.兰州:甘肃民族出版社,2016:25.

［15］马海峰,胡亦海.我国运动训练理论"体能"概念泛化与"竞技体能"误区［J］.中国体育教练员,2021,29(1):3-9.

［16］马海峰,吴瑛.基于"竞技状态"的中国特色运动训练过程安排理论［J］.上海体育学院学报,2022,46(3):39-49.

［17］马军,朱虹,斯颀,等.背负重量对少年儿童身体姿势的影响［J］.中国学校卫生,2001,2:119-121.

［18］聂雄志.运动康复疗法对高低肩的治疗［J］.当代体育科技,2018,8(25):223-224.

[19] 沈芝萍.试论培育形体与形体课教学的关系[J].北京体育大学学报,2001,3:365-367.

[20] 孙建琴,宗敏,陈洁,等.营养与膳食[M].上海:复旦大学出版社,2015.

[21] 孙庆祝,郝文亭,洪峰,等.体育测量与评价(第二版)[M].北京:高等教育出版社,2010.

[22] 田麦久,刘大庆.运动训练学[M].北京:人民体育出版社,2012.

[23] 田麦久,武福全,谈太钰,等.运动训练科学化探索[M].北京:人民体育出版社,1988:161-171.

[24] 田麦久.运动训练学[M].北京:人民体育出版社,2000.

[25] 田小燕.形体训练对矫治青少年不良体态的理论依据及方法[J].淮阴工学院学报,2002,6:69-70,86.

[26] 图多·博姆帕.运动训练理论与方法[M].马铁,郭小艳,周丰,等,译.北京:人民体育出版社,1990:316-320.

[27] 王定宣,陈巧玉,彭博.中国运动康复专业人才需求与培养现状调查[J].成都体育学院学报,2016,42(2):103-109.

[28] 王伟德.体育教学中应注意培养学生正确的行走姿态[J].甘肃教育,2007,1:61.

[29] 王卫星,李海肖.竞技运动员的核心力量训练研究[J].北京体育大学学报,2007,8:1119-1121,1131.

[30] 王卫星.体能训练理论与实践[M].北京:高等教育出版社,2012.

[31] 闫琪.中美两国体能训练发展现状和趋势[J].体育科研,2011,32(5):37-39.

[32] 姚颂平,吴瑛,马海峰."运动员培养一般理论"学科的发展与奥运备战[J].上海体育学院学报,2020,44(1):1-11.

[33] 袁运平.运动员体能与专项体能特征的研究[J].体育科学,2004,9:48-52,66.

[34] 张玲玲.体育教学中应重视学生形体训练[J].卫生职业教育,2006,1:80-81.

[35] 张龙.从身体姿态评价看在校大学生的体形[J].广东农工商职业技术学院学报,2008,24(4):33-35,43.

[36] 张作记.行为医学量表手册[J].中国行为医学科学,2001,10(10):19-24.

[37] 章钜林,束纫秋.体育词典[M].上海:上海辞书出版社,1984.

[38] 中国体育科学学会,香港体育学院.体育科学词典[M].北京:高等教育出版社,2000.

[39] DANIK L,MARTIN D,MARTIN C N,et al. Postural development in school children:a cross-sectional study[J]. Chiropractic & Osteopathy,2007,15:1-7.

[40] GILL SLOBERG. Postural disorders and musculoskeletal dysfunction (second edition)[M]. New York:Churchill Livingstone,2008.

[41] HRICKOVA K,JUNGER J.Physical activity and compensation of body posture disorders in children aged seven[J]. Polish Journal of Sport and tourism,2016,23(3):153-160.

[42] JANKOWICZ A,BIBRO M,WODKA K,et al. Does excessive body weight change the shape of the spine in children? [J]. Childhood Obesity,2019,15(5):

346-352.

[43] JANSMA P,FRENCH R. Special physical education: physical activity, sports and recreation[M]. Upper Saddle River: Prentice Hall,1994.

[44] KISNER C,COLBY L. Therapeutic exercise[M]. Philadelphia: F.A. Davis,2007.

[45] LATALSKI M,BYLINA J,FATYGA M,et al. Risk factors of postural defects in children at school age[J]. Annals of Agricultural and Environmental Medicine, 2013,20(3):583-587.

[46] LIZIS P, WALASZEK R. Evaluation of relations between body posture parameters with somatic features and motor abilities of boys aged 14 years[J]. Annals of Agricultural and Environmental Medicine,2014,21(4):810-814.

[47] LORIA, KEITH. Fielding a sports physical therapy practice [J]. Physical Therapy,2014,6:26-32.

[48] MATYJA M, SAULICZ E, SAULICZ M, et al. An assessment of rotational mobility of the trunk among teenagers with faulty posture[J]. Journal of Human Kinetics, 2010, 24: 43-50.

[49] OLIVER L,KELM J,HAMMES A,et al. Targeted athletic training improves the neuromuscular performance in terms of body posture from adolescence to adulthood-long-term study over 6 years[J]. Frontiers in Physiology,2018,9:1620.

[50] OLIVER L. Interrelationship between postural balance and body posture in children and adolescents[J]. Journal of Physical Therapy Science, 2017, 29(7): 1154-1158.

[51] PAUŠIĆ J, PEDIŠIĆ Ž, DIZDAR D. Reliability of a photographic method for assessing standing posture of elementary school students [J]. Journal of Manipulative and Physiological Therapeutics, 2010, 33(6): 425-431.

[52] PENHA P J, JOÃO S M A, CASAROTTO R A, et al. Postural assessment of girls between 7 and 10 years of age[J]. Clinics, 2005, 1: 9-16.

[53] RUSEK W, BARAN J, LESZCZAK J, et al. The influence of body mass composition on the postural characterization of school-age children and adolescent [J]. Biomed Research International,2018,3:1-7.

[54] SCHEUMANN M, JOLY-RADKO M, LELIVELD L, et al. Does body posture influence hand preference in an ancestral primate model? [J]. BMC evolutionary biology, 2011, 11(1): 52.

[55] SCHWANKE N L,POHL H H,REUTER C P,et al.Differences in body posture, strength and flexibility in schoolchildren with overweight and obesity: A quasi-experimental study[J]. Manual Therapy,2016,22:138-144.

[56] SCRUTINIOA D,GIARDINIA A,CHIOVATOAB L, et al. The new frontiers of rehabilitation medicine in people with chronic disabling illnesses[J]. European Journal of Internal Medicine,2019,61: 1-8.

[57] STRUHAR I,DOVRTELOVA L,REGULI Z. Influence of two years study in Special Education of Security Sections on the body posture[J]. Archives of Budo, 2015,11:359-364.

[58] WALAZEK R, CHWALA W, WALAZEK K, et al. The assessment of the relationships between body posture indices and the Y-Balance Test results in the adolescents[J]. Acta of Bioengineering and Biomechanics,2018,20(2):149-157.

[59] WOJTKOW M,SZKODA-POLISZUK K,SZOTEK S. Influence of body posture on foot load distribution in young school-age children[J]. Acta of Bioengineering and Biomechanics,2018,20(2):101-107.

[60] SUNYUE YE,JUNGEUN LEE,DAVID F S,et al. Impact of exergaming on children's motor skill competence and health-related fitness: a quasi-experimental study[J]. Journal of Clinical Medicine,2018,7(9):261.